D1700733

Schnell-Übersicht MS-DOS 5.0

Josef Steiner
Günter Jürgensmeier

Markt&Technik
Verlag AG

SCHNELL-ÜBERSICHT

MS-DOS 5.0
MS-DOS 5.0
MS-DOS 5.0
MS-DOS 5.0
MS-DOS 5.0
MS-DOS 5.0
MS-DOS 5.0
MS-DOS 5.0
MS-DOS 5.0
MS-DOS 5.0

Die Deutsche Bibliothek – CIP-Einheitsaufnahme

Steiner, Josef:
MS-DOS 5.0 / Josef Steiner ; Günter Jürgensmeier. –
Haar bei München : Markt-u.-Technik-Verl., 1991
(Schnellübersicht)
ISBN 3-87791-132-3
NE: Jürgensmeier, Günter:

Die Informationen in diesem Produkt werden ohne Rücksicht auf einen eventuellen Patentschutz veröffentlicht. Warennamen werden ohne Gewährleistung der freien Verwendbarkeit benutzt. Bei der Zusammenstellung von Texten und Abbildungen wurde mit größter Sorgfalt vorgegangen. Trotzdem können Fehler nicht vollständig ausgeschlossen werden. Verlag, Herausgeber und Autoren können für fehlerhafte Angaben und deren Folgen weder eine juristische Verantwortung noch irgendeine Haftung übernehmen. Für Verbesserungsvorschläge und Hinweise auf Fehler sind Verlag und Herausgeber dankbar.

Alle Rechte vorbehalten, auch die der fotomechanischen Wiedergabe und der Speicherung in elektronischen Medien. Die gewerbliche Nutzung der in diesem Produkt gezeigten Modelle und Arbeiten ist nicht zulässig.

MS-DOS ist ein eingetragenes Warenzeichen der Microsoft Corp., USA.
IBM® ist ein eingetragenes Warenzeichen der International Business Machines Corp., USA.

15 14 13 12 11 10 9 8 7 6 5 4 3 2 1

94 93 92 91

ISBN 3-87791-132-3

© 1991 by Markt&Technik Verlag Aktiengesellschaft,
Hans-Pinsel-Straße 2, D-8013 Haar bei München/Germany
Alle Rechte vorbehalten
Einbandgestaltung: Grafikdesign Heinz Rauner
Dieses Produkt wurde mit Desktop-Publishing-Programmen erstellt
und auf der Linotronic 300 belichtet
Druck: Freiburger Graphische Betriebe
Printed in Germany

Was finden Sie in dieser Schnell-Übersicht?

Inhaltsverzeichnis	7
Vorwort	11
Arbeiten mit der Schnell-Übersicht DOS 5.0	13
Schreibweisen und Syntaxdarstellung	16
Tastenübersicht	18
Kapitel 1 bis 10	19 bis 432
Zeichensatztabelle	433
Stichwortverzeichnis	439
Inhaltsverzeichnis und	hinterer
Befehlsübersicht	Teil ausklappbar

Tips zur Schnell-Übersicht

- **Lesen Sie das Kapitel »Arbeiten mit der Schnell-Übersicht DOS 5.0«**
  Sie finden hier eine ausführliche Anleitung zum effektiven Einsatz der Schnell-Übersicht.

- **Lassen Sie die Schnell-Übersicht offen aufliegen**
  Das handliche Buch findet immer einen freien Platz.

- **Klappen Sie das Inhaltsverzeichnis aus**
  Sie finden hier schnell das richtige Kapitel.

- **Suchen Sie ein Kapitel nach den Registermarken**
  Die Nummern auf den Marken ermöglichen ein schnelles Auffinden.

- **Nutzen Sie die Verweise für weitere Informationen**
  In jedem Kapitel sind umfangreiche Verweise, mit deren Hilfe weitere Beschreibungen gefunden werden können.

Inhaltsverzeichnis

Vorwort	11
Arbeiten mit der Schnell-Übersicht DOS 5.0	13
Schreibweisen und Syntaxdarstellung	16
Tastenübersicht	18

1	**Grundlagen**	19
1.1	Grundbegriffe	20
1.2	DOS starten und beenden	28
1.3	Tastatur und Eingaben unter DOS	30
1.4	Bearbeitungstasten und Zeilenspeicher	32
1.5	Steuerzeichenfunktionen in DOS	34
1.6	Befehlsübersicht	35
1.7	Befehlsparameter	40
1.8	DOS-Meldungen	43
1.9	Anwendungsprogramme	46
1.10	Die wichtigsten Befehle – ein Überblick	48
1.11	DOS-Installation	52
1.12	Hilfesystem	59
2	**DOS-Shell**	61
2.1	Starten, Bildschirmdarstellung	62
2.2	Dienstprogramme	72
2.3	Dateiverwaltung	75
2.4	Dateien bearbeiten	84
2.5	Verzeichnisse	88
2.6	Dateien und Programme verbinden	90
2.7	Programm-Menüs ändern	92
2.8	Programmumschaltung	99

3	**Disketten und Festplatten**	103
3.1	Übersicht und Begriffe	104
3.2	Disketten/Festplatten behandeln	107
3.3	Disketten kopieren und vergleichen	122
3.4	Diskette mit DOS einrichten	127
3.5	Festplatte vorbereiten mit FDISK	129
4	**Verzeichnisse und Laufwerke**	141
4.1	Übersicht und Begriffe	142
4.2	Verzeichnisbearbeitung	147
4.3	Verzeichnisse anzeigen	148
4.4	Verzeichnis wechseln	152
4.5	Verzeichnisse anlegen und entfernen	154
4.6	Verzeichnisstruktur	157
4.7	Suchpfade	159
4.8	Laufwerke und Verzeichnisnamen zuordnen	164
5	**Dateien und Datensicherung**	171
5.1	Dateien, Dateinamen	172
5.2	Dateien kopieren und zusammenfügen	177
5.3	Dateien vergleichen	187
5.4	Dateien löschen und wiederherstellen	193
5.5	Dateien umbenennen	199
5.6	Dateiattribute	201
5.7	Datei öffnen beschleunigen	204
5.8	Dateiinhalte anzeigen und drucken	207
5.9	Datensicherung	208
5.10	Daten retten	217
6	**Ein- und Ausgabe**	219
6.1	Begriffe und Übersicht	220
6.2	Datenumleitung	223
6.3	Filter und Befehlsverkettungen	226
6.4	Daten suchen	228
6.5	Datenausgabe bildschirmweise	231
6.6	Daten sortieren	233
6.7	Dateiinhalte ausgeben	235

6.8	Grafikbildschirme ausgeben	239
6.9	Standardeingabegerät ändern	247
7	**Systemverwaltung**	**249**
7.1	Ein- und Ausgabeeinstellungen	250
7.2	Betriebsmodi von Geräten mit MODE	254
7.3	Datum, Zeit	262
7.4	Dateizugriffe	265
7.5	Umgebungsvariablen	268
7.6	Der Befehlsprozessor COMMAND	270
7.7	Speicherverwaltung	274
7.8	Programme ausführen	280
7.9	DOS-Version bestimmen	282
8	**Konfiguration, Ländereinstellungen**	**285**
8.1	CONFIG.SYS und AUTOEXEC.BAT	286
8.2	Automatische Startdatei AUTOEXEC.BAT	288
8.3	Die Konfigurationsdatei CONFIG.SYS	291
8.4	Gerätetreiber	308
8.5	Landeseinstellungen und Codeseiten	333
8.6	Codeseiten laden und wechseln	342
8.7	Gerätecodeseiten behandeln mit MODE	344
8.8	Tastaturunterstützung	350
9	**Stapelverarbeitung**	**357**
9.1	Stapelverarbeitung – Übersicht und Aufruf	358
9.2	Stapelparameter und Umgebungsvariablen	361
9.3	Stapelbefehle – Übersicht	364
9.4	Ablaufsteuerung	365
9.5	Textausgaben	367
9.6	Stapeldateien aufrufen	371
9.7	Bedingungen und Sprünge	374
9.8	Wiederholungen	379
9.9	Parameterbehandlung	382

10	**Der Editor**	**387**
10.1	Anwendungen und Funktionen	388
10.2	Möglichkeiten EDIT	389
10.3	Starten und Bedienung von EDIT	390
10.4	Menüoptionen von EDIT	402
10.5	Möglichkeiten EDLIN	413
10.6	Befehlsübersicht EDLIN	414

Zeichensatztabelle 433

Stichwortverzeichnis 439

Inhaltsverzeichnis und Befehlsübersicht **hintere Teil ausklappbar**

Vorwort

Mit zunehmender Leistungsfähigkeit von Personalcomputern und Software wird es für einen Anwender immer schwieriger, die Übersicht über alle Funktionen der eingesetzten Software zu behalten. In den meisten Fällen wird nur ein Teil der angebotenen Möglichkeiten genutzt, mit denen er sich zwangsläufig im Laufe der Zeit zurechtfindet. In einführenden Schulungen können nur die wichtigsten Funktionen gelehrt und verstanden werden.

So bleibt sowohl für neue Anwender als auch für solche, die schon einige Erfahrungen mit der eingesetzten Software haben, ein Informationsdefizit. Beide möchten bisher unbekannte oder wenig genutzte Funktionen schnell und unkompliziert nachschlagen können.

Für diese Anwendergruppen ist die Reihe »Schnell-Übersicht« entwickelt worden. Sie besteht aus Nachschlagewerken zu Standardprogrammen, die in kompakter und übersichtlicher Form schnelle Antworten auf die Fragen geben, die bei der täglichen Arbeit mit dem jeweiligen Programm auftreten.

- Die Beschreibungen sind problemorientiert aufgebaut, und miteinander verwandte Themen sind auch in räumlicher Nähe zueinander zu finden.
- Alle Informationen werden so vermittelt, wie sie bei der praktischen Arbeit benötigt werden.
- Eine Übersicht auf der Titelseite gibt einen schnellen Überblick darüber, welche Themenkreise wo zu finden sind.
- Ein ausklappbares Inhaltsverzeichnis erleichtert das Auffinden der Lösungen zu einem bestimmten Problem.
- Ein einheitlicher Aufbau der Kapitel erleichtert die schnelle Erkennung und Umsetzung der benötigten Informationen.
- Zahlreiche Querverweise erschließen den Zugriff auf weiterführende Informationen.
- Das handliche Format vermeidet Platzprobleme am Arbeitsplatz.

■ Alle Bücher sind nach einheitlichen Prinzipien gegliedert. So finden Sie sich in weiteren Schnell-Übersichten für andere Softwareprodukte sofort zurecht.

Damit schließt sich die Lücke zwischen umfangreichen und unhandlichen Programmhandbüchern und knappen Übersichtskarten. Die Schnell-Übersicht bietet ein Maximum an übersichtlich gegliederter Information auf wenig Raum. Die praktischen Erfahrungen des Autorenteams garantieren den praxisgerechten Aufbau jedes Buches.

Wir wünschen Ihnen viel Erfolg mit der Schnell-Übersicht für PC-/MS-DOS 5.

Das Autorenteam

Arbeiten mit der Schnell-Übersicht DOS 5.0

Beachten Sie die folgenden Tips zum Arbeiten mit der Schnell-Übersicht. Damit können Sie diesen handlichen Helfer effektiv einsetzen und Informationen schnell finden.

Tips

Stellen Sie Ihre Schnell-Übersicht in unmittelbare Nähe Ihrer Tastatur
 So können Sie jederzeit bei Auftreten eines Problems schnell zum richtigen Buch greifen und nachschlagen.

Klappen Sie das Inhaltsverzeichnis aus
 In diesem kompakten ausklappbaren Inhaltsverzeichnis finden Sie schnell das richtige Kapitel zu jedem Problem.

Lassen Sie die Schnell-Übersicht offen an Ihrem Arbeitsplatz liegen
 Das handliche Buch findet immer einen freien Platz. Jetzt haben Sie bei Auftreten eines weiteren Problems Ihre Schnell-Übersicht sofort griffbereit und müssen nur noch das richtige Kapitel aufschlagen.

So schlagen Sie ein Problem nach

Suchen Sie im ausklappbaren Inhaltsverzeichnis nach Ihrem Problem
 Suchen Sie hier nach dem entsprechenden Kapitel, in dem Ihr Problem beschrieben sein könnte. In der Auflistung der Unterthemen finden Sie schnell das richtige Kapitel mit Kapitel- und Seitennummer.

Schlagen Sie das gewünschte Kapitel auf
 Die Registermarken mit Kapitelnummern ermöglichen Ihnen ein schnelles Auffinden.

So schlagen Sie einen Befehl nach

Suchen Sie im ausklappbaren Inhaltsverzeichnis nach dem Befehl
Auf der Rückseite dieses Ausklappers finden Sie eine alphabetisch sortierte Befehlsliste, in der Sie schnell den gewünschten Befehl finden können.

So schlagen Sie einen Begriff nach

Suchen Sie im Stichwortverzeichnis nach dem Begriff
Das Stichwortverzeichnis finden Sie am Ende des Buches.

Typischer Aufbau eines Kapitels

Kapitelbeschreibung
Nach der Überschrift folgt eine kurze Beschreibung des Kapitels.

Beschreibung eines Befehls
Eine Befehlsbeschreibung beginnt immer mit einer Überschrift, in der der entsprechende Befehl rechts aufgeführt ist. Darunter finden Sie eine kurze Beschreibung dieses Befehls.
Dann folgt die Syntaxdarstellung und die Beschreibung der einzelnen Parameter, sofern welche vorhanden sind (Details zur Syntaxdarstellung siehe übernächste Seite).

Beschreibung
Folgt einem Befehl, wenn es notwendig ist, diesen besser verständlich zu machen.

Anmerkungen
In den darauffolgenden Anmerkungen sind Tips und Spezialitäten zu dem Befehl gesammelt. Falls es sich für Sie um einen neuen Befehl oder eine neue Programmfunktion handelt, sollten Sie diese Anmerkungen durchlesen, andernfalls können Sie sie kurz überfliegen. Sie finden hier immer Tips, die Ihnen die weitere Arbeit mit dem Programm erleichtern.

Verweise

Bei jeder Erwähnung eines Punktes, zu dem Sie nähere Erläuterungen in einem anderen Kapitel nachschlagen können, finden Sie einen entsprechenden Verweis mit der Kapitelnummer. Am Ende jedes Kapitels sind meistens die Verweise noch einmal mit den Überschriften gesammelt aufgeführt.

Um den umfangreichen und vielfältigen Möglichkeiten von PC-/MS-DOS 5 zu genügen, weichen einige Kapitel in Details von diesem typischen Aufbau ab. Wir haben aber versucht, immer eine gute Übersicht zu bewahren.

Wenn Sie all diese Tips beachten, wird das handliche Buch ein nützlicher Helfer bei Ihrer Arbeit mit PC-/MS-DOS 5 werden.

Schreibweisen

In dieser Schnell-Übersicht werden die folgenden Schreibweisen zur Unterscheidung von Textelementen verwendet.

Fettdruck
Für Befehle, Optionen, Schalter und Textteile, die genau wie angegeben geschrieben werden müssen.

Kursiv
Für Parameter und vom Benutzer einzugebenden Text.

`Schreibmaschinenschrift`
Für Beispielsbefehlszeilen, Programmcodes und Beispiele.

`[umrandete][Schrift]`
Für Tasten und Tastenfolgen.

Syntaxdarstellung

Alle Syntaxdarstellungen sind in einer bestimmten Form aufgebaut, die Ihnen die Anwendung der Befehle verständlich machen soll.

Zeichen in der Syntaxdarstellung

FORMAT *laufwerk:* [/1] [/4] [/8] [/N:*xx*] [/T:*yy*] [/V] [/S]

BEFEHL: Befehle und Schlüsselwörter sind hervorgehoben
Befehle wie zum Beispiel **FORMAT**, **CREATE** erscheinen in fetter Schrift. Diese Wörter müssen genau in der Form eingegeben werden.

parameter: **Zur Angabe der aktuellen Werte bei der Befehlseingabe**
Die Parameter werden bei der Anwendung immer durch die aktuellen Werte ersetzt.

[ ]: Eckige Klammern geben optionale Angaben an
Diese Angaben müssen Sie nur bei Bedarf vornehmen. Details dazu finden Sie bei der Befehlsbeschreibung unter »Parameter«.
Die Klammern dürfen nicht angegeben werden.

Zusätze wie /V müssen in dieser Form angegeben werden
Falls sie verwendet werden sollen, müssen sie genauso angegeben werden.

Beispiele:
```
FORMAT B: /4
FORMAT A: /V/S
```

Tastenübersicht

Da auf dem Markt verschiedene Tastaturen verfügbar sind, gibt es auch unterschiedliche Tastenbezeichnungen. Wir haben uns für die Bezeichnungen der deutschen Multifunktionstastatur entschieden.

Hier eine Vergleichstabelle der verschiedenen Tastenbezeichnungen:

MF deutsch	MF englisch	AT deutsch	PC englisch	Bezeichnung Funktion
Bild↓	PgDn	Bild↓	PgDn	Bildschirm nach unten
Bild↑	PgUp	Bild↑	PgUp	Bildschirm nach oben
Druck	PrtSc	⇧ Druck	PrtSc	Drucken
Einfg	Ins	Einfg	Ins	Einfügen
Ende	End	Ende	End	Ende-Position
Entf	Del	Lösch	Del	Entfernen
Esc	Esc	Eing Lösch	Esc	Eingabe löschen
Num ⇩	NumLock	Num ⇩	NumLock	Zahlenarretierung
Pos1	Home	Pos1	Home	Position1
Rollen ⇩	ScrolLock	Rollen ⇩	ScrolLock	Feststelltaste
Strg	Ctrl	Strg	Ctrl	Steuerung
Untbr	Break	Abbr	Break	Unterbrechen
↵	Return	↵	Return	Eingabetaste
→|	Tab	→|	Tab	Tabulatorsprung
←	Backspace	←	Backspace	Rücktaste
⇧	Shift	⇧	Shift	Hochstelltaste
⇩	CapsLock	Groß ⇩	CapsLock	Feststelltaste

Kapitel 1:

GRUNDLAGEN

1.1 Grundbegriffe

Was ist DOS?

Das DOS-Betriebssystem ist eine Art Mittler zwischen dem Benutzer und dem Computer. Die Programme in diesem Betriebssystem ermöglichen es, den Computer, die Festplatten- und Diskettenlaufwerke und den Drucker anzusprechen und mit diesen Geräten zu arbeiten.
DOS hilft auch, Programme und Daten zu verwalten. Sobald DOS in den Speicher des Computers geladen ist, können Briefe und Berichte verfaßt werden, Programme ablaufen und mit Geräten wie Drucker, Disketten- und Festplattenlaufwerken gearbeitet werden.
DOS kann über Befehle bedient werden, die bei der Eingabeaufforderung eingegeben werden. Alternativ kann dazu die DOS-Shell (siehe Kapitel 2) verwendet werden.

Grundbegriffe

Folgende Begriffe sollten bekannt sein, um sinnvoll mit DOS arbeiten zu können und um die Erläuterungen in dieser Schnell-Übersicht zu verstehen.

Programm

- Programme werden oft auch als *Anwendungsprogramme*, *Anwendungen* oder in ihrer Gesamtheit als *Software* bezeichnet.
- Die in Dateien gespeicherten Programme bestehen aus in Maschinensprache (einer für den Computer verständlichen Sprache) übertragenen und an den Computer gerichteten Befehle. Mit den Befehlen wird dem Computer also gesagt, daß er eine bestimmte Aufgabe ausführen soll, zum Beispiel eine Namensliste alphabetisch sortieren.
- Typische Anwendungsprogramme sind Textverarbeitungs-, Tabellenkalkulations-, Datenbank- oder Grafikprogramme.

Befehl

- Das Betriebssystem DOS besteht aus zahlreichen einzelnen Programmen (den Befehlen), die vor allem für die Handhabung von Dateien (Anlegen, Löschen, Ändern usw.) verwendet werden.

▪ Durch die Eingabe eines DOS-Befehls wird das Betriebssystem aufgefordert, eine bestimmte Aufgabe auszuführen.

```
DISKCOPY ↵
```

ruft ein Programm mit dem Namen DISKCOPY und der Namenserweiterung .EXE oder .COM auf, das eine Diskette kopieren kann.

▪ Weitere Aufgaben von Befehlen siehe 1.6.

Datei

▪ Eine Datei setzt sich aus zueinander in Beziehung stehenden Daten zusammen und ist daher mit den Inhalten einer Ablagemappe in einem Ablageschrank vergleichbar. Wie der Inhalt einer Ablagemappe kann auch eine Datei Geschäftsbriefe, Mitteilungen oder Statistiken enthalten (siehe 5.1).

▪ Jede Datei hat einen Dateinamen, über den sie angesprochen wird.

Dateiname

▪ Jede Datei hat einen Namen, vergleichbar mit der Bezeichnung einer Ablagemappe in einem Ablageschrank.

▪ Er besteht aus zwei Teilen: dem *Dateinamen* selbst und der *Dateinamenserweiterung* (siehe 5.1).

▪ Der Dateiname kann bis zu acht Zeichen lang und beliebig in Groß- oder Kleinbuchstaben geschrieben sein. DOS ersetzt die Kleinschreibung automatisch durch Großschreibung.

Dateinamenserweiterung

▪ Die Dateinamenserweiterung besteht aus einem Punkt und maximal drei Zeichen und wird, wenn man sie verwendet, dem Dateinamen nachgestellt. Da eine Dateinamenserweiterung den Inhalt einer Datei genauer beschreibt, sollte sie unbedingt verwendet werden.

▪ Dateinamenserweiterungen von Programmen sind EXE (EXEcutable) oder COM (COMmand).

Unterverzeichnis

▪ Ein Unterverzeichnis ist ein Teil eines Datenträgers und kann wiederum Unterverzeichnisse oder Dateien beinhalten. Im Unterverzeichnis werden in der Regel logisch zusammengehörende Dateien gesammelt. Das Unterverzeichnis ist somit mit einer Mappe innerhalb eines Ablageschranks vergleichbar.

Verzeichnis

Das Verzeichnis einer Diskette oder Festplatte enthält die Namen aller auf der Diskette/Festplatte gespeicherten Dateien sowie Informationen über deren Umfang und den Zeitpunkt der Anlage bzw. der letzten Änderung (siehe 4.1).

Datenträgerbezeichnung

Auf einer Diskette kann eine kurze Bezeichnung, die Datenträgerbezeichnung, gespeichert werden (siehe 3.2).

Diese wird mit dem Verzeichnis der Diskette angezeigt.

Datenträgernummer

DOS speichert auf jeder Diskette und Festplatte nach dem Formatieren eine Datenträgernummer. Diese Nummer ist eindeutig und dient zur Unterscheidung von verschiedenen Disketten durch DOS.

Disketten-/Festplattenlaufwerk

Um die auf einer Diskette gespeicherten Dateien oder Programme zu verwenden, muß die Diskette zuerst in ein Diskettenlaufwerk eingelegt werden. Die Diskettenlaufwerke eines Computers werden gewöhnlich als Laufwerk A und Laufwerk B bezeichnet.

Ein Festplattenlaufwerk ist normalerweise fest im Computer installiert; es wird meistens als Laufwerk C bezeichnet, weitere als D, E, usw.

In der Bedienungsanleitung jedes Computers ist zu finden, welche Buchstaben (A, B oder C) welchen Laufwerken zugeordnet sind.

Laufwerksbezeichnung

Eine vollständige Laufwerksbezeichnung besteht aus einem dem Laufwerk zugeordneten *Buchstaben* (A, B oder C), dem Laufwerksbuchstaben, und einem Doppelpunkt (A:, B:).

Soll mit einem Befehl eine Diskette oder Festplatte angesprochen werden, muß in manchen Fällen dem Befehl die Laufwerksbezeichnung vorangestellt werden, damit DOS weiß, in welchem Laufwerk sich die Datei befindet.

Beispiel: Die Diskette im Laufwerk B enthält eine Datei mit dem Namen STEUERN.TXT.

```
B:STEUERN.TXT
     └─ Dateiname mit Dateinamenerweiterung
  └─ Laufwerksbezeichnung
```

Standardlaufwerk

▪ Das Standardlaufwerk ist das Laufwerk, in dem DOS nach einer *Befehlseingabe zuerst sucht*.

▪ Wird ein Dateiname ohne Laufwerksbezeichnung eingegeben, sucht DOS die Datei automatisch im Standardlaufwerk.

Standardlaufwerk ändern

▪ Zur Änderung des Standardlaufwerks wird der Buchstabe des gewünschten Laufwerks, gefolgt von einem Doppelpunkt, eingegeben.

```
C:↵
```

ändert das Standardlaufwerk in C um.

DOS-Eingabeaufforderung

▪ Um dem Benutzer mitzuteilen, daß DOS bereit ist, einen Befehl auszuführen, zeigt es ein Symbol, die sogenannte *Eingabeaufforderung*.

▪ Diese besteht neben dem Buchstaben des Standardlaufwerks normalerweise noch aus einem Größer-als-Zeichen (>). Sie kann mit dem DOS-Befehl **PROMPT** verändert werden (siehe 7.1).

▪ Nach der Eingabeaufforderung folgt der *Cursor*, ein kleines blinkendes Rechteck oder ein blinkender Unterstrich, mit dem angezeigt wird, an welcher Stelle das nächste geschriebene Zeichen am Bildschirm erscheinen wird. Hier ist ein Beispiel einer typischen Eingabeaufforderung mit Cursor:

```
A>
  └─ Cursor
 └─ DOS-Eingabeaufforderung
```

▪ Wenn die Eingabeaufforderung also A> lautet und kein anderes Laufwerk angegeben wird, sucht DOS nur auf der im Laufwerk A (Standardlaufwerk) eingelegten Diskette nach den benötigten Dateien oder Programmen.

Geräte

▪ Bei jedem Einsatz eines Computers liefert man Informationen (Eingabe) und erwartet ein Ergebnis (Ausgabe). Der

Computer verwendet Hardware, Geräte genannt, um Eingaben zu empfangen und Ausgaben zu senden.

Wird zum Beispiel ein Befehl eingegeben, empfängt der Computer die Eingabe über die Tastatur und das Diskettenlaufwerk und sendet für gewöhnlich die Ausgabe zum Monitor. Ebenso kann er die Eingabe über eine Maus erhalten oder die Ausgabe an einen Drucker senden. Manche Geräte, wie z.B. Diskettenlaufwerke, führen sowohl Eingabe als auch Ausgabe aus.

Gerätenamen

Gerätenamen sind besondere Namen für jedes Gerät, das der Computer »kennt« (siehe 6.1). Ein Beispiel eines Gerätenamens ist LPT1. Diese Bezeichnung steht für den ersten angeschlossenen parallelen Drucker (siehe 7.2).

Wird ein neues Gerät (z.B. eine Maus) an den Computer angeschlossen, ist es häufig erforderlich, DOS durch Neukonfiguration des Computers davon zu verständigen (siehe 8.4, 1.11).

Nähere Informationen zur Neukonfiguration sind normalerweise im Handbuch des entsprechenden Geräts vorhanden.

Fehlermeldungen

Wird ein Gerät oder ein DOS-Befehl nicht richtig angewandt, zeigt DOS eine entsprechende Fehlermeldung an. Fehlermeldungen beziehen sich auf allgemeine Fehler (z.B. ein falsch geschriebener Befehl) oder auf Gerätefehler (wie z.B. der Versuch, einen Drucker zu verwenden, in dem kein Papier eingelegt ist). Details zu Meldungen siehe 1.8.

Ab DOS 5 werden in Verbindung mit der veränderten Speicherverwaltung verschiedene Begriffe verwendet, die hier zusammenfassend beschrieben werden.

Protected Mode

Hier handelt es sich um eine spezielle Betriebsart der 80286/386 und 486-Prozessoren. Hierbei kann ein wesentlich größerer Arbeitsspeicher adressiert werden. MS-DOS nutzt nur den Real Mode.

Real Mode
Übliche Betriebsart der 80x86-Prozessoren. Sämtliche Prozessoren der 80x86-Familie verhalten sich wie ein 8086-Prozessor. Es kann nur 1 MB Arbeitsspeicher direkt genutzt werden.

Hauptspeicher
Der Hauptspeicher in einem Personalcomputersystem teilt sich in drei Arten von Hauptspeichern auf:
- Arbeitsspeicher
- konventioneller Speicher 0 – 640 KB
- Adaptersegment (UMA) 640 – 1024KB
- Extended Memory
- Expanded Memory

Arbeitsspeicher oder Basisspeicher
Der Arbeitsspeicher ist der Platz im Computer, wo Informationen aktiv verwendet werden. Während eines Programmlaufs speichert DOS dieses Programm und die dabei verwendeten Daten im verfügbaren Computerspeicher. Manche Programme und Dateien benötigen, je nach ihrer Größe und Komplexität, mehr Speicherraum als andere.

Arbeitsspeicher ist der adressierbare Speicherbereich von 0 Kbyte bis 1024 Kbyte (1 Mbyte). Hiervon stehen DOS 640 Kbyte für die Programmausführung zur Verfügung. Der Rest ist für Funktionen der Hardware (Bildschirm, Tastatur, Laufwerke) reserviert.

Adaptersegment UMA High Memory Area UMB Upper Memory Blocks
Hierbei handelt es sich um den Speicherbereich zwischen 640 KB und 1024 KB. Der Bereich wird auch mit dem Begriff UMA bezeichnet. Hier befinden sich unter anderem der Videospeicher sowie das Systembios. Bei Verwendung von Zusatzkarten wie Festplattencontroller oder Netzwerkkarten befindet sich außerdem das Bios dieser Zusatzkarten in diesem Bereich. Teile des Bereichs, welche nicht verwendet werden, können über spezielle Treiber genutzt werden, um Gerätetreiber und speicherresidente Programme hier auszuführen.

UMB's sind die Speicherblöcke im Adaptersegment zwischen 640 KB und 1 MB. Der Verwaltung der UMB's wird über EMM386.EXE vorgenommen.

Extended Memory
Speicher über 1 Mbyte wird als Extended Memory oder Extensionspeicher bezeichnet. Dieser ergibt zusammen mit dem Arbeitsspeicher einen Gesamtspeicher von 16 Mbyte. Der Speicher steht nur Rechnern zur Verfügung, deren Basis mindestens ein 80286-Prozessor ist. Der Speicher kann nur von Programmen genutzt werden, die speziell hierfür geschrieben wurden (z.B. Windows 3.0).

EMS Expanded Memory
Expanded Memory oder Expansionsspeicher ist ein Speicherbereich, der nur über spezielle EMS-Treiber adressiert werden kann. Die derzeit gültige Version entspricht den LIM 4.0-Spezifikationen. Die Speichererweiterung belegt nicht einen bestimmten Adreßbereich, sondern wird über einen reservierten Bereich innerhalb 640 Kbyte – 1 Mbyte verwaltet. Der in Anspruch genommene Speicher wird über dieses »Fenster« im Extended Memory belegt. Unter DOS 5 steht mit EMM386 ein Emulator zur Verfügung, der Teile des XMS-Speichers als EMS-Speicher abbildet. Dieser kann jedoch nur auf Prozessoren ab 80386 genutzt werden.

Grundsätzlich kann EMS-Speicher auch mit 8088-Prozessoren genutzt werden sofern entsprechende Treiber verfügbar sind.

HMA-Bereich
Der HMA-Bereich sind die ersten 65620 Byte im Extended Memory die aufgrund einer Adressierungsmethode bei freigeschalteter A20-Adreßleitung auch im Real Mode adressiert und genutzt werden können. Voraussetzung ist der installierte HIMEM.SYS-Treiber.

XMS Extended Memory Specification
Die XMS-Spezifikation beschreibt den Zugriff auf drei unterschiedliche Typen von Speicherbereichen:
- die Upper Memroy Block's UMB im Adaptersegment
- den HMA-Bereich zwischen 1024KB und 1088KB

▶ auf das Extended Memory oberhalb 1088KB

Voraussetzung hierfür ist ein Treiber, über den die Zugriffe abgewickelt werden. Ein Beispiel hierfür ist der mit DOS mitgelieferte HIMEM.SYS-Treiber.

VCPI Virtual Control Program Interface und
DPMI DOS Protected Mode Interface

Bei VCPI und DPMI handelt es sich um Schnittstellen, die einen geregelten Zugriff auf das Extended Memory im Proteced Mode oberhalb 640 KB gewährleisten.

Ein Programm das VCPI verwendet ist Lotus 1-2-3 V.3, Windows 3.0 hingegeben unterstützt DPMI.

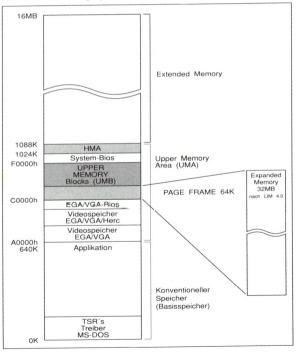

1.2 DOS starten und beenden

DOS kann von einer Systemdiskette oder einer Festplatte gestartet werden, abhängig von der Ausstattung des Computers.

DOS von Diskette starten

DOS-Systemdiskette in Laufwerk A einlegen
 Falls nicht bekannt ist, welches Laufwerk A ist, sollte in der Bedienungsanleitung des Computers nachgesehen werden.

Laufwerksklappe schließen (je nach Gerät)

Computer und Bildschirm einschalten (je nach Gerät)
 Die Lampe am Diskettenlaufwerk leuchtet, und das Laufwerk beginnt zu surren.

Es erscheint die DOS-Eingabeaufforderung:
 A>_
 Hier können DOS-Befehle eingegeben und Programme gestartet werden.

DOS von Festplatte starten

Computer und Bildschirm einschalten
 Die Lampe an der Festplatte leuchtet nach einiger Zeit auf.

Es erscheint die DOS-Eingabeaufforderung:
 C>_
 Hier können DOS-Befehle eingegeben und Programme gestartet werden.

Anmerkungen

■ Falls der Computer nicht über eine eingebaute Uhr verfügt, muß nach dem Starten das Datum und die Uhrzeit eingegeben werden (siehe 7.3).

■ Schreibfehler bei der Datums- und Zeiteingabe können mit ⟵ oder erneutem Aufruf der Befehle verbessert werden.

■ Nach einer fehlerhaften Eingabe kann mit der Tastenkombination [Strg]+[Alt]+[Entf] (gleichzeitig betätigt) der Computer neu gestartet werden (Warmstart).

Das Standardlaufwerk in diesem Beispiel ist das Laufwerk C, daher ist C> die standardmäßige DOS-Eingabeaufforderung.

Damit DOS optimal an einen Personalcomputer und seine Peripherie angepaßt wird, sollte DOS vor dem ersten Einsatz konfiguriert und einige Standardeinstellungen vorgenommen werden (siehe 8.1).

DOS 5.0 muß bei der Update-Version über das SETUP-Programm auf der Festplatte eingerichtet werden. Danach kann eine bootfähige Systemdiskette erzeugt werden, um DOS von einer Diskette zu starten.

Wird die OEM-Version verwendet, ist der Rechner mit der Diskette zu starten, die Installation läuft in ähnlicher Form ab.

DOS beenden

Ein spezieller Befehl für das Verlassen des Betriebssystems wird bei DOS nicht benötigt. DOS zu verlassen ist denkbar einfach:

Das verwendete Anwendungsprogramm sollte beendet sein

oder der zuletzt eingegebene Befehl sollte ausgeführt sein. Dies erkennt man an der DOS-Eingabeaufforderung A> oder C>.

Falls der Computer bei laufendem Anwendungsprogramm ausgeschaltet wird, können unter Umständen wichtige Daten verlorengehen.

Disketten aus den Laufwerken entfernen

Die Disketten sollten wieder in Schutzhüllen gesteckt werden (bei 5 $1/_4$-Zoll-Disketten).

Computer ausschalten

Bildschirm ausschalten

Bei manchen Computern ist dies nicht notwendig, da der Netzstecker des Bildschirms im Computer steckt.

1.3 Tastatur und Eingaben unter DOS

Unterschiede zwischen Schreibmaschinen- und Computertastatur

l L	Der Computer unterscheidet zwischen einer Eins und einem kleinen L. Also akzeptiert er kein kleines L, wenn eine Eins gemeint ist.
0 O	Die mögliche Ähnlichkeit zwischen dem großen O und der Null sollte nicht dazu verleiten, beide Zeichen gleichwertig zu verwenden. Für jeden Computer haben beide Zeichen eine vollkommen verschiedene Bedeutung. Bei den meisten Computern wird die Null zur besseren Unterscheidung mit einem Schrägstrich oder einem Punkt gekennzeichnet.
Zahlen/ Buchstaben	Vor allem bei der Eingabe von DOS-Befehlen sollte unbedingt beachtet werden, daß ähnliche Zahlen und Buchstaben nicht miteinander verwechselt werden.

Tasten mit besonderen Funktionen

Neben den normalen Schreibmaschinentasten verfügt die Tastatur jedes Computers noch über einige zusätzliche Tasten, die bei DOS eine besondere Bedeutung haben.

[Return] [↵]	Die Taste [↵] wird nach einer Befehlseingabe betätigt. DOS führt den Befehl dann aus.
[Leertaste]	Mit der [Leertaste] kann der Cursor vorwärtsbewegt werden.
[←]	Um in der momentanen Schreibzeile (in der Zeile, in der gerade geschrieben wird) Tippfehler zu korrigieren, wird die [Rücktaste] verwendet. Dadurch wird der Cursor nach links bewegt und das an dieser Stelle des Bildschirms stehende Zeichen gelöscht.
[←] [→] [↑] [↓]	Wenn der Cursor über eine Zeile geführt werden soll, ohne die in der Zeile enthaltenen

Zeichen zu löschen, werden die Cursortasten benützt. In Anwenderprogrammen bewegen sie meistens den Cursor nach rechts, links, oben und unten über den Bildschirm. Sie verändern dabei nicht die angezeigten Zeichen. Bei einigen Programmen haben diese Tasten keine Wirkung. In Handbüchern werden die betreffenden Tasten auch als *Richtungstasten* oder *Pfeiltasten* bezeichnet.

Tastenkombinationen mit der [Strg]-Taste

[Strg]	Die [Strg]-Taste (Steuerung) hat eine besondere Funktion. Mit ihr können komplizierte Befehle mit nur zwei oder drei Tastendrucken eingegeben werden. Die [Strg]-Taste muß, wie die Umschalttaste [⇧], niedergehalten werden, während man die zur Tastenkombination gehörenden anderen Tasten drückt.
[Strg]+[S] oder [Strg]+[Num]	Wird die [Strg]-Taste zusammen mit der Taste [S] betätigt, kann die Bildschirmanzeige an einer bestimmten Stelle angehalten werden. [Strg]+[Num] ist gleichwertig. Um die Bildschirmanzeige wieder zu starten, wird eine beliebige Taste betätigt.
[Strg]+[P] oder [Strg]+[Druck]	Bewirkt, daß alle Ein-/Ausgaben die von der Eingabeaufforderung gemacht wurden, auf dem angeschlossenen Drucker mitprotokolliert werden.
[Strg]+[C] oder [Strg]+[Untbr]	Bewirkt, daß ein sich in Ausführung befindlicher Befehl nicht mehr weiter ausgeführt wird.
[Strg]+[Alt]+[Entf]	Um DOS zu starten (bzw. neu zu starten), werden gleichzeitig die [Strg]-Taste, die [Alt]-Taste und die Taste [Entf] ([Lösch]) betätigt.

1.4 Bearbeitungstasten und Zeilenspeicher

Mit DOS brauchen Sie nicht ständig gleiche Tastenfolgen eingeben, da die letzte eingegebene Befehlszeile automatisch in einem besonderen Speicherbereich, dem Zeilenspeicher, abgelegt wird.

Mit dem *Zeilenspeicher* und den *Bearbeitungstasten* können die folgenden DOS-Leistungsmerkmale voll ausgenutzt werden:

▪ Um einen bereits eingegebenen längeren Befehl zu wiederholen, müssen nur zwei Tasten betätigt werden.

▪ Wird in einer Befehlszeile ein Fehler gemacht, kann er korrigiert werden, ohne die ganze Zeile noch einmal schreiben zu müssen.

▪ Befehle können in leicht abgewandelter Form aus einem zuvor eingegebenen, ähnlichen Befehl abgeleitet und ausgeführt werden.

Der DOS-Zeilenspeicher

▪ Wird ein Befehl geschrieben und die Taste ⏎ betätigt, übergibt DOS den Befehl automatisch an den Befehlsinterpreter (COMMAND.COM), der ihn dann ausführt.

▪ Gleichzeitig wird eine Kopie des Befehls in den Zeilenspeicher übertragen.

▪ Dank dieser Kopie kann jeder Befehl mit den Bearbeitungstasten von DOS erneut aufgerufen oder bearbeitet werden.

Bearbeitungstasten für den Zeilenspeicher

[F1]	Kopiert ein Zeichen aus dem Zeilenspeicher in die Befehlszeile.
[F2]	(danach [Zeichentaste]) Kopiert bis zum angegebenen Zeichen alle Zeichen aus dem Zeilenspeicher in die Befehlszeile.
[F3]	Kopiert alle restlichen Zeichen aus dem Zeilenspeicher in die Befehlszeile.
[Entf]	Überspringt ein Zeichen im Zeilenspeicher. Das Zeichen wird nicht kopiert.

`F4`	(danach `Zeichentaste`) Überspringt im Zeilenspeicher die Zeichen bis zum angegebenen Zeichen. Die übersprungenen Zeichen werden nicht kopiert.
`Einfg`	Schaltet die Betriebsart »Einfügen« ein oder aus (Umschaltfunktion).
`F5`	Überträgt die neue Befehlszeile in den Zeilenspeicher, der Befehl wird nicht ausgeführt.
`↵`	Führt den Befehl aus und überträgt die Befehlszeile in den Zeilenspeicher.
`←`	Löscht das letzte Zeichen aus der Befehlszeile und vom Bildschirm.
`F6` oder `Strg`+`Z`	Fügt das Dateiendezeichen Control-Z (Code 26, 1AH) in den neuen Zeilenspeicherinhalt ein.
`Strg`+`C` oder `Strg`+`Untbr` oder `Esc`	Erklärt die momentane Eingabe für nichtig, der bisherige Zeilenspeicherinhalt bleibt erhalten.

Anmerkung

Über das DOS-Programm DOSKEY kann ein Befehlspuffer eingerichtet werden, der die eingegebenen Befehle speichert. Diese können über die Cursortasten abgerufen und bei Bedarf verändert und ausgeführt werden.

Verweis

Befehlspuffer **8.8**, DOSKEY **8.8**

1.5 Steuerzeichenfunktionen in DOS

Mit den Steuerzeichenfunktionen hat der Benutzer Einfluß auf die Ausführung eines Befehls. Zum Beispiel kann damit die Ausführung eines Befehls abgebrochen (Strg+C) oder die Bildschirmanzeige angehalten (Strg+S) werden.
Ein Steuerzeichen wie zum Beispiel Strg+C wird eingegeben, indem die Strg-Taste gedrückt und niedergehalten wird, während die Taste C betätigt wird.
Hier werden die Tastenbezeichnungen für Multifunktionstastaturen verwendet. Für andere Tastaturen siehe die Tastenvergleichsliste Seite 18.

DOS-Steuerzeichenfunktionen und ihre Wirkung

Strg+C oder Strg+Untbr	Bricht die Ausführung des momentanen Befehls ab.
Strg+H	Löscht das letzte Zeichen aus der Befehlszeile und vom Bildschirm (entspricht ←).
Strg+J	Bewirkt eine physische Zeilenschaltung, ohne den Befehlszeileninhalt zu löschen. Damit kann die Eingabezeile über die Grenzen des Bildschirms hinaus verlängert werden.
Strg+P oder Strg+Druck	Gibt die Bildschirmausgabe zusätzlich auf dem Drucker aus.
Strg+S oder Strg+Num oder Pause (MF)	Hält die Bildschirmanzeige an. Mit einer beliebigen Taste wird die Bildschirmanzeige wieder fortgesetzt.
Esc	Macht die momentane Schreibzeile ungültig bzw. löscht die Befehlszeile, Ausgabe eines umgekehrten Schrägstrichs (\) mit Zeilenschaltung. Der Zeilenspeicher wird davon nicht berührt.
Druck	Druckt den Bildschirminhalt aus.

1.6 Befehlsübersicht

Interne Befehle

Die einfachsten und am häufigsten verwendeten DOS-Befehle sind interne Befehle. Sie sind direkt in der Datei COMMAND.COM zusammengefaßt. Die internen Befehle werden sofort nach der Eingabe ausgeführt, weil sie beim Starten von DOS vollständig in den Arbeitsspeicher des Computers geladen werden.

BREAK	CALL	CD/CHDIR	CHCP
CLS	COPY	CTTY	DATE
DEL	DIR	ECHO	ERASE
EXIT	FOR	GOTO	IF
LH/LOADHIGH	MD/MKDIR	PATH	PAUSE
PROMPT	RD/RMDIR	REM	REN/RENAME
SET	SHIFT	TIME	TYPE
VER	VERIFY	VOL	

Externe Befehle

Externe Befehle sind Programme, die in Dateien mit einer der Dateinamenerweiterungen .COM, .EXE oder .BAT gespeichert sind.

APPEND	ASSIGN	ATTRIB	BACKUP
CIIKDSK	COMMAND	COMP	DISKCOMP
DISKCOPY	DOSKEY	DOSSHELL	EDIT
EMM386	EXE2BIN	EXPAND	FASTOPEN
FC	FDISK	FIND	FORMAT
GRAFTABL	GRAPHICS	HELP	JOIN
KEYB	LABEL	LOADFIX	MEM
MIRROR	MODE	MORE	NLSFUNC
PRINT	RECOVER	REPLACE	RESTORE
SETVER	SHARE	SORT	SUBST
SYS	TREE	UMFORMAT	UNDELETE
XCOPY			

Anmerkungen

1.6

■ Alle externen Befehle sind gleichzeitig Dateien. Jeder Anwender kann seine eigenen externen Befehle schreiben und sie zu DOS hinzufügen. Alle in den bekannten Programmiersprachen geschriebenen Programme werden zu Dateien mit der Dateinamenserweiterung .EXE oder .COM.

■ Bei der Anwendung eines externen Befehls muß die Dateinamenserweiterung nicht angegeben werden.

■ **Hinweis:** Sind mehrere Befehle mit demselben Namen vorhanden, wird DOS nur einen Befehl ausführen. Die Ausführung ist von der Dateinamenserweiterung abhängig, und zwar in der folgenden Rangordnung:
.COM, .EXE, .BAT.
Der andere Befehl kann trotzdem ausgeführt werden, wenn zu dem Namen noch die Dateinamenserweiterung hinzugefügt wird.

■ Externe Befehle müssen, bevor sie von DOS ausgeführt werden können, zuerst von der Diskette/Festplatte in den Arbeitsspeicher übertragen werden. Sobald ein externer Befehl eingegeben wurde, durchsucht DOS das momentane Verzeichnis nach dem Befehl. Wenn es ihn dort nicht findet, muß DOS mitgeteilt werden, in welchem Verzeichnis sich die Datei mit dem Befehl befindet. Das geschieht mit Hilfe des **PATH**-bzw. **APPEND**-Befehls (siehe 4.7).

■ Bei der Arbeit mit mehreren Verzeichnissen empfiehlt es sich, alle externen DOS-Befehle in einem Verzeichnis unterzubringen; dort sind sie für DOS sehr viel schneller zugänglich.

■ In den Befehlsbeschreibungen dieser Schnell-Übersicht sind externe bzw. interne Befehle in der zweiten Beschreibungszeile mit »intern« bzw. »extern« entsprechend gekennzeichnet.

Übersicht alphabetisch

In dieser Übersicht werden alle aufgeführten Befehle kurz beschrieben. Synonyme (Befehlskürzel) stehen in Klammern bei den jeweiligen Befehlen.

APPEND   Legt einen Pfad für den Zugriff auf Datendateien fest.

1.6 Befehlsübersicht

ASSIGN	Ordnet einem Laufwerk einen anderen Laufwerksbuchstaben zu.
ATTRIB	Verändert Dateiattribute oder zeigt sie an.
BACKUP	Legt eine Sicherungskopie einer oder mehrerer Dateien auf einer Diskette an.
BREAK	Ermöglicht das Ein- und Ausschalten – Befehlsabbruchmöglichkeit – über die Tastenkombination [Strg]+[C] bzw. [Strg]+[Untbr].
CHCP	Stellt die momentane Codeseite für den Befehlsprozessor COMMAND.COM ein oder zeigt sie an.
CHDIR	Dient zum Wechseln bzw. Anzeigen des momentanen Verzeichnisses (**CD**).
CHKDSK	Überprüft die Richtigkeit der Einträge im Verzeichnis eines Laufwerks.
CLS	Löscht den Bildschirminhalt.
COMMAND	Ist der Befehlsprozessor von DOS, der alle internen Befehle enthält.
COMP	Vergleicht den Inhalt von zwei Dateien bzw. Dateigruppen.
COPY	Kopiert die angegebene(n) Datei(en).
CTTY	Ermöglicht die Änderung des Geräts, von dem Befehle eingegeben werden und auf dem die Bildschirmausgaben erfolgen.
DATE	Zum Anzeigen und Neueinstellen des Datums.
DEL	Löscht die angegebene(n) Datei(en) (**ERASE**).
DIR	Zeigt den Inhalt eines Verzeichnisses an.
DISKCOMP	Vergleicht Disketten.
DISKCOPY	Kopiert Disketten.
DOSKEY	Speichert und ruft Befehle zurück, erstellt und führt Makros vom DOS-Prompt aus.
DOSSHELL	Lädt die Benutzeroberfläche.
EDIT	Bildschirmorientierter Editor.
EDLIN	Zeilenorientierter Editor
EMM386	Speicherverwaltungsprogramm.

EXE2BIN		Konvertiert .EXE-Dateien ins Binärformat (.BIN oder .COM). Er ist nicht in diesem Buch beschrieben.
EXIT		Dient zum Verlassen des Befehlsprozessors und zur Rückkehr in die ursprüngliche Betriebssystemebene.
EXPAND		Expandiert eine komprimierte DOS-Datei.
FASTOPEN		Verringert die Zeit zum Öffnen von häufig verwendeten Dateien und Verzeichnissen.
FC		Vergleicht Dateien und zeigt Unterschiede zwischen den verglichenen Dateien an.
FDISK		Konfiguriert Festplatten für den Einsatz unter DOS.
FIND		Sucht eine Zeichenfolge.
FORMAT		Formatiert eine Diskette, d.h. bereitet sie für die Aufnahme von DOS-Dateien vor.
GRAFTABL		Lädt eine Tabelle mit Grafikzeichen.
GRAPHICS		Bereitet DOS zum Drucken von Bildschirmgrafiken vor.
HELP		Zeigt den Hilfebildschirm für einen Befehl an.
JOIN		Ordnet einem Laufwerk einen Pfad zu.
KEYB		Lädt eine landesspezifische Tastaturunterstützung.
LABEL		Dient zur Kennzeichnung von Disketten (Datenträgerbezeichnung).
LOADHIGH		Lädt ein Programm in den oberen Speicherbereich (HMA).
LOADFIX		Führt ein Programm in einem bestimmten Speicherbereich aus.
MEM		Zeigt die Speicherbelegung sowie alle geladenen Programme an.
MIRROR		Zeichnet Informationen über Datenträger auf.
MKDIR		Legt ein Verzeichnis an (**MD**).
MODE		Legt die Betriebsart von Geräten fest.
MORE		Bildschirmausgaben werden seitenweise vorgenommen.
NLSFUNC		Lädt länderspezifische Informationen.

PATH	Legt Suchpfade für Befehle (und andere ausführbare Programme) fest.
PRINT	Druckt Dateien im Hintergrund.
PROMPT	Zur Änderung der Eingabeaufforderung.
QBASIC	Startet die QBasic-Programmierumgebung.
RECOVER	Rettet eine beschädigte Diskette oder Datei.
RENAME	Zum Umbenennen von Dateien (**REN**).
REPLACE	Ersetzt alte Dateien durch neuere Versionen.
RESTORE	Stellt gesicherte Dateien wieder her.
RMDIR	Löscht ein Verzeichnis (**RD**).
SET	Ordnet einer in der DOS-Umgebung gespeicherten Zeichenfolge einen Wert zu oder zeigt die Umgebung an.
SETVER	Setzt bzw. zeigt die Versionsnummer an, mit der ein DOS-Programm arbeitet.
SHARE	Ermöglicht im Netzwerkbetrieb die Mehrfachbenutzung und Zugriffschutz von Dateien.
SORT	Sortiert Daten in aufsteigender oder absteigender Reihenfolge.
SUBST	Ordnet einem Pfad einen Laufwerksbuchstaben zu.
SYS	Überträgt DOS-Systemdateien auf die Diskette/Platte im angegebenen Laufwerk.
TIME	Zum Anzeigen und Neueinstellen der Systemzeit.
TREE	Zeigt Verzeichnis- und Dateinamen an.
TYPE	Zeigt den Inhalt einer Datei an.
UNDELETE	Stellt gelöschte Dateien wieder her.
UNFORMAT	Stellt einen formatierten Datenträger wieder her.
VER	Gibt die Versionsnummer der verwendeten DOS-Version an.
VERIFY	Stellt die Prüfung aller Schreibvorgänge auf einer Diskette/Festplatte ein oder aus.
VOL	Zur Anzeige einer Datenträgerbezeichnung.
XCOPY	Kopiert Dateien und Unterverzeichnisse.

1.7 Befehlsparameter

Die Parameter bei den meisten DOS-Befehlen stellen DOS zusätzliche Informationen zur Verfügung oder verlangen eine besondere Befehlsausführung. Falls keine Parameter angegeben werden, benützt DOS Standardwerte. Die Standardwerte sind bei den jeweiligen Befehlsbeschreibungen angegeben. Die DOS-Befehle sind entsprechend der folgenden allgemeinen Syntax aufgebaut:

BEFEHL *parameter*
BEFEHL [*parameter*]

- **BEFEHL** : Ist ein DOS-Befehl.
- *parameter*: Gibt die Parameter an.
- [*parameter*]: Gibt Parameter an, die nur bei Bedarf mit eingegeben werden müssen.

Parameter und Zusätze

- *laufwerk:*: Ist der Name eines Disketten- oder Festplattenlaufwerks. Dieser Parameter ist nur notwendig, wenn eine Datei benutzt werden soll, die sich nicht im Standardlaufwerk befindet. Zwischen zwei Disketten übertragene Informationen werden von einem Ausgangs- an ein Ziellaufwerk gesandt.
- *pfad*: Bezieht sich auf den Verzeichnisnamen mit der folgenden Syntax:
[*verzeichnis*][*verzeichnis*...]*verzeichnis*
- *dateiname*: Ist der Name einer Datei mit Dateinamenerweiterung (falls vorhanden). Diese Option enthält keinerlei Hinweis auf Gerätebezeichnungen bzw. Laufwerksbuchstaben.
- **/B**: Steht für einen Befehlszusatz, mit dem die Ausführung eines DOS-Befehls beeinflußt wird. Diese Zusätze beginnen immer mit einem Schrägstrich (/).
- **ON OFF**: Steht für Befehlsargumente. Mit ihnen wird DOS mit den für die Ausführung des Befehls erforderlichen Informationen versorgt.

zeichenfolge: Viele Befehle arbeiten mit einer Zeichenfolge, die Buchstaben, Ziffern, Leerstellen und andere Zeichen enthalten kann. Die Suche nach einem bestimmten Wort in einer Datei ist eine gebräuchliche Verwendung einer Zeichenfolge.

Schreibweisen

In dieser Schnell-Übersicht werden folgende Schreibweisen für Befehle und Parameter verwendet:

Schreib-weise	Gebrauch
kursiv	Der Text für die kursiv gesetzten Variablen muß angegeben werden. Anstatt *<dateiname>* wird z.B. der Name einer Datei eingegeben.
[*klammern*]	Einträge in eckigen Klammern können wahlweise verwendet werden. Wenn solche Informationen mit eingegeben werden sollen, schreibt man die in den eckigen Klammern stehenden Informationen. Die Klammern selbst dürfen nicht geschrieben werden.
... (Punkte)	Werden als Auslassungszeichen verwendet. Sie geben an, daß ein Befehlsteil so oft wie nötig wiederholt werden kann.
Trenn-zeichen	Wenn nicht anders angegeben, müssen die Befehlsbezeichnungen von den Parametern durch bestimmte Zeichen oder Leerzeichen, die sogenannten Trennzeichen, getrennt werden. Meistens empfiehlt es sich, zur Abgrenzung des Befehls von den Optionen, Leerzeichen zu verwenden. Beispiel: `RENAME STUMPF.TXT SPITZ.TXT` Auch Strichpunkte (;), Gleichheitszeichen (=) oder Tabs werden in manchen DOS-Befehlen als Trennzeichen verwendet werden. In dieser Schnell-Übersicht werden Leerzeichen verwendet.

Netzwerkfähigkeit

1.7

Einige DOS-Befehle sind im Netzwerk nicht zulässig; werden sie dennoch in einem Netzwerk benutzt, zeigt DOS die Fehlermeldung

`<Befehl> für Netzwerklaufwerk nicht möglich`

Die folgenden Befehle sind in einem Netzwerk nicht zulässig:

```
CHKDSK                          RECOVER
JOIN                            FDISK
DISKCOMP                        SUBST
LABEL                           FORMAT
DISKCOPY                        SYS
MIRROR                          UNFORMAT
```

1.8 DOS-Meldungen

Es gibt drei Arten von Meldungen, die bei der Arbeit mit DOS auftreten können:

- DOS-Gerätefehlermeldungen
- Meldungen und Fehlermeldungen der DOS-Befehle
- Meldungen und Fehlermeldungen von Anwendungsprogrammen

Fehlermeldungen der DOS-Befehle

Die wichtigsten Fehlermeldungen sind bei den entsprechenden DOS-Befehlen beschrieben. Hier wurde Wert darauf gelegt, die Beschreibungen der Meldungen kurz zu halten, um diese Abschnitte nicht zu unübersichtlich werden zu lassen. Fehlermeldungen, die sich selbst erklären und bei denen die Abhilfe schon aus der Meldung ersichtlich ist, wurden weggelassen oder ohne weitere Beschreibung aufgeführt.

Gerätefehler

Eine häufig unter DOS auftretende Fehlerart sind die Gerätefehler. Dabei handelt es sich meistens um Bedienungsfehler oder Defekte am Computersystem oder seinen Peripheriegeräten; dafür einige Beispiele:

- Ein angesprochenes Gerät ist nicht angeschlossen.
- Der Drucker ist nicht eingeschaltet.
- Der Drucker ist Offline.
- Es ist kein Papier mehr im Drucker oder es hat einen Papierstau gegeben.
- Das Druckerkabel wurde versehentlich herausgezogen.
- Es ist keine Diskette in das angesprochene Laufwerk eingelegt.
- Die verwendete Diskette ist noch nicht formatiert.
- Die Diskette ist defekt und nicht mehr verwendbar.

- Die verwendete Diskette kann in diesem Laufwerk nicht gelesen werden (z.B. 1,2-Mbyte-Diskette im 360-Kbyte-Laufwerk).
- Die Laufwerksverriegelung ist nicht richtig geschlossen.

Aufbau der Gerätefehler

Die Gerätefehler haben alle einen einheitlichen Aufbau, der unter MS-DOS so aussieht:

```
<Fehlerart> beim Lesen <Gerät>
(A)bbrechen, (W)iederholen, (I)gnorieren, (U)ebergehen?
```

oder

```
<Fehlerart> beim Schreiben <Gerät>
(A)bbrechen, (W)iederholen, (I)gnorieren, (U)ebergehen?
```

Fehlerart gibt dabei an, um welchen Fehler es sich handelt, *Gerät* ist das Gerät, auf das versucht wurde zuzugreifen, als der Fehler auftrat (z.B. Laufwerk A: oder PRN). Wird zum Beispiel versucht, auf die Diskette im Laufwerk A: zuzugreifen, obwohl keine Diskette eingelegt ist, tritt folgender Fehler auf:

```
Nicht bereit beim Lesen von Laufwerk A:
(A)bbrechen, (W)iederholen, (U)ebergehen?
```

oder

```
Schreibstörung beim Schreiben auf Gerät PRN
(A)bbrechen, (W)iederholen, (I)gnorieren, (U)ebergehen?
```

DOS wartet dann auf eine Eingabe (siehe weiter hinten).

Eingaben bei Gerätefehler

DOS erwartet bei Gerätefehlern die Eingabe einer der folgenden Antworten:

A Abbrechen/Abbruch. Beendet das Programm, das den Lese- oder Schreibvorgang durchführen wollte. Diese Antwort sollte gewählt werden, wenn der Fehler nicht ohne Hilfe korrigiert werden kann.
W Wiederholen. Wiederholt den Vorgang, der zum Fehler führte. Diese Antwort sollte nach Behebung des Fehlers gewählt werden (z.B. bei »Nicht-Bereit«- oder Schreibschutzfehlern).

I Ignorieren. Ignoriert den Fehler und nimmt an, daß er sich nicht ereignet hat. Dies kann den Verlust von Daten zur Folge haben!

U Uebergehen (PC-DOS). Gibt den Fehler an das verursachende Programm zurück und überläßt diesem die Reaktion darauf. Dies kann den Verlust von Daten zur Folge haben!

Gewöhnlich sollte versucht werden, die Fehlerursache festzustellen, sie zu beseitigen (z.B. Diskette einlegen, Drucker einschalten) und durch Eingabe von **W** (»Wiederholen«) den Vorgang zu wiederholen. Ist ein zweiter Versuch nicht erfolgreich, sollte **A** (»Abbrechen«) zur Beendigung des Zugriffs eingegeben werden. Dies ist die Standard-Vorgehensweise für die Fehlerbeseitigung.

Die Optionen »Ignorieren« und »Uebergehen« sollten nur dann gewählt werden, wenn genau bekannt ist, daß dadurch keine Daten verlorengehen!

1.9 Anwendungsprogramme

DOS ermöglicht den Einsatz zahlreicher verschiedener Anwendungsprogramme, wie beispielsweise Programme für Tabellenkalkulation, Textverarbeitung und Grafik. So vielgestaltig wie das Angebot, ist die Art der Unterstützung, die die Anwendungsprogramme bieten. Sie helfen bei der Haushaltsplanung, beim Berechnen der Einkommensteuer oder bei der Verwaltung jeglicher Art von Informationen, wie zum Beispiel Lagerhaltungs- bzw. Lagerbestandsdaten oder Adressenlisten.

Ausführung:
Anwendungsprogramm von Diskette starten

Sobald DOS gestartet ist, können Anwendungsprogramme ablaufen.

Diskette einlegen in Laufwerk A
   Falls ein Programm auf mehreren Disketten verteilt ist, ist eine Diskette als Startdiskette gekennzeichnet.

A: ⏎ macht Laufwerk A zum Standardlaufwerk

Namen des Anwendungsprogramms eingeben ⏎
   Das Programm wird von der Diskette gelesen und gestartet. Das weitere Vorgehen hängt vom Anwendungsprogramm ab und wird meistens am Bildschirm erläutert.

Ausführung:
Anwendungsprogramm von Festplatte starten

C: ⏎ macht Laufwerk C zum Standardlaufwerk
   Nur notwendig, falls C noch nicht Standardlaufwerk ist.

CD *verzeichnis* **⏎ schaltet in das Verzeichnis um**
   Nur notwendig, falls das Programm in einem Unterverzeichnis gespeichert ist (siehe 4.1).

Namen des Anwendungsprogramms eingeben ⏎
Das Programm wird von der Festplatte gelesen und gestartet.
Das weitere Vorgehen hängt vom Anwendungsprogramm ab und wird meistens am Bildschirm erläutert.

Beendigung bei Diskettensystemen

Beim Verlassen einiger Anwendungsprogramme, besonders bei solchen, die viel Speicherplatz beanspruchen, kann die folgende DOS-Fehlermeldung erscheinen:
```
Keine Systemdiskette, oder Diskettenfehler
Richtige Diskette einlegen!
Wenn bereit, eine beliebige Taste betätigen!
```
Diese Nachricht bedeutet nicht, daß das Anwendungsprogramm oder der Computer beschädigt ist.
Sie erscheint, weil das Anwendungsprogramm so viel Speicherplatz benötigt, daß es den DOS-Befehlsprozessor COMMAND.COM im Speicher überschrieben hat.

Diskette mit COMMAND.COM einlegen
Dies ist meistens die Diskette, mit der der Computer gestartet wurde.

Taste betätigen
Danach erscheint wieder die DOS-Eingabeaufforderung.

Wurde von der Festplatte gestartet und tritt der Fehler weiterhin auf, muß in der Regel der Rechner neu gestartet werden. Bleibt der Fehler, wurde vermutlich die Datei COMMAND.COM aus dem Stammverzeichnis gelöscht. In diesem Fall muß von einer Diskette gestartet werden und die Datei COMMAND.COM auf die Festplatte kopiert werden.

Verweis

Verzeichnisse und Laufwerke, Übersicht **4.1**.

1.10 Die wichtigsten Befehle – ein Überblick

Hier folgt ein Überblick über die wichtigsten Befehle mit einigen Erläuterungen sowie Verweisen auf die Kapitel, in denen ausführliche Befehlsbeschreibungen zu finden sind.

Ausführung: Diskette formatieren mit FORMAT

Neu gekaufte, also noch leere und unformatierte Disketten müssen zunächst mit **FORMAT** formatiert werden, bevor sie mit DOS eingesetzt werden können. Dabei wird die Diskette auch auf schadhafte Stellen überprüft.

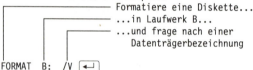

```
                         ┌──── Formatiere eine Diskette...
                         │ ┌── ...in Laufwerk B...
                         │ │ ┌─ ...und frage nach einer
                         │ │ │    Datenträgerbezeichnung
FORMAT  B:  /V ⏎
```

■ Beim Formatieren können auch wichtige DOS-Systemdateien automatisch mit angelegt werden.
■ Danach ist die Diskette formatiert und kann von DOS verwendet werden.
■ Jede verwendete Diskette sollte mit einem Aufkleber versehen und beschriftet werden.
■ **Vorsicht:** Die Formatierung löscht alle Informationen auf der Diskette!
■ Befehlsbeschreibung siehe 3.2.

Ausführung: Diskette kopieren mit DISKCOPY

Mit **DISKCOPY** können gesamte Disketten, nicht einzelne Dateien, kopiert werden. Dies kann notwendig sein, um Sicherungskopien von Disketten anzulegen.

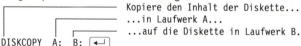

```
                     ┌──── Kopiere den Inhalt der Diskette...
                     │  ┌─ ...in Laufwerk A...
                     │  │  ┌─ ...auf die Diskette in Laufwerk B.
DISKCOPY   A:  B: ⏎
```

DISKCOPY kann nicht zum Kopieren des Inhalts einer Diskette zu oder von einer Festplatte verwendet werden. Dazu ist **COPY** oder **XCOPY** vorgesehen (siehe 5.2).

Befehlsbeschreibung siehe 3.3.

Ausführung: Verzeichnis anzeigen mit DIR

Um zu erfahren, welche Dateien auf einer Diskette gespeichert sind, kann mit Hilfe des Befehls **DIR** das Verzeichnis einer Diskette oder der Festplatte am Bildschirm angezeigt werden.

```
          ┌─── Zeige mir das Verzeichnis...
          │  ┌─ ...der Diskette in Laufwerk B.
DIR B:

          ┌─── Zeige mir das Verzeichnis des Standardlaufwerks
          │
DIR
```

Falls das Verzeichnis sehr umfangreich ist, also länger als eine Bildschirmseite, kann die Bildschirmanzeige angehalten werden, wenn der Befehlsparameter **/P** verwendet wird. Eine beliebige Taste setzt die Anzeige wieder fort.

Befehlsbeschreibung siehe 4.3.

Ausführung: Dateien kopieren mit COPY

Mit **COPY** können eine oder mehrere Dateien entweder auf die gleiche oder auf eine andere Diskette kopiert werden.

Falls A das Standardlaufwerk ist (siehe 1.1) (Eingabeaufforderung A>), muß A: nicht angegeben werden.

1.10

- Wird der zweite Dateiname nicht angegeben, erhält die kopierte Datei denselben Namen wie das Original.
- Beim Kopieren von oder auf eine Festplatte muß normalerweise als Laufwerksbuchstabe C eingegeben werden.
- Weitere Möglichkeiten:
  ```
  COPY A:BERICHT.TXT B:BERICHT.TXT
  COPY BERICHT.TXT B:BERICHT.TXT
  COPY BERICHT.TXT B:
  ```
- Befehlsbeschreibung siehe 5.2.

Ausführung: Dateien löschen mit DEL

Alte oder nicht mehr benötigte Dateien können mit **DEL** gelöscht werden. Solche gelöschten Dateien sind dann endgültig verloren.

```
                  ┌──── Lösche eine Datei...
                  │   ┌── ...mit dem Namen BERICHT.TXT von
                  │   │   der Diskette in Laufwerk B.
DEL B:BERICHT.TXT ⏎
```

- Um eine Datei von der Festplatte zu löschen, muß normalerweise C als Laufwerksbezeichnung angegeben werden.
- Befehlsbeschreibung siehe 5.4.

Ausführung: Dateien umbenennen mit RENAME

Namen von Dateien können mit **RENAME** geändert werden. Dies kann zum Beispiel notwendig werden, um auf einer Diskette mehrere Dateien mit ähnlichem Inhalt zu speichern und die Namen voneinander verschieden zu machen.

```
                              ┌── Ändere den Namen einer Datei...
                      ┌────── ...von MONATS.BER...
                      │        ┌── ...in JAHRES.BER.
RENAME MONATS.BER JAHRES.BER ⏎
```

- **RENAME** kann nur auf derselben Diskette oder Festplatte angewandt werden. A:MONATS.BER kann also nicht in B:MONATS.BER geändert werden.
- Befehlsbeschreibung siehe 5.5.

Ausführung: Dateiinhalte anzeigen mit TYPE

Mit **TYPE** kann eine Textdatei am Bildschirm angezeigt werden. Der Inhalt erscheint am Bildschirm.

```
                ┌─────── Zeige am Bildschirm...
                │     ┌── ...die auf der Diskette in Laufwerk A
                │     │   befindliche Datei mit dem Namen TELEFON.LST.
           TYPE A:TELEFON.LST ⏎
```

▪ Falls die Datei sehr umfangreich, also länger als eine Bildschirmseite ist, kann die Bildschirmanzeige mit [Strg]+[S] oder [Pause] angehalten werden. Eine beliebige Taste setzt die Anzeige wieder fort (siehe 1.3).

▪ **TYPE** zeigt nur Textdateien am Bildschirm an.

▪ Mit Hilfe von Datenumleitung kann eine Datei auch auf einem Drucker ausgegeben werden (siehe 6.2).

▪ Befehlsbeschreibung siehe 6.7.

Ausführung: Dateiinhalte drucken mit PRINT

Falls an einem Computer ein Drucker angeschlossen ist, können mit **PRINT** Dateien ausgedruckt werden.

```
              ┌────── Drucke eine Datei...
              │   ┌── ...mit dem Namen INVEST.LST.
              │   │   (DOS nimmt an, daß die Datei sich auf
              │   │   der Diskette im Standardlaufwerk befindet.)
         PRINT INVEST.LST ⏎
```

▪ DOS fordert nach der Befehlseingabe zur Eingabe des Druckeranschlusses auf (meistens PRN). ⏎ wählt den Standarddrucker aus.

▪ Der Drucker muß eingeschaltet, druckbereit und mit einem ausreichenden Papiervorrat versehen sein.

▪ Während des Ausdrucks reagiert DOS weiterhin auf Befehlseingaben, da dieser Befehl im »Hintergrund« abgearbeitet wird. Allerdings verbraucht er einen Teil der Computerleistung, wodurch die Ausführungsgeschwindigkeit von Programmen abnimmt.

▪ Dateien von Anwendungsprogrammen können normalerweise mit dem Programm selbst gedruckt werden.

▪ Befehlsbeschreibung siehe 6.7.

1.11 DOS-Installation

Umstieg auf MS-DOS 5.0 — SETUP extern

Über das SETUP-Programm kann der Rechner auf die neue Betriebssystemversion umgestellt werden, ohne das hierfür neu gebootet werden muß. Das Setup-Programm der Update-Version sichert die alte Betriebssystemversion und ermöglicht dadurch, daß DOS 5.0 wieder deinstalliert werden kann.

Für diesen Zweck ist eine formatierte Diskette bereitzuhalten und auf Anforderung in das Laufwerk einzulegen, von dem der Rechner normalerweise gebootet wird.

Bei der Neu-Version (OEM-Version) wird von der Diskette gestartet. Die Installation läuft dann in ähnlicher Weise ab.

Allgemeine Hinweise zur Bedienung

⏎ : Führt die am Bildschirm angezeigte Aktion aus.
F1 : Gibt einen Hilfebildschirm zur aktuellen Situation aus.
F3 : Beendet das Setup-Programm und kehrt zum DOS-Prompt zurück
F5 : Schaltet zwischen der Farb- und Schwarz/Weiß-Darstellung um.

▪ In der untersten Bildschirmzeile wird die aktuelle Belegung der Funktionstasten angezeigt.

▪ Auf den nachfolgenden Bildschirmbildern werden nur die wichtigsten Teile angezeigt. Allgemeine erläuternde Informationen werden nicht mit ausgegeben.

SETUP-Programm starten

Das SETUP-Programm wird mit

A:SETUP ⏎

gestartet. Anschließend wird ein Informationsbildschirm ausgegeben.

1.11

```
Microsoft(R) MS-DOS(R) Version 5.00

  Willkommen im Setup-Programm

  Setup ersetzt Ihre ursprünglichen DOS-Dateien durch MS-DOS Version 5.0.
  Während der Installation brauchen Sie eine oder mehrere Diskette(n).
  Setup wird die Diskette(n) zum Speichern Ihrer ursprünglichen DOS-Dateien
  verwenden. Beschriften Sie die Diskette(n) wie folgt:

     WIEDERHERSTELLUNG #1
     WIEDERHERSTELLUNG #2 (falls benötigt)

  Die Disketten, die formatiert oder unformatiert sein können,
  müssen mit Laufwerk A: verwendet werden.

  Setup kopiert einige Dateien auf die Wiederherstellungsdiskette(n) und
  andere in ein mit OLD_DOS.x bezeichnetes Verzeichnis auf Ihrer Festplatte.
  Unter Verwendung dieser Dateien können Sie - falls erforderlich - Ihr
  ursprüngliches DOS auf der Festplatte wiederherstellen.

EINGABETASTE=Weiter  F1=Hilfe  F3=Ende  F5=Schwarz/Weiß
```

⏎ setzt die Installation fort, F3 beendet diese.
Über F1 kann zu jedem Zeitpunkt während der Installation Hilfe angefordert werden. Es werden dann Informationen bezogen zur jeweiligen Situation ausgegeben.

```
Microsoft(R) MS-DOS(R) Version 5.00


        Falls Sie ein Netzwerk verwenden, werden Sie wahrscheinlich
           ein paar zusätzliche Schritte ausführen müssen,
           bevor Sie MS-DOS Version 5.0 installieren können.

           Falls Sie ein Netzwerk verwenden, drücken Sie J.
           Falls Sie kein Netzwerk verwenden, drücken Sie N.


F3=Ende
```

Festplatte sichern

1.11 Vor der eigentlichen Installation besteht die Möglichkeit, die Festplatten des Rechners zu sichern. Wird diese Option ausgewählt, wird ein Datensicherungsprogramm ausgeführt. Bei diesem muß die zu sichernde Festoplatte sowie das Sicherungslaufwerk angegeben werden. Anschließend wird die Anzahl der benötigten Disketten geschätzt, so daß diese vor der eigentlichen Sicherung bereitgestellt werden können. Je nach Festplattengröße kann dies eine große Zahl an Disketten und an Zeitaufwand erfordern.

Wird diese Möglichkeit nicht gewünscht, wird die Installation fortgesetzt. Im nachfolgenden Übersichtsbildschirm wird die von DOS ermittelte Systemkonfiguration angezeigt. Stimmen die Angaben nicht mit der eigentlichen Konfiguration überein, kann diese Option mit ↓ ↑ ausgewählt und mit ↵ zum Ändern aufgerufen werden.

Im nachfolgenden Beispiel wird die vom SETUP-Programm ermittelte DOS-Version manuell geändert. Hierfür ist in der

Auswahlliste mit ⬇ ⬆ die richtige Angabe auszuwählen und
mit ⏎ zu übernehmen.

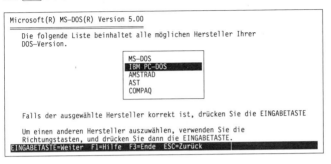

Nach Beendigung der Angaben wird die eigentliche Installation
vorgenommen. Es besteht nochmal die Möglichkeit, das Setup-
Programm zu beenden, ohne daß DOS installiert wird.

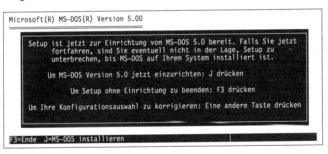

Wiederherstellungsdiskette anlegen
Das Setup-Programm fordert jetzt auf, die Wiederherstellungsdiskette in das Startlaufwerk einzulegen. Auf diese
Diskette werden alle Dateien geschrieben, die zur Wiederherstellung der alten DOS-Version benötigt werden.
Die Diskette ist sorgfältig aufzubewahren, da bei Beschädigung
oder Verlust die alte DOS-Version nicht mehr installiert werden
kann.

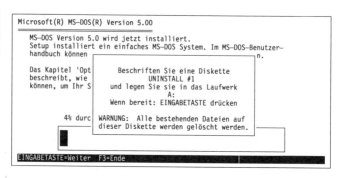

DOS-Dateien installieren

Nachdem die Wiederherstellungsdiskette angelegt wurde, werden nacheinander die Betriebssystemdisketten angefordert. Die darauf befindlichen Betriebssystemdateien werden auf die Festplatte installiert.
Der Grad der Fertigstellung wird in Prozent und über einen Leuchtbalken angezeigt. Im Verlauf der Installation werden die restlichen Disketten angefordert.
Abweichend von dem beschriebenen Vorgang kann eine unterschiedliche Anzahl von Disketten angefordert werden, wenn von einem 5 1/4"-Laufwerk mit 360KB-Disketten die Installation durchgeführt wird.

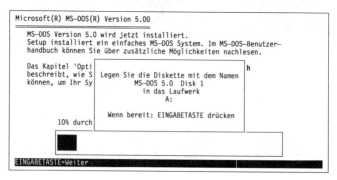

DOS 5.0 starten

Ist die Installation erfolgreich durchgeführt worden, muß der Rechner nach Beendigung der Installation neu gestartet werden.

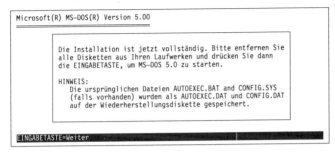

Anmerkungen zur Update-Version

▪ Die alten Betriebssystemdateien werden im Verzeichnis OLD_DOS.1 gespeichert.

▪ Wird der Befehl DELOLDOS ausgeführt, werden die alten Betriebssystemdateien aus dem Verzeichnis OLD_DOS.1 gelöscht. Die alte Betriebssystemversion kann dann auch mit der Wiederherstellungsdiskette nicht mehr installiert werden.

▪ Das Setup-Programm führt keine vollständige Konfiguration der Dateien CONFIG.SYS und AUTOEXEC.BAT durch. Vielmehr werden die vorhandenen Dateien lediglich angepaßt.

▪ Um die Möglichkeiten der erweiterten Speicherverwaltung (siehe 8.4) zu nutzen, ist nach dem Neustart des Rechners eine manuelle Überarbeitung der Startdateien erforderlich.

1.11 Einzelne DOS-Dateien installieren — EXPAND (extern)

Da die DOS-Dateien in komprimierter Form auf den Installationsdisketten gespeichert sind, können einzelne Dateien nur über den EXPAND-Befehl auf einen anderen Datenträger zur Ausführung kopiert werden.

EXPAND [*laufwerk:*][*pfad*]*dateiname*
[[*laufwerk1:*][*pfad1*]*dateiname1*]

- *laufwerk: pfad dateiname*: gibt an, wo die komprimierte Datei gespeichert ist.
- *laufwerk1: pfad1 dateiname1*: gibt an, wo die expandierte Datei abgelegt werden soll.

Anmerkungen

- Sollen mehrere Dateien expandiert werden, muß als Ziel nur das Laufwerk und das Verzeichnis angegeben werden.
- **EXPAND** kann nicht dazu verwendet werden, andere Dateien zu komprimieren.

Reinstallation von DOS — UNINSTAL
Update-Version

Über die Wiederherstellungsdiskette kann die alte Betriebssystemversion reinstalliert werden.
Hierfür ist der Rechner mit dieser Diskette neu zu starten. Die Reinstallation wird automatisch vorgenommen.

- Wurde das Verzeichnis OLDDOS.1 gelöscht, kann die Reinstallation nicht mehr durchgeführt werden.

Alte DOS-Version löschen — DELOLDOS
Update-Version

Mit dem Befehl wird die alte DOS-Version endgültig von der Festplatte gelöscht.
Anschließend kann auch das Programm DELOLDOS.EXE aus dem Verzeichnis mit den DOS-Programmen gelöscht werden.

1.12 Hilfesystem

Hilfe anfordern — HELP extern

DOS unterstützt den Anwender auf zwei unterschiedliche Arten.

HELP <befehl>

<befehl> /?

- *befehl*: Ist der DOS-Befehl, für den Hilfe angefordert wird.
- */?*: Gibt den Hilfebildschirm des <befehls> aus.

Anmerkungen

- In beiden Fällen wird derselbe Hilfsbildschirm ausgegeben.
- HELP gibt eine zusätzliche Information aus, die in der Datei DOSHELP.HLP gespeichert ist. Anschließend führt HELP den Befehl mit dem Parameter /? aus.
- Die HELP-Funktion läßt sich erweitern, sofern die neuen Programme den Parameter /? unterstützen.
- HELP ohne Parameter gibt eine Liste der DOS-Befehle mit einer Kurzbeschreibung aus. Es handelt sich hierbei um die Einträge der Datei DOSHELP.HLP.

Beispiele

```
HELP DIR
```
Nach der Ausführung werden die Hilfeinformationen zum DIR-Befehl angezeigt.

```
[C:\]help dir
Listet die Dateien und Unterverzeichnisse eines Verzeichnisses auf.

DIR [Laufwerk:][Pfad][Dateiname] [/P] [/W] [/A[[:]Attribute]]
    [/O[[:]Reihenfolge]] [/S] [/B] [/L]

[Laufwerk:][Pfad][Dateiname]
            Bezeichnet aufzulistendes Laufwerk, Verzeichnis und/oder Dateien.
/P          Pausiert nach jeder vollen Bildschirmseite.
/W          Verwendet Breitformat für die Auflistung.
/A          Listet Dateien mit bestimmten Attributen. Abkürzungen wie folgt:
  Attribute  D Verzeichnisse            R Schreibgeschützte Dateien
             H Versteckte Dateien       A Zu archivierende Dateien
             S Systemdateien            - vorangestellt dreht Bedeutung um
/O          Listet Dateien sortiert auf. Abkürzungen wie folgt:
  Sortiert nach: N Name (alphabetisch)  S Größe (kleinste zuerst)
                 E Erweiterung ( - " - ) D Datum/Zeit (ältere zuerst)
                 G Verzeichnisse zuerst - vorangestellt dreht Bedeutung um
/S          Listet Dateien im Verzeichnis und in all dessen Unterverzeichnissen auf.
/B          Verwendet einfaches Format (kein Vorspann und keine Zusammenfassung).
/L          Verwendet Kleinschreibung.

Optionen können in der Umgebungsvariable DIRCMD voreingestellt werden. "-" vor
einer Option setzt die Voreinstellung außer Kraft, z.B. DIR /-W.

[C:\]
```

Hilfedatei erweitern

Die Hilfedatei DOSHHELP.HLP kann mit dem Editor EDIT leicht verändert werden. Folgende Voraussetzungen müssen jedoch erfüllt sein.

1. Der neue Befehl muß den Parameter /? unterstützen.
2. Die Befehle müssen alphabetisch sortiert in der Hilfedatei abgespeichert werden. Zusätzliche Zeilen müssen mit Leerzeichen beginnen.
3. Der Befehl muß immer am Anfang der Zeile stehen.

Kommentarzeilen wird das Zeichen »@« vorangestellt.
Nachfolgend ist ein Auszug aus der DOS-Hilfedatei aufgeführt.

```
DEL       Löscht eine oder mehrere Dateien.
DIR       Listet die Dateien und Unterverzeichnisse eines
          Verzeichnisses auf.
DISKCOMP  Vergleicht den Inhalt zweier Disketten.
```

Die Informationszeilen der Hilfedatei werden vor dem eigentlichen Hilfebildschirm des Befehls ausgegeben.

Kapitel 2:

DOS-SHELL

2.1 Starten, Bildschirmdarstellung

Die DOS-Shell ist ein Programm, das die Anwendung der DOS-Befehle über eine Benutzeroberfläche ermöglicht. Dadurch sind die häufigsten Befehle nicht mehr nur bei der Eingabeaufforderung einzugeben, sondern die entsprechenden Funktionen können über Menüs oder Funktionstasten ausgeführt werden.

Die Möglichkeiten der DOS-Shell

▪ Eine Menüstruktur, die vom Anwender noch durch eigene Aufrufe von Programmen erweitert werden kann (siehe 2.7).
▪ Verschiedene DOS-Dienstprogramme zum Formatieren, Kopieren und Vergleichen von Disketten und Sichern von Festplatten (siehe 2.2).
▪ Anzeige der Verzeichnisstruktur mit den Verzeichnissen in unterschiedlichen Sortierreihenfolgen (siehe 2.3).
▪ Verzeichnis- und Dateiauswahl in einer Verzeichnisliste und bearbeiten dieser Verzeichnisse bzw. Dateien (Kopieren, Umbenennen, ...).
▪ Automatischer Aufruf eines zugehörigen Anwendungsprogramms bei Auswahl einer Datendatei.
▪ Innerhalb der DOS-Shell kann eine Programmoption aktiviert werden, mit der zwischen mehreren Programmen umgeschaltet werden kann. (Taskwechsel)
▪ Sämtliche Anpassungen, die innerhalb der DOS-Shell vorgenommen werden, werden abgespeichert. Beim nächsten Starten wird dann diese Darstellung verwendet.

DOS-Shell starten   DOSSHELL

Die DOS-Shell kann sowohl vom DOS-Prompt als auch automatisch gestartet werden. Hierfür muß der Aufruf »DOSSHELL« in der Datei AUTOEXEC.BAT eingetragen sein.

DOSSHELL [[/**T**|/**G**] [:**Aufl**[*n*]] [/**B**]

▪ /**T**: Startet im Textmodus

- **/G**: Startet im Grafikmodus

/**T** und /**G** schliessen sich gegenseitig aus.
- **Aufl***n*: Startet in einer bestimmten Auflösung *n*
- *n* = L: Niedrige Auflösung
- *n* = M: Mittlere Auflösung
- *n* = H: Hohe Auflösung
- Die Auflösung kann auch später innerhalb der DOS-Shell neu bestimmt werden.
- **/B**: Startet im Schwarz-/Weißmodus

Anmerkungen

Sämtliche Einstellungen zur Farbdarstellung, Bildschirmaufteilung usw. werden in der Datei DOSSHELL.INI gespeichert. Diese kann über einen Editor (EDIT) auch manuell geändert werden.

Aus drucktechnischen Gründen können die dargestellten Bildschirmbilder von der tatsächlichen Darstellung leicht abweichen.

Ausführung: DOS-Shell starten

Die DOS-Shell wird automatisch beim Starten von DOS geladen
 oder
DOSSHELL ⏎ bei der DOS-Eingabeaufforderung eingeben

Ausführung: DOS-Shell beenden/ unterbrechen

Die DOS-Shell kann beendet oder unterbrochen werden. Nach der Rückkehr erscheint wieder die gleiche Stelle.

F3 oder Alt+F4 beendet die DOS-Shell
 Diese Taste beendet immer und geht zur DOS-Eingabeaufforderung. Die DOS-Shell muß neu gestartet werden (siehe oben).

⇧+F9 unterbricht und geht in die DOS-Befehlsebene
 Die DOS-Shell bleibt im Speicher und die DOS-Eingabeaufforderung erscheint.

EXIT ⏎ geht in der DOS-Shell wieder zu der Stelle zurück, von der aus unterbrochen wurde.

Ausführung: Hilfeinformation zeigen

Von jeder Stelle aus kann eine Hilfeinformation zum aktuellen Zustand angezeigt werden. Auch Erweiterungen in der Programmauswahl können mit Hilfetexten versehen werden.

`F1` **zeigt ein Hilfefenster zur aktuellen Programmstelle**

In diesem Fenster sind folgende Tastenfunktionen möglich:

`Bild↓` `Bild↑` blättern den Text nach unten bzw. oben, falls mehr Text vorhanden ist.
`F1` zeigt eine Hilfe zur Hilfefunktion.
`Esc` beendet die Anzeige der Hilfe.

Bildschirmaufteilung

Nach dem Starten im Textmode erscheint folgender Bildschirm:

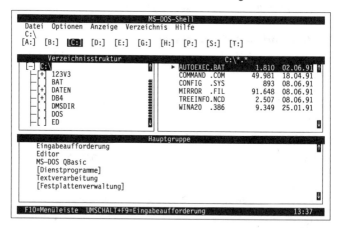

Titelzeile

Anzeige des Bildschirmnamens (hier »Programme starten«), zusätzlich links Datum, rechts Zeit, die laufend aktualisiert werden.

Menüleiste
Anzeige der zur Verfügung stehenden Menütitel (siehe weiter hinten bei »Menüauswahl«).

Programm-/Gruppenauswahl
Auswahlmöglichkeit von Programmen und Programmgruppen, die hierarchisch angeordnet sind. Programmgruppen werden mit »...« angezeigt.

Verzeichnisfenster
In dem Fenster wird ein Ausschnitt des Verzeichnisbaums der aktuellen Festplatte angezeigt.

Dateifenster
In dem Fenster werden Dateien des aktuellen Verzeichnisses angezeigt.

Markierungsbalken
Damit wird die gewünschte Programmauswahl bzw. Menüoption markiert. Mit ⏎ wird die Option ausgewählt, die gerade markiert ist.

Tastenanzeige
Anzeige von wichtigen Tastenfunktionen.

Mauszeiger
Falls eine Maus installiert ist, können auch mit Hilfe des Mauszeigers die einzelnen Funktionen ausgewählt werden (siehe unter »Mausbedienung« und 2.8).

Darstellung im Grafik- und Textmodus

Die DOS-Shell kann im Grafikmodus (nur bei Farbgrafikbildschirmen) und im Textmodus (bei Grafik- und Textbildschirmen) gestartet werden (siehe 2.8). Abhängig vom verwendeten Modus unterscheiden sich einige Funktionen.

Grafikmodus

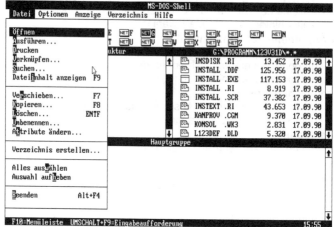

Textmodus

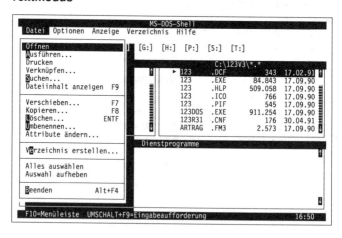

Die Unterschiede der Darstellungsarten sind bei folgenden Detailfunktionen:

Menüoptionen, die ausgewählt werden können

Die Darstellung der Menüoption hängt von der gewählten Darstellungsart und der Auflösung ab.

Grafikmodus: Bei der Menüoption wird der Buchstabe, der für den Aufruf verwendet werden kann unterstrichen bzw. in einer anderen Farbe dargestellt.

Textmodus: In solchen Menüoptionen wird das Zeichen, über das die Option schnell aufgerufen werden kann invertiert bzw. in einer anderen Farbe dargestellt.

Mauszeiger

Grafikmodus: Der Mauszeiger ist ein kleiner Pfeil.
Textmodus: Der Mauszeiger ist ein gerastertes Rechteck.
Bei verschiedenen Grafikkarten wird der Mauszeiger auch im Textmodus als Pfeil dargestellt.

Bildlaufleisten bei langen Texten in Fenstern

In beiden Fällen wird die Bildlaufleiste dargestellt, wobei je nach Darstellungsform diese grafisch bzw. über Grafiksymbole dargestellt wird.

Ausführung: Menüauswahl

[Alt] oder [F10] aktiviert die Menüleiste
Die erste Menüoption ist markiert.
[F10] springt jeweils zwischen dem aktivierten Fenster und der Menüleiste. Nochmal [F10] geht also wieder zurück.

Tastenfunktionen in Menüs

[→] [←]	markiert den nächsten Menütitel.
[↵]	(falls kein Untermenü gezeigt wird) zeigt für den markierten Menütitel das Untermenü an (Pull-down-Menü).
[↓] [↑]	bewegt die Markierung in einem Untermenü nach unten bzw. oben.
[↵]	(falls eine Menüoption markiert ist) ruft die markierte Menüoption auf.
[Esc]	beendet das Menü, geht vom Untermenü in die Menüleiste, von der Menüleiste in das Fenster zurück.
[→|]	springt jeweils ins nächste Fenster.

Anmerkung

Je nach gewähltem Darstellungsfenster sind die Menüoptionen unterschiedlich. Es werden nur diejenigen angezeigt, die für das Darstellungsfenster in Frage kommen.

Mausbedienung

Falls eine Maus installiert ist, erscheint automatisch der Mauszeiger beim Starten der DOS-Shell. Die Form unterscheidet sich je nach Darstellungsmodus oder verwendeter Grafikkarte. Mit der Maus können alle Funtionen alternativ zur Tastenbedienung aufgerufen und ausgeführt werden. Die Anwendung der Maus ist durchgehend gleich. Deshalb wird hier das Konzept der Mausbedienung beschrieben. Bei den einzelnen Funktionen ist die Ausführung mit der Maus nicht mehr im Detail beschrieben.

Maustasten
   Die meisten verwendeten Mäuse haben zwei oder drei
   Tasten. Für die Bedienung der DOS-Shell wird nur die linke
   Taste benötigt.

Menüauswahl
   Mit dem Mauszeiger auf den gewünschten Menütitel zeigen
   und Maustaste klicken. Nun erscheint das zugehörige
   Untermenü.
   Mit dem Mauszeiger auf die gewünschte Menüoption zeigen
   und Maustaste doppelt klicken. Diese Menüoption wird aufgerufen (entspricht ⏎).

Programmauswahl
   Mit dem Mauszeiger auf die gewünschte Option zeigen und
   Maustaste klicken. Nun steht der Markierungsbalken auf
   dieser Option.
   Mit dem Mauszeiger auf die gewünschte Option zeigen und
   Maustaste zweimal kurz hintereinander klicken. Diese
   Option wird aufgerufen (entspricht Auswahl und ⏎).

Dialogfenster
   In Dialogfenstern sind unten die möglichen Tasten mit den
   Funktionen angezeigt. Diese Funktionen können durch
   Anklicken mit der Maus ebenfalls ausgeführt werden.

Bildlaufleisten
   Mit Hilfe von Bildlaufleisten kann Text mit der Maus nach
   unten und oben verschoben werden (siehe weiter vorne).

Verzeichnisauswahl
   Mit der Maus auf den Verzeichnisnamen zeigen und die
   Maustaste klicken. Im Dateifenster werden die Dateien des
   Verzeichnisses angezeigt.

Tastenübersicht

Die nachfolgenden Tastenfunktionen können in der DOS-Shell
verwendet werden.

Esc	verläßt ein Menü und geht zum vorher aktiven Fenster.
F1	zeigt Hilfeinformationen an.

Taste	Funktion
[F2]	sichert in einem Dialogfeld die eingegebenen Informationen.
[F3], [Alt]+[F4]	beendet die DOS-Shell.
[⇧]+[F9]	unterbricht die DOS-Shell und geht in die DOS-Befehlsebene.
[F10]	bewegt den Markierungsbalken zwischen der Menüleiste und dem Auswahlbereich im Bildschirm.
[⇧] [F5]	Die Anzeige wird neu aufgebaut, die Dateiliste wird nicht aktualisiert.
[→|]	wechselt zum nächsten Fenster

Ausführung: Farbschema ändern

Mit dieser Funktion können bei Verwendung eines Farbbildschirms die Farben für die Darstellung von Fenstern, der Menüleiste, usw. geändert werden.

OPTIONEN FARBSCHEMA... in der Menüzeile aufrufen
  Nun erscheint ein Fenster mit den verschiedenen Farbschemen.

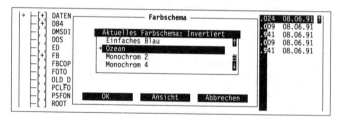

[↓] **und** [↑] **zeigt jeweils das nächste Farbschema an**
  Damit kann das gewünschte Farbschema ausgewählt werden.

[↵] **sichert die aktuell angezeigte Farbzusammenstellung**
  Zukünftig wird der Bildschirm in diesem Farbschema angezeigt.
  [Esc] ändert die Farben nicht.

Ausführung: Anzeigemodus ändern

Mit dieser Funktion kann die Darstellung des Bildschirms unter verschiedenen Modi ausgewählt werden. Wird eine hohe Auflösung gewählt, werden die Bildschirminformationen kleiner dargestellt.

OPTIONEN ANZEIGEMODUS... in der Menüzeile aufrufen
Nun erscheint ein Fenster mit den verschiedenen Anzeigemodi.

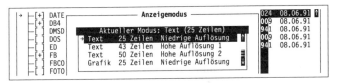

⬇ **und** ⬆ **zeigt jeweils den nächsten Modus an**
Damit kann der gewünschte Anzeigemodus ausgewählt werden.

⏎ **sichert die aktuell ausgewählte Darstellungsart**
Zukünftig wird der Bildschirm in diesem Anzeigemodus angezeigt.

[Esc] ändert den Modus nicht.

Die Anzeigemodi entsprechen denen, die beim Programmstart angegeben werden können. Folgende Darstellungsformen sind möglich:

Textmodus
25 Zeilen	Niedrige Auflösung
43 Zeilen	Mittlere Auflösung
50 Zeilen	Hohe Auflösung

Grafikmodus
25 Zeilen	Niedrige Auflösung
30 Zeilen	Mittlere Auflösung 1
34 Zeilen	Mittlere Auflösung 2
43 Zeilen	Hohe Auflösung 1
60 Zeilen	Hohe Auflösung 2

2.2 Dienstprogramme

Die »Dienstprogramme« enthalten einige grundlegende Funktionen, die bei der Arbeit mit Disketten und Festplatten laufend verwendet werden. Dazu gehören unter anderem die Sicherung der Festplatte und die Möglichkeit, eine Sicherung wieder zurückzuspeichern.
Diese angegebenen Dienstprogramme können als Vorlage für eigene Erweiterungen dienen, wenn noch weitere Menüoptionen zusätzlich eingetragen werden sollen.

Ausführung: Dienstprogramme aufrufen

Das Fenster »Programme« mit ⟶ auswählen
Markierungsbalken mit ↓↑ zu DIENSTPROGRAMME bewegen
⏎ ruft diese Funktion auf
  Es werden die einzelnen Dienstprogramme angezeigt.

Ausführung: Disketten kopieren

Die Funktion entspricht dem DOS-Befehl **DISKCOPY** (siehe 3.3).
In Dienstprogramme DISKETTEN KOPIEREN aufrufen
Quell- und Ziellaufwerk eingeben oder Vorgabe übernehmen
  Vorgabe A: B: kopiert von Laufwerk A nach B. Die Laufwerksnamen werden in der Eingabezeile hintereinander, durch Leerzeichen getrennt, eingegeben.
  ⏎ startet das Kopieren

Ausführung: Festplatte sichern

Die Funktion entspricht dem DOS-Befehl **BACKUP** (siehe 5.9).
In Dienstprogramme FESTPLATTE SICHERN aufrufen

Quell-, Ziellaufwerk und Optionen angeben oder Vorgabe übernehmen

Vorgabe `C:\*.*  A:  /S` sichert die gesamte Festplatte mit allen Unterverzeichnissen von Laufwerk C auf Disketten in Laufwerk A.
Andere mögliche Optionen siehe **BACKUP**.

`⏎` **startet die Datensicherung**

Ausführung: Festplatte wiederherstellen

Die Funktion entspricht dem DOS-Befehl **RESTORE** (siehe 5.9).

In Dienstprogramme FESTPLATTE WIEDERHERSTELLEN aufrufen
Quell-, Ziellaufwerk und Optionen angeben oder Vorgabe übernehmen

Vorgabe `A:  C:\*.*  /S` speichert von Disketten in Laufwerk A die gesamte Festplatte mit allen Verzeichnissen in Laufwerk C zurück.
Andere mögliche Optionen siehe **RESTORE**.

`⏎` **startet die Rückspeicherung**

Ausführung: Diskette formatieren

Die Funktion entspricht dem DOS-Befehl **FORMAT** (siehe 3.2).

In DOS-Dienstprogramme QUICKFORMAT ODER DATENTRÄGER FORMATIEREN aufrufen
Laufwerk angeben, in dem eine Diskette formatiert werden soll oder mit `⏎` die Vorgabe übernehmen

Vorgabe `A:` formatiert eine Diskette in Laufwerk A.

`⏎` **startet das Formatieren**

Die Unterscheidung der beiden Menüoptionen liegt in der Anwendung des /**Q**-Parameters beim **FORMAT**-Befehl.

Ausführung: Datei wiederherstellen

Diese Funktion entspricht dem DOS-Befehl **UNDELETE** (siehe 5.4).

In Dienstprogramme DATEI WIEDERHERSTELLEN aufrufen
Programmparameter angeben oder Vorgabe übernehmen
   Vorgabe zeigt alle Dateien an, die evtl. wiederhergestellt werden können.
   ⏎ **startet das Wiederherstellen**
   Bei Verwendung des **MIRROR**-Befehls kann das Wiederherstellen unter Umständen leichter durchgeführt werden.

Erweiterungsmöglichkeiten

Für die DOS-Dienstprogramme sind viele Erweiterungen denkbar, die vom jeweiligen Benutzer und von den Anwendungen auf einem Computer abhängen. Details zur Ergänzung von Programmaufrufen und Änderungen siehe 2.7.

Beispiele für Ergänzungen können sein:
- Kopieren von bestimmten Verzeichnisinhalten auf Diskette
- Sichern von bestimmten Verzeichnisinhalten auf Diskette
- Formatieren mit verschiedenen Diskettenformaten
- Formatieren rückgängig machen
- Dateien suchen

2.3 Dateiverwaltung

Die Dateiverwaltung ist einer der wichtigen Teile der DOS-Shell. Sie zeigt in verschiedenen Bildschirmfenstern die vorhandenen Laufwerke, die Verzeichnisstruktur eines Laufwerks und die Dateien des jeweils ausgewählten Verzeichnisses an.
Zusätzlich können hier die verschiedensten Arbeiten mit Dateien und Verzeichnissen ausgeführt und auch Programme direkt aufgerufen werden.
Aus Übersichtsgründen sollte während der Arbeit mit der Dateiverwaltung die Bildschirmdarstellung »Einfache Dateiliste« gewählt werden.

Ausführung: Einfache Dateiliste

Im Menü ANZEIGE die Option EINFACHE DATEILISTE wählen
 Das Fenster Dateiverwaltung wird auf dem gesamten Bildschirm dargestellt.

Bildschirmanzeige

Laufwerksfenster
 Zeigt alle verfügbaren Laufwerksbuchstaben an. Hier kann das Laufwerk gewählt werden, dessen Verzeichnisstruktur und Dateien in den beiden unteren Fenstern angezeigt und bearbeitet werden sollen (*aktuelles Laufwerk*). Es ist besonders gekennzeichnet.

Verzeichnisstruktur (MS: Verzeichnisbaum)
 Zeigt die Verzeichnisstruktur des aktuellen Laufwerks in Form einer Baumstruktur an. Hier kann das momentane Verzeichnis verändert werden, dessen Dateien in der Dateiliste angezeigt werden. Es ist besonders gekennzeichnet.

Dateiliste
 Zeigt eine Liste der Dateien im aktuellen Verzeichnis, die dem darüber angezeigten *Namensmuster* entsprechen. Das Namensmuster kann über **OPTIONEN ANZEIGEOPTIONEN** geändert werden, um die Dateiliste einzuschränken und die Sortierreihenfolge zu ändern.

Dateianzeige im Grafikmodus

Dateianzeige im Textmodus

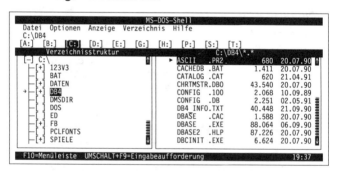

Übersicht: Wichtige Tastenfunktionen

→|	springt bei mehrmaligem Betätigen innerhalb der verschiedenen Bereiche/Fenster in der Reihenfolge: Laufwerksfenster – Verzeichnisstruktur – Dateiliste – Laufwerksfenster ...

DATEIVERWALTUNG 77

F10, Alt	springt vom gerade aktiven Fenster in die Menüzeile. Nochmal F10 springt wieder zum aktiven Fenster zurück.
F1	zeigt Hilfeinformation an (siehe 2.1).
F3, Alt+F4	beendet die DOS-Shell
F5	Aktualisiert die Verzeichnisliste und die Dateiliste.
⇧+F5	Aktualisiert nur die Dateiliste.
⇧+F9	geht zur DOS-Befehlsebene (siehe 2.1). **EXIT** ⏎ geht wieder in das Dateisystem zurück.

2.3

Ausführung: Anzeigemöglichkeiten

Die Bildschirmanzeige des Dateisystems kann verändert werden. Sämtliche Einstellungen werden über das Menü **ANZEIGE** vorgenommen.

Menü ANZEIGE EINFACHE DATEILISTE

Bei dieser Darstellungsform werden folgende Fenster angezeigt:
- Laufwerke
- Verzeichnisstruktur
- Dateien

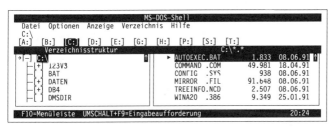

Menü ANZEIGE ZWEIFACHE DATEILISTE

In dieser Darstellungsform können gleichzeitig zwei Laufwerke bzw. zwei Verzeichnisse des gleichen Laufwerks angezeigt werden. Auf diese Weise ist das Kopieren zwischen zwei Laufwerken möglich.

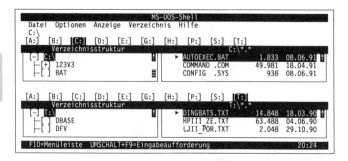

Menü ANZEIGE NUR DATEIEN

Wird diese Darstellungsform gewählt, werden im rechten Fenster nähere Dateiinformationen zur ausgewählten Datei dargestellt.

Im Dateifenster werden alle Dateien des ausgewählten Laufwerks dargestellt.

Die Sortierfolge bzw. die Auswahl bestimmter Dateien kann über **OPTIONEN DATEIANZEIGE** bestimmt werden.

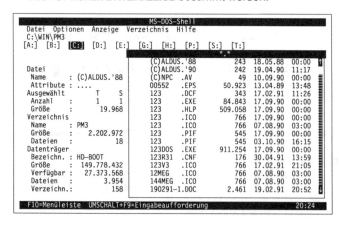

Menü ANZEIGE NUR PROGRAMME

Bei dieser Darstellung wird nur das Programmauswahlfenster angezeigt.

Menü ANZEIGE PROGRAMME UND DATEIEN

Diese Darstellung entspricht der Grundeinstellung, die bei der DOS-Installation eingerichtet wird. Sie bietet die größte Funktionsvielfalt.

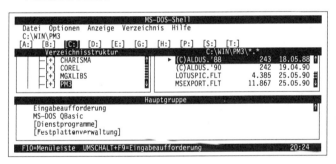

Ausführung: Laufwerk auswählen

Mit ⟶| das Laufwerksfenster aktivieren

`Strg`+`Laufwerksbuchstabe` **wählt das entsprechende Laufwerk**
oder

Mit → bzw. ← die Markierung zum gewünschten Laufwerk bewegen `↵`

Die Verzeichnisstruktur und die Dateiliste werden durch den Inhalt des ausgewählten Laufwerks aktualisiert.

Gewünschtes Laufwerk anklicken
Das Laufwerk wird sofort ausgewählt und die Anzeige aktualisiert.

Ausführung: Verzeichnis auswählen

Mit `——→|` das Fenster mit der Verzeichnisstruktur aktivieren
Mit `↓` und `↑` die Markierung zum gewünschten Verzeichnis bewegen `←┘`
Falls die Verzeichnisstruktur nicht vollständig im Fenster angezeigt wird, kann mit `Bild↓` und `Bild↑` geblättert werden.
Das ausgewählte Verzeichnis wird markiert, und die Dateiliste wird aktualisiert.

 Gewünschtes Verzeichnis anklicken
Falls die Verzeichnisstruktur nicht vollständig im Fenster angezeigt wird, kann mit der Bildlaufleiste geblättert werden.
Das Verzeichnis wird markiert, und die Dateiliste wird aktualisiert.

Ausführung: Namensmuster und Sortierreihenfolge

Die Dateinamen in der Dateiliste können in verschiedenen Sortierreihenfolgen angezeigt werden. Durch Ändern des Namensmusters werden die angezeigten Dateien eingeschränkt.

`F10` **wählt die Menüleiste**
Nur notwendig, wenn sie noch nicht aktiviert ist.

OPTIONEN DATEIANZEIGE wählen

```
┌──────┬─────────────── Dateianzeige ───────────────┐
│ Verz │                                            │ 19.04.88
│ BAT  │                                            │ 19.04.88
│[+]DAT│ Name: [*.*·········]                       │ 24.02.89
│[+]DB4│                          Geordnet nach:    │ 24.03.89
│   DMS│                                            │
│   DOS│ [ ] Versteckte Dateien und   ( ) Name      │
│   ED │     Systemdateien anzeigen   (•) Erweiterung
│[+]FB │                              ( ) Datum     │
│   FBC│ [ ] Absteigende Reihenfolge  ( ) Größe     │
│   FOT│                              ( ) Wie gespeichert
│   PSF│     OK         Abbrechen         Hilfe     │
│   ROO│                                            │
└──────┴────────────────────────────────────────────┘
```

Im Dialogfeld »Name« das Namensmuster eingeben
Hier können Musterzeichen * und ? verwendet werden (siehe 5.1).
*.BAT zeigt alle z.B. Stapelverarbeitungsdateien.

⇥ geht zu »Versteckte Dateien und Systemdatein anzeigen«.
⎵ Leertaste wählt die Option aus.

⇥ geht zu »Absteigende Reihenfolge«
⎵ Leertaste wählt die Option aus.

⇥ geht zu »Geordnet nach:«.

Mit ⎵ Leertaste das gewünschte Sortierkriterium wählen
Wie gespeichert bedeutet, die Anzeige der Dateien ist so, wie sie physikalisch gespeichert sind.
Die Reihenfolge der physikalischen Speicherung auf dem Datenträger wird durch diese Anzeige nicht verändert.

↵ führt die Funktion aus
Die Dateiliste wird sofort aktualisiert. Falls zwei Dateilisten angezeigt werden, werden beide aktualisiert.

Ausführung: Dateien markieren

Bevor eine oder mehrere Dateien bearbeitet oder Informationen darüber angezeigt werden können, müssen sie markiert werden. Dies kann auf verschiedene Arten geschehen.

Mit ⇥ das Fenster mit der Dateiliste aktivieren

Mit ↓ und ↑ die Markierung zur gewählten Datei bewegen

`Leertaste` **markiert die Datei bzw. macht die Markierung rückgängig**
> Markierte Dateien werden durch ein besonderes Zeichen gekennzeichnet:
> Grafikmodus: Das Dateisymbol davor wird negativ dargestellt.
> Textmodus: Vor dem Dateinamen erscheint ein kleines Dreieck.

`F10` **DATEI ALLES AUSWÄHLEN markiert alle Dateien in der Dateiliste**

`F10` **DATEI AUSWAHL AUFHEBEN oder `Strg` `\` macht die Markierung für alle Dateien wieder rückgängig**
> Danach ist keine Datei mehr markiert.

 zum Markieren gewünschte Datei anklicken
Nochmal anklicken macht die Markierung wieder rückgängig
Mit `⇧` und der linken Maustaste lassen sich mehrere Dateien selektieren.

Ausführung: Programmdatei starten

Programmdateien können direkt aus der Dateiliste gestartet werden.

Mit `→|` das Fenster mit der Dateiliste aktivieren
Mit `↓` und `↑` die Markierung zur gewünschten Datei bewegen
`↵` **startet das Programm**

 Doppelklicken auf der Datei startet das Programm
> Programme können auch durch Auswahl einer Datendatei direkt gestartet werden. Dazu müssen Dateien mit Programmen verbunden werden (siehe 2.6).

Ausführung: Optionen für Dateibearbeitung

[F10] OPTIONEN BESTÄTIGEN auswählen

Im Dialogfenster mit [↓] und [↑] die Optionen auswählen und mit [Leertaste] die Optionen markieren
Die jeweilige Option ist aktiviert, wenn das Schaltfeld mit »X« angezeigt wird. Nochmaliges Drücken der [Leertaste] hebt die Markierung wieder auf.
BEIM LÖSCHEN BESTÄTIGEN bewirkt, daß vor dem Löschen einer Datei eine Bestätigung verlangt wird. Soll eine Anzahl von Dateien gelöscht werden, wird vor jeder Datei nachgefragt.
BEIM ERSETZEN BESTÄTIGEN bewirkt, daß vor dem Ersetzen einer Datei durch Kopieren oder Verschieben eine Bestätigung verlangt wird.
Vorsicht: Falls die Bestätigung ausgeschaltet ist, muß beim Löschen besonders vorsichtig vorgegangen werden, da Dateien ohne vorherige Rückfrage gelöscht werden.
BEI MAUSVERWENDUNG BESTÄTIGEN hat die gleiche Funktion wie oben, jedoch nur bei Verwendung der Maus.

Schaltfläche anklicken
Mit dem Mauszeiger auf die Schaltfläche zeigen
Rechte Maustaste klicken.
Die Option wird markiert. Nochmaliges Klicken hebt die Markierung wieder auf.

2.4 Dateien bearbeiten

Im Dateisystem können Dateien auf verschiedene Weise bearbeitet werden.

Ausführung: Information über eine Datei anzeigen

Gewünschte Datei markieren
[F10] OPTIONEN INFORMATIONEN ANZEIGEN auswählen
  Ein Informationsfenster wird angezeigt.

Ausführung: Dateien verschieben

Eine oder mehrere Dateien können an eine andere Stelle verschoben werden. Die Originaldateien werden dabei gelöscht.

Für diese Funktion gibt es keinen entsprechenden DOS-Befehl. Sie könnte mit einer Abfolge von **COPY** (siehe 5.2) und **DELETE** (siehe 5.4) ausgeführt werden.

Gewünschte Datei oder Dateien markieren
[F10] DATEI VERSCHIEBEN wählen oder [F7] drücken
  Ein Dialogfenster mit zwei Eingabefeldern erscheint.

Laufwerk und Verzeichnis eingeben, in das die Dateien verschoben werden sollen.
  Hinter dem Verzeichnis evtl. einen neuen Namen, neue Gruppe oder neues Namensmuster eingeben.

[↵] **startet das Verschieben**
  Falls im Zielverzeichnis schon Dateien mit diesem Namen vorhanden sind, wird nach einer Bestätigung gefragt (wenn die Option nicht ausgeschaltet ist).

Datei im Dateifenster anwählen und rechte Maustaste gedrückt halten.

Mit dem Mauszeiger im Verzeichnisfenster auf das neue Verzeichnis zeigen und die Maustaste loslassen.
  Die Datei wird verschoben. Während des Vorgangs verändert der Mauszeiger seine Darstellung.

Ausführung: Dateien kopieren

Die Funktion entspricht dem DOS-Befehl **COPY** (siehe 5.2).
Gewünschte Datei oder Dateien markieren
[F10] **DATEI KOPIEREN wählen oder** [F8] **drücken**
Ein Dialogfenster mit zwei Eingabefeldern erscheint.
Laufwerk und Verzeichnis eingeben, in das die Dateien kopiert werden sollen.
Falls die Datei einen neuen Namen oder eine Gruppe von Dateien ein neues Namensmuster erhalten sollen, wird dies hinter dem Verzeichnis eingegeben.
[↵] **startet das Kopieren**
Falls im Zielverzeichnis schon Dateien mit diesem Namen vorhanden sind, wird nach einer Bestätigung gefragt (wenn die Option nicht ausgeschaltet ist, siehe 2.1).

Ausführung: Dateien umbenennen

Die Funktion entspricht dem DOS-Befehl **RENAME** (siehe 5.5).
Gewünschte Datei oder Dateien markieren
[F10] **DATEI UMBENENNEN wählen**
Ein Dialogfenster erscheint, in dem der aktuelle Name angegeben wird, zusätzlich ein Eingabefeld für den neuen Namen.
Neuen Dateinamen eingeben
[↵] **benennt die Datei um**
Falls im Zielverzeichnis schon Dateien mit diesem Namen vorhanden sind, erscheint »Zugriff verweigert«.

Ausführung: Dateien löschen

Diese Funktion entspricht dem DOS-Befehl **DEL** oder **ERASE** (siehe 5.4).
Gewünschte Datei oder Dateien markieren
[F10] **DATEI LÖSCHEN wählen oder** [Entf] **drücken**
[↵] **startet den Löschvorgang**
Falls die Löschbestätigung ausgeschaltet ist (siehe 2.1), werden die markierten Dateien ohne weitere Nachfrage gelöscht.

Falls die Löschbestätigung eingeschaltet ist (Vorgabe), erscheint für jede markierte Datei eine Abfrage
1. `Esc` löscht die Datei nicht.
2. `⏎` löscht die Datei.

2.4 Ausführung: Dateiinhalt zeigen

Textdateien können in einem Fenster angezeigt, allerdings nicht verändert werden. Als DOS-Befehl zum Anzeigen steht nur **TYPE** zur Verfügung (siehe 6.7), der allerdings nicht, wie hier, seitenweise anzeigen kann.

Gewünschte Datei markieren
Falls mehrere Dateien markiert sind, kann diese Funktion nicht aufgerufen werden.

`F10` **DATEI DATEIINHALT ANZEIGEN wählen oder** `F9` **drücken**
Nun erscheint der Text der ausgewählten Datei in einem eigenen Fenster.
Tastenfunktionen

`Bild↓`, `⏎`	blättert um eine Seite nach unten
`Bild↑`	blättert um eine Seite nach oben
`F9`	schaltet den Anzeigemodus in Hex-Darstellung um. Nochmal `F9` schaltet wieder in Text-Darstellung um.
`Esc`	bricht die Anzeige ab.

Ausführung: Dateiinhalt drucken

Falls ein Drucker angeschlossen ist, können bis zu 10 Dateien gleichzeitig ausgedruckt werden. Diese Funktion entspricht dem DOS-Befehl **PRINT** (siehe 6.7), der noch mehr Optionen bietet.

Gewünschte Datei oder Dateien markieren
`F10` **DATEI DRUCKEN wählen**
Die Dateien werden nacheinander ausgedruckt.
Falls kein Drucker angeschlossen ist, wird diese Option nicht angeboten.

Über den **/Q**-Parameter des **PRINT**-Befehls können maximal 32 Dateien zum Drucken eingestellt werden.

Ausführung: Datei-Attribute ändern

Mit dieser Funktion können die Datei-Attribute einer oder mehrerer Dateien geändert werden. Diese Funktion entspricht dem DOS-Befehl **ATTRIB** (siehe 5.6).

Gewünschte Datei oder Dateien markieren

F10 DATEI ATTRIBUTE ÄNDERN **wählen**

Nun erscheint ein Dialogfenster, in dem der Änderungsmodus angegeben wird.

Gewünschten Änderungsmodus angeben

1. AUSGEWÄHLTE DATEIEN EINZELN ÄNDERN: Die einzelnen Dateien werden nacheinander angeboten und können geändert werden.

2. AUSGEWÄHLTE DATEIEN ZUGLEICH ÄNDERN: Die Datei-Attribute werden einmal abgefragt, und alle ausgewählten Dateien werden mit diesen Attributen eingestellt.

Danach erscheint ein Dialogfenster zum Ändern der Datei-Attribute.

Die gesetzten Attribute sind durch ein Zeichen im Dialogfenster markiert.

Mit ⟶ in das Schaltfeld für die Attributauswahl wechseln
Mit ↓ und ↑ zum gewünschem Attribut bewegen

Leertaste **setzt bzw. löscht das Attribut**

Attribute:

VERSTECKT: Die Datei wird von **DIR** nur beim **/AH**-Parameter angezeigt. Dies sind zum Beispiel die Betriebssystemdateien IO.SYS und MSDOS.SYS.

SCHREIBGESCHÜTZT: Die Datei kann nicht verändert werden.

ARCHIV: **BACKUP** und **XCOPY** nutzen dieses Attribut (siehe 5.9, 5.2).

SYSTEM: Die Datei wird als MS-DOS-Systemdatei gekennzeichnet.

⏎ setzt die gewählten Attribute der Datei.

Esc bricht den Vorgang ab.

2.5 Verzeichnisse

Im Dateisystem können neue Verzeichnisse erstellt, gelöscht und umbenannt werden.

Ausführung: Verzeichnis erstellen

Diese Funktion entspricht dem DOS-Befehl **MD / MKDIR** (siehe 4.5).

In der Verzeichnisstruktur das Verzeichnis aktivieren, zu dem ein Unterverzeichnis erstellt werden soll
　Ein neues Verzeichnis wird immer als Unterverzeichnis des aktuellen Verzeichnisses erstellt.

[F10] **DATEI vERZEICHNIS ERSTELLEN wählen**

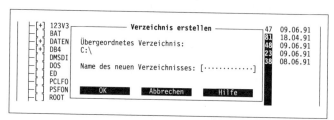

Neuen Verzeichnisnamen eingeben [↵]
　Das neue Verzeichnis wird eingerichtet und erscheint in der Verzeichnisstruktur unter dem aktuellen.

Ausführung: Verzeichnis löschen

Diese Funktion entspricht dem DOS-Befehl **RD / RMDIR** (siehe 4.5).

In der Verzeichnisstruktur das zu löschende Verzeichnis aktivieren
　Dieses Verzeichnis darf keine Unterverzeichnisse enthalten. In der Dateiliste darf keine Datei für dieses Verzeichnis erscheinen.

[F10] **DATEI LÖSCHEN wählen**

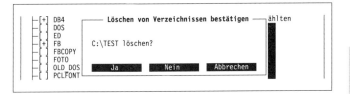

Vor dem Löschen wird eine Bestätigung verlangt, falls die Löschbestätigung nicht ausgeschaltet ist.

[Esc] **VERZEICHNIS NICHT LÖSCHEN**
[←] **VERZEICHNIS LÖSCHEN**

Zum Löschen [←] betätigen

Fehlermeldung

Fehler beim löschen

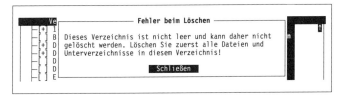

Ausführung: Verzeichnis umbenennen

Im Dateisystem können bestehende Verzeichnisse umbenannt werden. Für diese Funktion existiert kein DOS-Befehl.

In der Verzeichnisstruktur das gewünschte Verzeichnis aktivieren

[F10] **DATEI UMBENENNEN wählen**

Ein Dialogfeld erscheint.

Neuen Verzeichnisnamen eingeben [←]

Das Verzeichnis erscheint mit seinem neuen Namen in der Verzeichnisstruktur.

2.6 Dateien und Programme verbinden

Die DOS-Shell bietet die Möglichkeit, Dateien und Programme zu verbinden. Dann wird nach Auswahl einer Datei mit einer bestimmten Dateinamenserweiterung automatisch das zugehörige Anwendungsprogramm gestartet und die Datei geladen. Voraussetzung dafür ist, daß einem Programm die Namenserweiterungen der zugehörigen Datendateien zugeordnet werden.

Ausführung: Dateien und Programme verbinden

In der Dateiliste das gewünschte Programm markieren
Diese Programmdatei wird dann später aufgerufen, wenn eine Datendatei ausgewählt wird. Es muß sich also um eine Datei mit der Namenserweiterung .EXE, .COM oder .BAT handeln.

[F10] **DATEI VERKNÜPFEN wählen**
Ein Dialogfenster mit einem Eingabefeld für Erweiterungen erscheint.
  ▷ Das Dateifenster muß aktiviert sein.
  ▷ Das Programm, mit dem die Verknüpfung erfolgen soll, muß markiert sein.

Namenserweiterungen eingeben [↵]
Die einzelnen Erweiterungen werden ohne Punkt eingegeben und durch Leerzeichen getrennt.
[↵] **übernimmt die Angaben**
[Esc] **bricht den Vorgang ab**

Ausführung:
Automatischer Programmaufruf durch Dateiauswahl

**In der Dateiauswahl die zu bearbeitende Datei auswählen
⏎ startet das zugehörige Anwendungsprogramm und
lädt die Datei**

Der Dateiname muß eine der vorher angegebenen Erweiterungen haben.

 Dateiname doppelt anklicken
Das zugehörige Anwendungsprogramm wird gestartet und die Datei geladen.

Anmerkungen

▪ Diese Verbindung funktioniert nur bei Programmen, die durch Eingabe des Programmnamens mit Dateinamen starten und automatisch diese Datei laden.
Dies ist normalerweise bei Textverarbeitungsprogrammen der Fall (WORD BRIEF). Entsprechende Hinweise gibt die Begleitdokumentationen zu den Anwendungsprogrammen.

▪ Die Angaben werden gelöscht, wenn die Option nochmal aufgerufen wird und die Erweiterungen gelöscht werden.

▪ Nach der Rückkehr aus dem Anwendungsprogramm muß nochmal ⏎ betätigt werden, um in das Dateisystem zurückzukehren.

2.7 Programm-Menüs ändern

Übersicht: Programmauswahl

▓ Die Programmauswahl der DOS-Shell kann vom Anwender selbst erweitert und/oder geändert werden.
▓ Die Programmauswahl ist hierarchisch gegliedert:
  ▷ Die erste Stufe ist die Hauptgruppe; von hier aus können direkt Programme oder weitere Programmgruppen aufgerufen werden.
  ▷ Innerhalb von Gruppen können weitere Gruppen und Programme eingerichtet werden, usw...
▓ Gruppenbezeichnungen werden in der Programmauswahl in eckigen Klammen »[ ]« (Textmodus) oder durch Symbole (Grafikmodus) angezeigt.
▓ Das Programmfenster muß angewählt sein.
▓ Zur besseren Übersicht sollte das Bildschirmfenster auf den gesamten Bildschirm vergrößert werden.
▓ Alle Angaben werden in der Datei DOSSHELL.INI gespeichert und können über einen Editor (EDIT) auch manuell geändert werden.

Ausführung: Gruppe hinzufügen

Hauptgruppe der DOS-Shell anzeigen
[F10] DATEI NEU **wählen**
  Ein Dialogfenster zur Angabe des Programmobjekts.

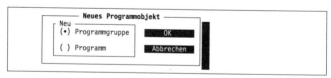

Programmgruppe mit [Leertaste] **auswählen**
[↵] **öffnet das Fenster für die Gruppeninformation**
  [Esc] bricht das Hinzufügen einer Gruppe ab.

Gruppeninformationen

```
┌─ Programmgruppe hinzufügen ─┐
│ Erforderliche Angaben:       │
│  Titel:    [·················] │
│ Optionale Angaben:           │
│  Hilfe-Text: [···············] │
│  Kennwort:  [················] │
│                              │
│    OK      Abbrechen   Hilfe │
└──────────────────────────────┘
```

Titel
- Gibt den Titel der Gruppe an, der in der Programmauswahl erscheint.
- Eingabe maximal 23 Zeichen einschl. Leerzeichen.

Hilfetext
- Gibt den Hilfetext an, der nach [F1] erscheint, wenn die Markierung in der Programmauswahl auf dem Gruppennamen steht.
- Der Text wird im Hilfefenster automatisch auf die einzelnen Zeilen umgebrochen.

Kennwort
- Kennwort als Zugriffsberechtigung für bestimmte Benutzer.
- Eingabe maximal 20 Zeichen.
- Falls ein Kennwort angegeben ist, muß es beim Aufruf dieser Gruppe eingegeben werden. Bei falschem Kennwort wird der Zugriff auf diese Gruppe verweigert.
- Das Passwort wird in der Datei DOSSHELL.INI abgespeichert.

Ausführung: Gruppe ändern

Hauptgruppe der DOS-Shell anzeigen
Markierung auf die zu ändernde Gruppe setzen
[F10] **DATEI EIGENSCHAFTEN wählen**
   Ein Dialogfenster für die Gruppeninformationen erscheint.

Gruppeninformationen ändern
Details siehe weiter vorne.

⟶| geht zum nächsten Eingabefeld weiter.

⏎ speichert die Gruppe wieder

`Esc` bricht das Ändern ab.

Ausführung: Gruppe neu anordnen

Neue Gruppen und Programmaufrufe erscheinen im Anschluß an die vorhandenen Programm- und Gruppennamen. Mit dieser Funktion können sie an eine andere Stelle gesetzt werden.

In die Gruppe wechseln, in der eine Gruppe oder ein Programm versetzt werden soll

Markierung auf die Gruppe oder das Programm setzen

`F10` DATEI UMORDNEN wählen

Markierung mit ↓ ↑ zu der gewünschten Stelle bewegen

Die Gruppe oder das Programm wird in der Richtung vor oder hinter die nun ausgewählte Gruppe eingesetzt, in der die Markierung vorher bewegt wurde.

⏎ setzt die Gruppe oder das Programm an dieser Stelle ein

Die Bezeichnung erscheint an der neu gewählten Stelle.

Ausführung: Gruppe löschen

Markierung auf die zu löschende Gruppe setzen

`F10` DATEI LÖSCHEN wählen oder `Entf` drücken

Ein Dialogfenster erscheint, in dem bestätigt werden muß.

Löschen bestätigen

⏎ oder Auswahl **DIESES PROGRAMM LÖSCHEN** löscht die Gruppe

`Esc` oder Auswahl **DIESES PROGRAMM NICHT LÖSCHEN** unterbricht das Löschen.

Anmerkungen

▪ Die Gruppe ist nun aus der Programmauswahl gelöscht.

▪ Eine Gruppe kann nur gelöscht werden, wenn sich keine Dateien oder weitere Gruppen darin befinden. In diesem Fall wird eine Fehlermeldung ausgegeben.

Ausführung: Programmaufruf hinzufügen

In der Hauptgruppe und innerhalb jeder Gruppe können Programmaufrufe hinzugefügt, geändert oder gelöscht werden.

Gruppe anzeigen, in der ein Programmaufruf hinzugefügt werden soll

[F10] DATEI NEU... **wählen**

Ein Dialogfenster zur Angabe des Programmobjekts erscheint.

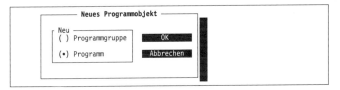

Programminformationen eingeben

Details siehe unten. Titel und Dateiname müssen eingegeben werden.

[→|] oder [↵] geht zum nächsten Eingabefeld weiter.

[↵] **öffnet ein Fenster für den Programmaufruf**

[Esc] bricht das Hinzufügen eines Programmaufrufs ab.

Programminformationen

Programmtitel

Gibt den Titel des Programmaufrufs an, der in der Programmauswahl erscheint.

- Eingabe maximal 23 Zeichen einschl. Leerzeichen.

Befehle
- Gibt die Befehle an, die nach Aufruf dieses Programmpunktes ausgeführt werden. Diese Befehle enthalten
  - normalerweise den Programmaufruf selbst. Dieser wird einfach angegeben, wie er auch in die DOS-Befehlszeile geschrieben wird.
  - zusätzliche Parameter für den Programmaufruf. Feste, nicht zu ändernde Parameter werden hinter den Programmaufruf geschrieben.
  - variable Parameter, die an das Programm übergeben werden, welche wie in Batch-Prozeduren die Variablen %1 bis %9 verwenden. Hierfür wird dann ein eigenes Dialogfeld geöffnet.
  - Maximal 25 Zeichen.

Abkürzungstaste für Programm
Ist die Programmumschaltung aktiviert, kann über die angegebene Tastenkombination in die Anwendung gewechselt werden.

Kennwort
- Kennwort als Zugriffsberechtigung für bestimmte Benutzer.
- Eingabe maximal 20 Zeichen.
- Falls ein Kennwort angegeben ist, muß es beim Aufruf dieses Programms eingegeben werden. Bei falschem Kennwort wird der Zugriff verweigert.

WEITERE gibt ein zusätzliches Dialogfenster für die Programmeigenschaften aus.

```
──────────── Weitere Eigenschaften ────────────
Hilfe-Text [Es wird die Anwendung WORD aufgerufen, wahlweise k]

Konventioneller Speicher:   KB benötigt [512···]

Erweiterungsspeicher:   KB benötigt [······] KB maximal [······]

Anzeigemodus  ( ) Text        Abkürzungstasten  [ ] ALT+TAB
              (•) Grafik      reservieren       [ ] ALT+ESC
                                                [ ] STRG+ESC
[ ] Programmumschaltung verhindern

       OK            Abbrechen          Hilfe
```

Hilfe-Text
Hier kann ein Text mit maximal 255 Zeichen eingegeben werden, der ausgegeben wird, wenn in der Programmgruppe die [F1]-Taste gedrückt wird.

Speicherangaben
Hier wird angegeben, wieviel konventionellen Speicher und wieviel Erweiterungsspeicher das Programm zur Ausführung benötigt.

Anzeigemodus
Im Grafikmodus wird zusätzlicher Speicher für die Sicherung des Bildschirminhalts benötigt.

Abkürzungstasten
Hier können bestimmte Tasten reserviert werden, die das Anwendungsprogramm selbst benötigt. Werden alle Tasten reserviert, kann die Programmumschaltung bei der Anwendung nicht verwendet werden.

Programmumschaltung verhindern
Ist Programmwechsel aktiviert, kann nicht in die Anwendung umgeschaltet werden.

[↵] übernimmt die Angaben
Wurden beim Befehlsaufruf eine oder mehrere Variablen %n verwendet, wird für jede Variable ein zusätzliches Dialogfeld geöffnet, mit dem der Dialog für die Programmübergabe eingerichtet werden kann.

```
─────────────── Programm hinzufügen ───────────────
Informationen für %1-Parameterdialog eingeben:
Titel des Dialogfeldes: [Programmparameter········]
Programminformation:    [·························]
Aufforderungstext:      [Dateiname: ········]
Vorschlag:              [*.TXT····················]

        OK          Abbrechen        Hilfe
```

Titel des Dialogfeldes
   Titelzeile des Dialogfensters.

Programminformation
   Zusätzliche Informationen die im Dialogfeld angezeigt werden.

Aufforderungstext
   Hinweis, was der Anwender zu tun hat.

Vorschlag
   Parameter, die als Vorschlag vorgegeben und verändert werden können.

Ausführung: Programmaufruf ändern

Markierung auf den zu ändernden Programmaufruf setzen

`F10` **DATEI EIGENSCHAFTEN wählen**
   Ein Dialogfenster für die Programminformationen erscheint.

Programminformationen ändern
   Details siehe weiter vorne.

   `→` oder `↵` geht zum nächsten Eingabefeld weiter.

`↵` **speichert den Programmaufruf wieder**
   `Esc` bricht das Ändern ab.

2.8 Programmumschaltung

Über die Programmumschaltung können mehrere Anwendungen unter der DOS-Shell gleichzeitig gestartet werden. Über einfache Tastenfunktionen ist es möglich, zwischen den gestarteten Anwendungen umzuschalten.

Anmerkungen

▪ 3270-Emulationen sollten nicht in Verbindung mit der Programmumschaltung verwendet werden, da hier die Verbindung des Kommunikationsadapters unterbrochen wird.

▪ Verwenden die Anwendungprogramme gleiche Tastenfunktionen wie die DOS-Shell innerhalb der Programmumschaltung, müssen diese über die Programmeigenschaften definiert werden.

▪ Wurden die Umschalttasten für die Anwendung reserviert, kann die Programmumschaltung nicht oder nur eingeschränkt verwendet werden.

Ausführung: Programmumschaltung einrichten

OPTIONEN PROGRAMMUMSCHALTUNG AKTIVIEREN auswählen
Auf dem Bildschirm erscheint das Fenster »Aktive Programme«. In diesem werden die gestarteten Anwendungen verwaltet.

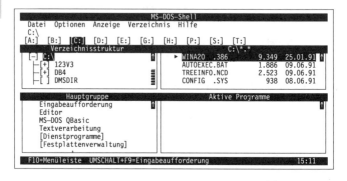

Ausführung: Mehrere Anwendungen starten

Programm aus der Hauptgruppe oder Untergruppe auswählen und starten.
Die gewählte Anwendung wird gestartet und am Bildschirm angezeigt.

Aus der Anwendung mit [Strg][Esc] in die DOS-Shell umschalten
Im Fenster »Aktive Programme« wird der Name der Anwendung angezeigt.

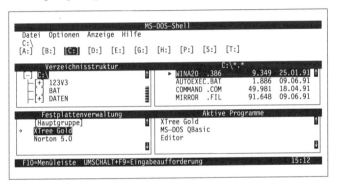

Nacheinander die gewünschten Anwendungen starten.
Alle gestarteten Anwendungen werden im Fenster »Aktive Programme angezeigt.«

Ausführung: Gestartetes Programm aufrufen

Mit [Strg][Esc] in die DOS-Shell wechseln.
Im Fenster »Aktive Programme« das gewünschte Programm auswählen
[←] startet die Anwendung

Tastenfunktionen der Programmumschaltung

Tasten	Funktion
[Strg][Esc]	Wechselt von der Anwendung in die DOS-Shell
[Alt][→│]	Schaltet zwischen den Programmen um, bzw. ruft die nächste Anwendung auf.
[Alt][Esc]	Ruft die nächste Anwendung auf.
[⇧][Alt][Esc]	Ruft die vorhergehende Anwendung auf.
[Strg][Buchstabe]	Ruft die Anwendung über die reservierte Taste auf.
[⇧][←┘]	Ruft ein Programm auf und trägt es in die Liste der aktiven Programme ein.

Kapitel 3:

DISKETTEN UND FESTPLATTEN

3.1 Übersicht und Begriffe

Disketten und Festplatten sind die wichtigsten Datenträger eines diskettenorientierten Betriebssystems. Deshalb hier eine Übersicht zu einzelnen Begriffen, die damit in Zusammenhang stehen.

Allgemeines und Begriffe

Disketten
▪ Eine Diskette ist in eine Kunststoffschutzhülle eingeschweißte biegsame Kunststoffplatte mit magnetisierter Oberfläche.
▪ DOS unterstützt $5^1/_4$-Zoll- und $3^1/_2$-Zoll-Disketten.

$5^1/_4$-Zoll-Disketten (Minidisketten)
▪ Diese Disketten befinden sich in biegsamen Kunststoffhüllen und müssen deshalb besonders vorsichtig behandelt werden.
▪ Jede Diskette befindet sich in einem separaten Schutzumschlag (meistens aus Papier).

$3^1/_2$-Zoll-Disketten (Mikrodisketten)
▪ Diese Disketten sind anders aufgebaut als $5^1/_4$-Zoll-Disketten, und die Daten sind darauf dichter zusammengepackt.
▪ Die Disketten stecken in robusten Kunststoff-Schutzhüllen mit Metallabschirmung. Beim Einstecken der Diskette wird automatisch die Metallabschirmung beiseitegeschoben, damit der Magnetkopf Daten lesen und schreiben kann.

Speicherkapazität $5^1/_4$ Zoll

Kapazität	Spuren	Sektoren	Seiten
360 Kbyte	40	9	doppelt
1,2 Mbyte	80	15	doppelt

Speicherkapazität $3^1/_2$ Zoll

Kapazität	Spuren	Sektoren	Seiten
720 Kbyte	80	9	doppelt
1,44 Mbyte	80	18	doppelt
2,88 Mbyte	80	36	doppelt

Eine Diskette mit 360 Kbyte speichert etwa 200 Seiten Text, eine Diskette mit 1,2 Mbyte speichert etwa 600 Seiten Text.

Diskettenbehandlung

Diskettenaufkleber immer im oberen Teil auf der Vorderseite so anbringen, daß sie nicht mit der magnetisierten Oberfläche in Berührung kommen.

Disketten nicht mit hartem Stift oder Kugelschreiber beschriften, da diese durchdrücken und die Diskette beschädigen können (nur bei $5^1/_4$-Zoll-Disketten).

Disketten immer vor Staub, Feuchtigkeit, Magnetfeldern und extremer Hitze schützen.

Disketten sollten immer mit einem Aufkleber versehen und deutlich beschriftet werden, um einen Überblick über die gespeicherten Daten zu bewahren.

Schreibschutz

$5^1/_4$-Zoll-Disketten (Minidisketten) haben eine Kerbe an der Seite, die bestimmt, ob die Diskette beschrieben, d.h. Daten darauf gespeichert werden können oder nicht. Ist die Kerbe offen, kann die Diskette beschrieben werden.

Wird die Kerbe mit einem Aufkleber zugeklebt, ist die Diskette schreibgeschützt; von dieser Diskette können Daten nur noch gelesen werden.

Disketten, die keine solche Kerbe aufweisen, sind permanent schreibgeschützt. Dies ist normalerweise bei Verkaufsdisketten mit Software der Fall.

$3^1/_2$-Zoll-Disketten (Mikrodisketten) haben eine Schreibschutzkerbe, die mit einem Plastikschieber verschlossen (nicht schreibgeschützt) und geöffnet (schreibgeschützt) werden kann.

Festplatten

Festplatten sind Magnetplatten, die fest in einem Gehäuse eingebaut sind, in dem diese mit einer konstanten Geschwindigkeit rotieren, solange der Computer eingeschaltet ist.

Durch den festen Einbau können größere Datenmengen schneller gespeichert und wieder gelesen werden als bei Disketten.

▧ Festplatten sind normalerweise fest in einen Computer eingebaut, deshalb eignen sie sich nicht für die Datenübertragung von einem Computer zu einem anderen. Natürlich gibt es auch Sonderfälle in Form von Wechselplattensystemen.

▧ Bei einem Computer mit Festplatte und Diskettenlaufwerk wird die Anwendung normalerweise wie folgt aufgeteilt:

Festplatte: Computer starten und Betriebssystem laden, Programme laden, Daten laden, Daten speichern, Allgemein: Die normale Arbeit läuft mit der Festplatte

Disketten: Programme nach Kauf auf Festplatte kopieren, Daten sichern, Daten von anderen Computern kopieren, Daten für andere Computer kopieren, gesicherte Daten wieder auf Festplatte kopieren, Allgemein: Datenübertragung und Datensicherung

Datensicherung

▧ Programme und DOS, die auf einer Festplatte gespeichert sind, sollten als Sicherungskopie auf Disketten vorhanden sein. Falls der Inhalt der Festplatte beschädigt oder gelöscht wird, können diese Sicherungskopien wieder verwendet werden.

▧ Daten und Texte, die auf einer Festplatte gespeichert sind, sollten in regelmäßigen Abständen auf Disketten gesichert werden. Näheres zur Datensicherung siehe 5.9.

Disketten formatieren

▧ Bevor Disketten zur Speicherung von Daten genutzt werden können, müssen sie formatiert werden. Dies geschieht mit dem Befehl **FORMAT** (siehe 3.2).

▧ Dieses Programm teilt eine Diskette so ein, daß DOS die Daten darauf schnell wiederfinden kann. Außerdem wird festgestellt, ob die Diskette beschädigt ist.

▧ Es können Disketten und Festplatten formatiert werden.

▧ **Beim Formatieren gehen alle vorher darauf befindlichen Daten verloren.**

Datenspeicherung in Dateien

▧ Daten werden auf Disketten (bzw. Festplatten) in Dateien gespeichert. Eine Datei ist eine Gruppe von zusammengehörenden Daten; jede Datei ist mit einem Namen (Dateinamen) bezeichnet (siehe 5.1).

3.2 Disketten/Festplatten behandeln

Neue Disketten und Festplatten müssen mit **FORMAT** formatiert werden, damit DOS Daten auf ihnen speichern und wieder davon lesen kann. **CHKDSK** überprüft Disketten und Festplatten und stellt eventuelle Fehler fest. Mit den Befehlen **LABEL** und **VOL** kann die Datenträgerbezeichnung verändert oder auch nur angezeigt werden.

Disketten/Festplatten formatieren FORMAT
extern/nicht im Netz

FORMAT formatiert die Diskette im angegebenen Laufwerk oder eine Festplatte für die Aufnahme von DOS-Dateien. Danach wird ein Stammverzeichnis und eine Dateizuordnungstabelle auf der Diskette oder Festplatte angelegt.

Alle neuen Disketten und Festplatten müssen mit diesem Befehl formatiert werden, bevor sie unter DOS eingesetzt werden können.

FORMAT *laufwerk:* [/**V**:*name*] [/**Q**] [/**U**] [/**F**:*größe*] [/**S**] [/**B**]
oder
FORMAT *laufwerk:* [/**V**:*name*] [/**Q**] [/**U**] [/**N**:*xx*] [/**T**:*yy*] [/**S**] [/**B**]
oder
FORMAT *laufwerk:* [/**V**:*name*] [/**Q**] [/**U**] [/1] [/4] [/**S**] [/**B**]
oder
FORMAT *laufwerk:* [/**Q**] [/**U**] [/1] [/4] [/8] [/**B**] [/**S**]

- *laufwerk:* Das Laufwerk mit der zu formatierenden Diskette/Festplatte.
- /**Q**: Schnellformatierung, bei der nur die Dateieinträge gelöscht werden.
- /**U**: Standardformatierung. Es werden alle Daten auf der Diskette unwiederbringlich gelöscht.
- /1: Die Diskette wird nur auf einer Seite formatiert.
- /4: Formatiert doppelseitige 5$^{1}/_{4}$-Zoll-Disketten mit normaler Kapazität (360 Kbyte) in einem Diskettenlaufwerk mit hoher Speicherkapazität (AT, high density, 1,2 Mbyte).

- **/8**: Formatiert eine Diskette mit 8 Sektoren pro Spur. (nur bei 5¼-Zoll-Laufwerken)
- **/B** : Formatiert eine Diskette mit 8 Sektoren pro Spur und reserviert Platz für das Kopieren von DOS.
- **/S**: Bewirkt, daß die DOS-Systemdateien von der Diskette im Standardlaufwerk auf die neu formatierte Diskette kopiert werden. Befindet sich auf dem Standardlaufwerk kein Betriebssystem, erscheint eine Aufforderung zum Einlegen einer Systemdiskette in das Standardlaufwerk (oder in das Laufwerk A, wenn es sich beim Standardlaufwerk um ein Festplattenlaufwerk handelt).
- **/N**:*sektoren*: Formatiert eine Diskette mit der angegebenen Anzahl Sektoren.
- **/T**:*spuren*: Formatiert eine Diskette mit der angegebenen Anzahl Spuren.
- **/V**:*name*: Mit dem Parameter kann der Diskette eine Datenträgerbezeichnung gegeben werden. Sie dient der Identifizierung der Diskette und kann bis zu 11 Zeichen lang sein. Als Datenträgerbezeichnung sollte eine allgemeine Beschreibung des Inhalts einer Diskette angegeben werden (zum Beispiel TEXTE). Wird /V nicht angegeben, wird der Benutzer nach dem Formatiervorgang zur Eingabe des Datenträgernames aufgefordert.
- : Die Diskette erhält eine Datenträgernummer, anhand derer die Diskette eindeutig identifiziert werden kann.
- **/F**:*größe*: Gibt die Kapazität an, mit der die Diskette formatiert werden soll. Mögliche Angaben für *größe* sind:

Kapazität, Diskette	Wert für Größe
160 Kbyte einseitig, 5¼	160, 160K, 160KB
180 Kbyte einseitig, 5¼	180, 180K, 180KB
320 Kbyte doppelseitig, 5¼	320, 320K, 320KB
360 Kbyte doppelseitig, 5¼	360, 360K, 360KB
720 Kbyte doppelseitig, 3½	720, 720K, 720KB
1,2 Mbyte doppelseitig, 5¼	1200, 1200K, 1200KB, 1.2, 1.2M, 1.2MB
1,44 Mbyte doppelseitig, 3½	1440, 1440K, 1440KB, 1.44, 1,44M, 1.44MB

DISKETTEN/FESTPLATTEN BEHANDELN 109

2,88 Mbyte doppelseitig, 3¹/₂ 2880, 2880K, 2880KB, 2.88, 2,88M, 2.88MB

Beschreibung

▪ **Achtung!** Formatieren zerstört alle auf einer Festplatte oder Diskette vorhandenen Daten und ignoriert mit **ASSIGN** erstellte Laufwerkszuweisungen (siehe 4.8).
▪ Anhand der Laufwerksart ermittelt **FORMAT** das Standardformat für die eingelegte Diskette. Falls kein Zusatz angegeben ist, wird nach diesem Standardformat formatiert.
▪ Während des Formatierens gibt DOS laufend eine Meldung aus, wieviel Prozent des Datenträgers bereits formatiert ist.
▪ Ist der Formatierungsvorgang beendet, informiert **FORMAT** über die gesamte Diskettenspeicherkapazität, über fehlerhafte Stellen auf der Festplatte/Diskette, über die vom Betriebssystem in Anspruch genommene Speicherkapazität (falls der Zusatz /**S** verwendet wurde), wieviel Platz noch für Dateien zur Verfügung steht, sowie über die für die Diskette vergebene Datenträgernummer.

Ausgaben während des Formatierens.
```
 1 Neue Diskette in Laufwerk A: einlegen
 2 und anschließend die EINGABETASTE drücken...
 3
 4 Prüfe bestehendes Datenträger-Format.
 5 Speichere Information für Wiederherstellung.
 6 Formatiere 1,44 MB mit Quickformat
 7 Überprüfe 1.44 MB
 8   x Prozent des Datenträgers formatiert.
 9 100 Prozent des Datenträgers formatiert.
10 Formatieren beendet
11 Systemdateien übertragen
12
13 Datenträgerbezeichnung (11 Zeichen, EINGABETASTE für keine)?
DOS
14
15   1457664 Byte Speicherplatz auf dem Datenträger insgesamt
16    121856 Byte vom System benutzt
17     27648 Byte in fehlerhaften Sektoren
18   1308160 Byte auf dem Datenträger verfügbar
19
```

3.2

```
20      512 Byte in jeder Zuordnungseinheit.
21      2555 Zuordnungseinheiten auf dem Datenträger verfügbar.
22
23 Datenträgernummer: 1819-16EB
24
25 Eine weitere Diskette formatieren (J/N)?n
```

Wird der Parameter **/U** verwendet, werden die Zeilen 4,5 und 6 nicht ausgegeben.

Wird der Parameter **/Q** verwendet, wird zusätzlich die Zeile 6 ausgegeben.

Anmerkungen

▪ **FORMAT** sollte nicht bei Laufwerken verwendet werden, auf die die Befehle **ASSIGN**, **JOIN** oder **SUBST** angewendet wurden (siehe 4.8)

▪ Netzwerklaufwerke können nicht formatiert werden.

▪ Weitere Informationen über Datenträgerbezeichnungen siehe **DIR** (siehe 4.3), **LABEL** und **VOL** (in diesem Kapitel).

▪ Auf einem Laufwerk, das nur für 360/720 Kyte ausgelegt ist, können keine HD-Disketten mit 1,2/1,44/2,88 Mbyte formatiert werden.

▪ Eine Zuordnungseinheit ist eine andere Bezeichnung für Cluster. Wird eine Datei neu angelegt, wird mindestens ein Cluster belegt, auch wenn die Datei nur ein Byte enthält.

▪ Die folgende Tabelle zeigt, welche Befehlszusätze für welche Festplatten/Diskettenarten verwendet werden können:

Diskettenart	Gültige Befehlszusätze
160/180 Kbyte	/S /S /V:name /1 /4 /8 /B /F:größe
320/360 Kbyte	/S /S /V:name /1 /4 /8 /B /F:größe
720 Kbyte	/S /S /V:name /N /T /B /F:größe
1,2 Mbyte	/S /S /V:name /N /T /B /F:größe
1,44 Mbyte	/S /S /V:name /N /T /B /F:größe
2,88 Mbyte	/S /S /V:name /N /T /B /F:größe
Festplatte	/S /S /V:name /B

▪ Zu beachten ist besonders der Zusatz **/4**, der benötigt wird, um auf Computern mit 1,2-Mbyte-Laufwerken Disketten mit 360 Kbyte zu formatieren.

▓ Falls mit **/B** Platz für DOS-Systemdateien eingerichtet wurde, können diese Dateien später mit **SYS** auf die Diskette/Festplatte kopiert werden.
▓ Der Parameter **/S** kann nicht zusammen mit **/B** verwendet werden.
▓ Wird der Parameter **/U** verwendet, kann eine versehentlich formatierte Diskette nicht mehr mit **UNFORMAT** wiederhergestellt werden.
▓ Mit dem Parameter **/Q** wird eine Diskette in ca 10 Sekunden formatiert. Der Parameter kann nur auf Disketten eingesetzt werden, die bereits mit dem Standardformat formatiert wurden.
▓ Kann eine Diskette nicht formatiert werden, sollte der **/U**-Parameter angewendet werden.

Beendigungscodes

Code Funktion
0   Formatierung erfolgreich durchgeführt.
3   Formatierung vom Benutzer abgebrochen ([Strg]+[C]/[Strg]+[Untbr]).
4   Systemfehler.
5   Eingabeaufforderung »Formatierung fortsetzen? (J/N):«. Beim Formatieren einer Festplatte wurde diese Frage mit N beantwortet.

Der von **FORMAT** übergebene Beendigungscode kann für den Stapelverarbeitungsbefehl **IF ERRORLEVEL...** als Eingabe verwendet werden (siehe 9.7).

Sonderfall: Festplatte formatieren

Bevor eine Festplatte formatiert werden kann, muß auf ihr mit FDISK ein DOS-Bereich eingerichtet werden (siehe 3.5).
Wurde der Format-Befehl aufgerufen, erscheint eine Warnmeldung, bei der die Formatierung abgebrochen werden kann.

```
WARNUNG! Alle Daten auf der Festplatte
in Laufwerk X: werden gelöscht!
Formatieren durchführen (J/N)?
```

[J] [↵] **formatiert die Festplatte**

oder

[N] [↵] **bricht die Formatierung ab**

Anmerkung

■ Wurde **MIRROR** verwendet, kann eine versehentliche Formatierung wieder rückgängig gemacht werden.

Beispiele

FORMAT A: /S
formatiert eine Diskette im Laufwerk A und kopiert die Systemdateien darauf.

FORMAT A: /V
formatiert eine Diskette, auf der lediglich Daten gespeichert werden sollen, im Laufwerk A. Nach dem Formatieren wird die Datenträgerbezeichnung abgefragt.

FORMAT A: /4
formatiert eine Diskette mit 360Kbyte in einem 1,2-Mbyte-Laufwerk.

FORMAT A: /F:720
formatiert eine 3$^1/_2$-Zoll-Diskette mit 720 Kbyte in einem 1,44-Mbyte-Laufwerk.

Formatierung aufheben — UNFORMAT
extern

UNFORMAT stellt die Datenträgerstruktur wieder her, die mit **FORMAT** oder **MIRROR** gesichert wurden. Desweiteren kann ein mit dem **RECOVER**-Befehl umstrukturierter Datenträger wiederhergestellt werden.

UNFORMAT [*laufwerk:*] [/**J** [/**P**]
UNFORMAT [*laufwerk:*] [/**U**] [/**L**] [/**TEST**] [/**P**]
UNFORMAT /**PARTN** [/**L**]

■ *laufwerk:*: Laufwerk, dessen Struktur wiederhergestellt werden soll.
■ **/J**: Prüft, ob die mit **MIRROR** erstellte Datei gesichert wurde und mit den Systeminformationen des Datenträgers übereinstimmt.

▓ **/P**: Die am Bildschirm angezeigten Meldungen werden auf den Drucker ausgegeben.

▓ **/U**: Hebt die Formatierung auf, ohne die MIRROR-Datei zu verwenden.

▓ **/L**: Zeigt alle Datei- und Verzeichnisnamen an, bei **/PARTN** zusätzlich die aktuelle Partitionstabelle.

▓ **/TEST**: Zeigt nur die Informationen an, die **UNFORMAT** ausgeben würde, ohne tatsächlich Änderungen vorzunehmen.

▓ **/PARTN**: Stellt die Festplatten-Partitionstabellen wieder her. Benötigt die Datei PARTNSAV.FIL, die mit **MIRROR** angelegt wird.

Beispiel

Eine mit dem Parameter /**Q** formatierte Diskette soll wiederhergestellt werden.

```
[C:\]unformat a:
Legen Sie die Diskette, auf der REBUILD ausgeführt werden soll, in Laufwerk A:
ein. Drücken Sie dann die EINGABETASTE.

Stellt den Systembereich Ihres Datenträgers unter
Verwendung der von MIRROR erstellten Bilddatei wieder her.

   WARNUNG !!      WARNUNG !!

Dieser Befehl sollte nur angewendet werden, nachdem versehentlich der DOS-
Befehl FORMAT oder der DOS-Befehl RECOVER benutzt wurden. Eine weitere
Verwendung von UNFORMAT kann zu Datenverlust führen! Dateien, die seit der
letzten Benutzung von MIRROR modifiziert wurden, können verlorengehen.

Suche auf Datenträger nach Bilddatei.
MIRROR oder FORMAT wurde zu(l)etzt benutzt um 16:24 am 25.05.91.
Die MIRROR-Bilddatei wurde überprüft/aktualisiert.
Soll der Systembereich von Laufwerk A berichtigt werden (J/N)?
Der Systembereich von Laufwerk A wurde wiederhergestellt.
Sie müssen eventuell Ihr System neu starten.
[C:\]
```

Anmerkungen

▓ Der Parameter /**J** darf nicht zusammen mit anderen Parametern verwendet werden.

▓ /**TEST** sollte nicht verwendet werden, wenn die **MIRROR**-Datei zur Wiederherstellung verwendet wird.

▓ Bei den Parametern /**L** und /**TEST** wird die **MIRROR**-Bilddatei nicht verwendet.

Fragmentierte Dateien können unter Umständen nicht oder nur verkürzt wiederhergestellt werden.

Diskette/Festplatte prüfen — CHKDSK
extern

CHKDSK überprüft die Diskette/Festplatte im angegebenen Laufwerk, stellt eventuell vorhandene Fehler fest und zeigt einen Statusbericht an. Fehler werden auf Wunsch korrigiert.

CHKDSK [*laufwerk:*][*pfad*][*dateiname*] [**/F**] [**/V**]

laufwerk: Laufwerk der Diskette/Festplatte.

pfad: Ist der Pfad.

dateiname: Dateiname der Datei(en), für die zusätzlich ein Statusbericht gezeigt werden soll.

/F: Bewirkt, daß die ermittelten Fehler beseitigt werden. Wird der Zusatz nicht verwendet, erscheint zwar ein Hinweis auf fehlerhafte Dateien, die Fehler selbst werden jedoch nicht korrigiert.

/V: Bewirkt, daß während des Prüfvorgangs Meldungen angezeigt werden.

Beschreibung

CHKDSK liest die Verzeichnisstruktur und überprüft sie auf Vollständigkeit und Fehler.

CHKDSK zeigt den Status von Disketten/Festplatten an.

Wenn ein Fehler festgestellt wird, zeigt **CHKDSK** die entsprechende Fehlermeldung im Prüfbericht mit an.

```
Datenträger HD-BOOT     erzeugt 14.06.1990 17:02
Datenträgernummer: 16AE-9E04

149778432 Byte Speicherplatz auf dem Datenträger insgesamt
   163840 Byte in 6 versteckten Dateien
   643072 Byte in 153 Verzeichnissen
115552256 Byte in 3704 Benutzerdateien
    90112 Byte in fehlerhaften Sektoren
 33329152 Byte auf dem Datenträger verfügbar

     4096 Byte in jeder Zuordnungseinheit
    36567 Zuordnungseinheiten auf dem Datenträger insgesamt
```

```
               8137 Zuordnungseinheiten auf dem Datenträger verfügbar

            655360 Byte konventioneller Arbeitsspeicher
            611616 Byte frei
```

▓ Die Meldung »XXXX Byte in XX fehlerhaften Sektoren« wird nur ausgegeben, wenn die Festplatte/Diskette Fehler aufweist, die beim Formatieren erkannt wurden.

▓ Wird zusätzlich ein Dateiname angegeben, zeigt DOS einen Statusbericht für die Diskette/Festplatte und für die einzelne Datei oder eine Gruppe von Dateien (bei Verwendung von Stellvertreterzeichen im Dateinamen) an.

▓ Wurden Zuordnungsfehler entdeckt, können die Daten nur dann in Dateien umgewandelt werden wenn der Parameter **/F** angegeben wurde.

```
Fehler gefunden, Parameter F nicht angegeben
Korrektur wird nicht gespeichert
x verlorene Zurodnungseinheit(en) in x Kette(n) gefunden.
xxxx Byte Speicher können freigemacht werden.
```

Wird die obige Meldung ausgegeben, sollte CHKDSK mit **/F** durchgeführt werden.

▓ **CHKDSK** entdeckt folgende Arten von Verzeichnisfehlern:
   ▷ Ungültige Zeiger auf Datenbereiche.
   ▷ Falsche Dateiattribute in Verzeichniseinträgen.
   ▷ Zerstörte Verzeichnisbereiche, die es unmöglich machen, eines oder mehrere Verzeichnisse zu überprüfen.
   ▷ Zerstörte Verzeichnisse, die es unmöglich machen, auf die darin befindlichen Dateien zuzugreifen.

▓ Des weiteren werden Fehler in der Dateizuordnungstabelle (FAT, file allocation table) gemeldet:
   ▷ Fehlerhafte Sektoren in der FAT.
   ▷ Ungültige Bereichsnummern in der FAT.
   ▷ »Verlorene« Bereiche.
   ▷ Zugehörigkeit eines Sektors zu mehreren Dateien.

Anmerkungen

■ Jede Diskette und Festplatte sollte von Zeit zu Zeit einer Prüfung mit **CHKDSK** unterzogen werden.

■ **CHKDSK** korrigiert die festgestellten Fehler nur, wenn der Zusatz **/F** eingegeben wurde.

■ Wurde der Zusatz **/F** verwendet, meldet **CHKDSK** Fehler, wenn es auf der Diskette/Festplatte nicht geschlossene Dateien findet. Dieser Zusatz sollte nicht eingegeben werden, wenn gerade Dateien geöffnet sind (zum Beispiel durch ein Anwendungsprogramm). Es ist sonst möglich, daß **CHKDSK** Ergebnisse zeigt, die den Eindruck erwecken, daß sich auf der Diskette/Festplatte »verlorene Datenanhäufungen« befinden. Die Dateizuordnungstabelle ist in diesem Fall noch nicht mit den Werten offener Dateien aktualisiert worden. Gibt **CHKDSK** an, daß eine große Anzahl von Datenanhäufungen auf der Festplatte verloren ist, kann dies an einem fehlerhaften Anwendungsprogramm oder einer fehlerhaften Diskette/ Festplatte liegen.

■ **CHKDSK** wandelt diese Bereiche in Dateien mit der Bezeichnung **FILE***nnnn*.**CHK** um und speichert diese im Stammverzeichnis der Festplatte. *nnnn* ist hierbei eine fortlaufende Numerierung, beginnend mit 1. Sofern die darin enthaltenen Daten nicht weiterverwendet werden können, sollten die Dateien mit dem Befehl **DEL FILE*.CHK** gelöscht werden, um den belegten Speicherplatz wieder freizugeben.

■ **CHKDSK** sollte auch dann verwendet werden, wenn Informationen über die Speicherkapazität benötigt werden.

■ **CHKDSK** funktioniert nicht mit Laufwerken, die durch die Befehle **SUBST** oder **JOIN** entstanden sind (siehe 4.8).

Beispiele

```
CHKDSK A: /F
```
Prüft eine Diskette in Laufwerk A und versucht, die gefundenen Fehler zu korrigieren. Wenn erforderlich, fragt **CHKDSK** nach weiteren Informationen.

Datenträgerbezeichnung eingeben/ändern — LABEL extern

LABEL dient zum Anlegen, Ändern oder Löschen der Datenträgerbezeichnung einer Diskette/Festplatte.

LABEL [*laufwerk:*][*datenträgerbezeichnung*]

- *laufwerk:*: Ist das Laufwerk der Diskette/Festplatte.
- *datenträger-*: Ist die neue Datenträgerbezeichnung. Sie
- *bezeichnung*: kann maximal 11 Zeichen lang sein, darf keine Tabulatorzeichen enthalten und muß ohne Leerstelle hinter dem Doppelpunkt eingegeben werden.

Beschreibung

- Eine Datenträgerbezeichnung ist ein Name, der für eine Diskette/Festplatte bestimmt werden kann. DOS zeigt die Datenträgerbezeichnung einer Diskette/Festplatte als Teil des Verzeichnisses, um anzuzeigen, welche Diskette/Festplatte gerade verwendet wird.
- Wird keine Datenträgerbezeichnung angegeben, erscheint:

```
Datenträger in Laufwerk X heißt xxxxxxxxxx
Datenträger-Seriennummer ist 1427-16F6
Datenträgerbezeichnung (11 Zeichen, EINGABETASTE für keine)? NEU_DAT
```

Datenträgerbezeichnung (maximal 11 Zeichen), `⏎` gibt die neue Bezeichnung ein.

Falls nur `⏎` betätigt wird, erscheint:

```
Aktuelle Datenträgerbezeichnung löschen (J/N)?
```

`J` löscht die Datenträgerbezeichnung von Diskette/Festplatte.

`N` beläßt die bisherige Bezeichnung.

Anmerkungen

- Um festzustellen, ob eine Diskette/Festplatte bereits mit einer Datenträgerbezeichnung versehen ist, können die DOS-Befehle **DIR** (siehe 4.3) oder **VOL** (nächster Befehl) verwendet werden.

- **LABEL** funktioniert nicht mit Laufwerken, bei denen die Befehle **ASSIGN**, **SUBST** oder **JOIN** verwendet wurden (siehe 4.8).
- Die folgenden Zeichen sollten nicht in einer Datenträgerbezeichnung verwendet werden:
  * ? / | . , ; : + = < > [ ]

Beispiel

LABEL A:DATEN1989
Bezeichnet eine Diskette im Laufwerk A, die Daten für das Jahr 1989 enthält.

Verweise

Verzeichnisse anzeigen **4.3**, Laufwerke und Verzeichnisnamen zuordnen **4.8**.

Datenträgerbezeichnung anzeigen **VOL**
intern

VOL dient zur Anzeige der Datenträgerbezeichnung einer Diskette oder Festplatte.

   VOL [*laufwerk:*]

Beschreibung

- **VOL** zeigt die Datenträgerbezeichnung und die Datenträgernummer der Diskette oder Festplatte des angegebenen Laufwerks am Bildschirm an.
- Wird keine Laufwerksbezeichnung angegeben, zeigt DOS die Datenträgerbezeichnung der Diskette/Festplatte im Standardlaufwerk.
- Details darüber, wie DOS Datenträgerbezeichnungen einsetzt, siehe die Befehle **LABEL** und **FORMAT** in diesem Kapitel.

Beispiel

VOL B:
Zeigt die Datenträgerbezeichnung der Diskette im Laufwerk B. Wurde der Diskette der Name »DATEN1989« gegeben (mit

LABEL oder **FORMAT** /V), erscheint nach der Eingabe des
Befehls die folgende Meldung:
```
Datenträger in Laufwerk B ist DATEN1989
Datenträgernummer: 1F34-16FF
```

Datenträgerinformationen sichern — MIRROR extern

Der Befehl zeichnet Informationen über die Struktur eines
Datenträgers auf. Diese dienen zum Wiederherstellen versehentlich
gelöschter Dateien oder formatierter Datenträger.
Zusätzlich kann **MIRROR** resident geladen werden, um Löschvorgänge
zu überwachen.

MIRROR [*laufwerk:* [...]] [/**1**] [/**T***laufwerk*[*-einträge*][...]]
MIRROR [/**U**]
MIRROR [/**PARTN**]

laufwerk:: Gibt das Laufwerk an, für das **MIRROR** Informationen
aufzeichnen soll.

/**1**: Es wird keine Sicherungsdatei der bestehenden
Informationsdatei angelegt

/**T***laufwerk*: Lädt ein speicherresidentes Programm zur
Löschverfolgung. Die Informationen werden von **UNDELETE**
verwendet.

-einträge: Gibt die Anzahl der Einträge für die Löschverfolgungsdatei
an. Es können Werte von 1 bis 999
angegeben werden.

/**U**: Entfernt das Löschverfolgungsprogramm aus dem
Speicher. Es werden keine Informationen mehr aufgezeichnet.

/**PARTN**: Speichert Informationen über die Partitionsdaten
einer Festplatte auf eine Diskette.

Anmerkungen

Die Löschverfolgungsdatei wird im Stammverzeichnis mit
dem Namen PCTRACKR.DEL und dem Attribut **S** angelegt.

Werden die Partitionsdaten mit /**PARTN** auf eine Diskette
gespeichert, sollte diese an einem sicheren Ort aufbewahrt
werden.

■ Werden keine *-einträge* angegeben, richtet sich die Standardvorgabe nach der Art des Datenträgers für den die Informationen aufgezeichnet werden sollen.

Größe des Datenträgers	Anzahl der Einträge	Dateigröße
360 KB	25	5 KB
720 KB	50	9 KB
1,2 MB	75	14 KB
1,44 MB	75	14 KB
20 MB	101	18 KB
32 MB	202	36 KB
> 32 MB	303	55 KB

■ MIRROR funktioniert nicht mit Netzwerklaufwerken oder mit Laufwerken für die ein **ASSIGN**-, **JOIN**- oder **SUBST**-Befehl durchgeführt wurde.

■ **UNFORMAT** und **UNDELETE** verwenden die Aufzeichnungen des **MIRROR**-Befehls.

Beispiele

Partitionsdaten sichern
Die Partitionsdatei des aktuellen Laufwerks sollen auf Diskette gesichert werden.

```
MIRROR /PARTN
Progamm zur Sicherung einer Festplatten-Partition.
Die Partionierungsinformationen Ihrer Festplatte wurden
gelesen.
Als nächstes wird die Datei PARTNSAV.FIL auf eine Diskette
geschrieben.
Bitte legen Sie eine formatierte Diskette ein und geben Sie
die Bezeichnung des Diskettenlaufwerks ein.
Welches Laufwerk ? A
Erfolgreich.
```

Die Sicherungsdatei der Partitionsdateien erhält den Namen PARTNSAV.FIL.

Löschverfolgungsdatei einrichten
Für das Laufwerk C: sollen 500 Einträge in der Löschverfolgungsdatei aufgezeichnet werden. Von der Datei ist keine Sicherungskopie anzulegen.

```
C:\DOS\MIRROR C: /1/TC-500
```

Der Befehl ist in die AUTOEXEC.BAT aufzunehmen, wenn die Angaben nach jedem Neustart des Rechners gelten sollen.

3.3 Disketten kopieren und vergleichen

Der vollständige Inhalt einer Diskette kann mit **DISKCOPY** auf eine andere Diskette kopiert werden. Dieser Befehl sollte vor allem bei der Arbeit mit Diskettensystemen möglichst oft zur Datensicherung (siehe 5.9) verwendet werden. **DISKCOMP** vergleicht zwei Disketten und überprüft, ob sie den gleichen Inhalt haben.

Diskette kopieren — *DISKCOPY* *extern*

DISKCOPY kopiert den Inhalt der Diskette im Ausgangslaufwerk auf eine formatierte oder nicht formatierte Diskette im Ziellaufwerk.

DISKCOPY [*laufwerk1:*] [*laufwerk2:*] [/**1**][/**V**]

- *laufwerk1*: Ist das Ausgangslaufwerk.
- *laufwerk2*: Ist das Ziellaufwerk. Diese Angabe kann gleich wie *laufwerk1* sein.
- /**1**: Kopiert nur eine Diskettenseite, unabhängig vom verwendeten Laufwerkstyp.
- /**V**: Es wird geprüft, ob die Daten korrekt kopiert wurden.

Beschreibung

- **DISKCOPY** fordert zum Einlegen der Ausgangs- bzw. Zieldiskette in die entsprechenden Laufwerke auf und beginnt den Kopiervorgang, sobald eine beliebige Taste betätigt wurde.
- Wenn die Zieldiskette nicht formatiert ist, formatiert **DISKCOPY** sie mit der gleichen Anzahl von Seiten und Sektoren pro Spur, wie die Ausgangsdiskette enthält.
- Der Inhalt der Zieldiskette geht in jedem Fall verloren, da sie vollständig neu beschrieben wird.
- Sobald der Kopiervorgang beendet ist, erscheint die Frage:
  `Eine weitere Diskette kopieren (J/N)?`

⟦J⟧: DOS fordert dazu auf, eine neue Ausgangs- und Zieldiskette einzulegen und führt einen neuen Kopiervorgang in den vorher angegebenen Laufwerken durch.
⟦N⟧ beendet das Kopieren endgültig.

Achtung!
DISKCOPY kann nur mit Disketten verwendet werden.
DISKCOPY kann nicht zum Kopieren einer Festplatte verwendet werden.

Sonderfälle der Parameterangaben

▪ Wird kein Laufwerk angegeben, kopiert DOS aus dem Standardlaufwerk in das Standardlaufwerk. Dazu werden die benötigten Disketten angefordert.
```
DISKCOPY
```
▪ Wird nur das erste Laufwerk angegeben, verwendet DOS das Standardlaufwerk als Ziellaufwerk.
```
DISKCOPY A:
```

Anmerkungen

▪ /**V** verlangsamt den Kopiervorgang.
▪ **DISKCOPY** erstellt ein Abbild der Ausgangsdiskette.
▪ Die Quelldiskette sollte mit einem Schreibschutz versehen werden, um versehentliches Überschreiben zu vermeiden.
▪ **DISKCOPY** stellt die Zahl der zu kopierenden Seiten, von der Ausgangsdiskette im Ausgangslaufwerk ausgehend, fest.
▪ Bei Disketten, auf denen häufig Dateien angelegt und gelöscht werden, sind die einzelnen Dateien in vielen kleinen Bereichen an verschiedenen Stellen gespeichert. Diese »Zersplitterung« des Inhalts verursacht mitunter starke Verzögerungen beim Suchen, Lesen und Schreiben einer Datei.
▪ Solche Disketten sollten besser nicht mit **DISKCOPY**, sondern mit **COPY** oder **XCOPY** kopiert werden (siehe 5.2). Diese Befehle kopieren die einzelnen Dateien nacheinander und legen sie in aufeinanderfolgenden Bereichen auf der Zieldiskette ab.
```
XCOPY A:*.* B:
```
kopiert alle Dateien von der Diskette im Laufwerk A auf die Diskette im Laufwerk B.

■ **DISKCOPY** funktioniert nicht mit Netzwerklaufwerken oder mit Laufwerken für die ein **ASSIGN**-, **JOIN**- oder **SUBST**-Befehl durchgeführt wurde (siehe 4.8).
■ Virtuelle Laufwerke die mit den Gerätetreibern **RAMDRIVE** eingerichtet wurden, können nicht verwendet werden.

Beendigungscodes

Code Funktion
0 Erfolgreich kopiert.
1 Lese-/Schreibfehler. Ein nicht behebbarer, jedoch nicht verhängnisvoller Lese- oder Schreibfehler ist aufgetreten.
2 Ctrl-C-Fehler. DISKCOPY wurde mit der Tastenkombination [Strg]+[C] bzw. [Strg]+[Untbr] abgebrochen.
3 Gravierender Fehler. DISKCOPY konnte die Ausgangsdiskette nicht lesen oder die Zieldiskette nicht formatieren.
4 Initialisierungsfehler. Die Arbeitsspeicherkapazität reicht nicht aus, die Laufwerksbuchstaben sind ungültig oder es liegt ein Fehler in der Befehlssyntax vor.

Der von **DISKCOPY** übergebene Beendigungscode kann für den Stapelverarbeitungsbefehl **IF ERRORLEVEL...** als Eingabe verwendet werden (siehe 9.7).

Disketten vergleichen — DISKCOMP
extern

DISKCOMP vergleicht den Inhalt der Diskette im Ausgangslaufwerk mit dem Inhalt der Diskette im Ziellaufwerk. Dieser Befehl sollte benützt werden, um zu prüfen, ob mit **DISKCOPY** erstellte Disketten mit dem Original übereinstimmen.

DISKCOMP [*laufwerk1:*] [*laufwerk2:*] [/**1**] [/**8**]

■ *laufwerk1*: Ist das Ausgangslaufwerk.
■ *laufwerk2*: Ist das Ziellaufwerk.
■ /**1**: Bewirkt, daß auch bei doppelseitigen Disketten nur die erste Seite verglichen wird.

▪ **/8**: Bei Disketten mit 9, 15 oder 18 Sektoren pro Spur werden nur die ersten 8 Sektoren jeder Spur verglichen.

Beschreibung

▪ **DISKCOMP** vergleicht die Disketten Spur für Spur. Anhand des Formats der Ausgangsdiskette wird automatisch die Anzahl der Seiten und die Zahl der Sektoren pro Spur festgelegt.

▪ Wenn die Disketten übereinstimmen, erscheint die Meldung:
```
Disketten identisch
```
▪ Falls die Spuren nicht übereinstimmen, teilt **DISKCOMP** in Form einer Vergleichsfehlermeldung die Spur- und die Seitennummer (0 oder 1) mit, bei der der Fehler festgestellt wurde.

▪ Nach beendetem Vergleich erscheint folgende Frage:
```
Weitere Disketten vergleichen (J/N)?
```
[J] führt einen erneuten Vergleich durch. Vorher erscheint die Aufforderung zum Einlegen der entsprechenden Disketten.
[N] beendet den Diskettenvergleich.

Sonderfälle der Parameterangaben

▪ Wird kein Laufwerk angegeben, nimmt **DISKCOMP** das Standardlaufwerk für beide Laufwerke an.

▪ Wird nur ein Laufwerk angegeben, verwendet **DISKCOMP** das Standardlaufwerk als Ziellaufwerk.

In beiden Fällen muß als Standardlaufwerk ein Diskettenlaufwerk (keine Festplatte) angemeldet sein, sonst erscheint eine Fehlermeldung.

▪ Wird zweimal das gleiche Laufwerk angegeben, führt **DISKCOMP** den Vergleich in demselben Laufwerk durch und fordert jeweils auf, die benötigte Diskette einzulegen.

Anmerkungen

▪ **DISKCOMP** zeigt meistens auch dann eine Vergleichsfehlermeldung an, wenn eine Diskette und eine mit **COPY** angefertigte Sicherungsdiskette verglichen werden und die auf beiden Disketten enthaltenen Dateien identisch sind. Dies ist darauf zurückzuführen, daß **COPY** die Dateien zwar kopiert, die Kopie aber nicht unbedingt an der gleichen Position auf der Zieldiskette speichert (siehe 5.2). In diesem Fall sollten die einzelnen Dateien mit **FC** verglichen werden (siehe 5.3).

▓ **DISKCOMP** funktioniert nicht mit Netzwerklaufwerken oder mit Laufwerken mit denen **ASSIGN**-, **JOIN**- und **SUBST**-Operationen durchgeführt wurden (siehe 4.8). Wird es dennoch versucht, zeigt **DISKCOMP** eine Fehlermeldung an.

▓ Unterschiede bei der Datenträgernummer werden nicht berücksichtigt. Der Vergleich ist also auch dann in Ordnung, wenn sich die Datenträgernummer unterscheidet.

▓ Virtuelle Laufwerke die mit den Gerätetreibern **VDISK** bzw. **RAMDRIVE** eingerichtet wurden, können nicht verwendet werden.

Beendigungscodes

Code Funktion
0   Vergleich erfolgreich. Die Disketten waren identisch.
1   Vergleich nicht erfolgreich. Die Disketten waren nicht identisch.
2   Ctrl-C-Fehler. Der Vorgang wurde mit der Tastenkombination [Strg]+[C] bzw. [Strg]+[Untbr] abgebrochen.
3   Gravierender Fehler. Bei einem Lese- bzw. Schreibvorgang ist ein nicht behebbarer Fehler aufgetreten. Der Vergleich konnte nicht zu Ende geführt werden.
4   Initialisierungsfehler. Die Arbeitsspeicherkapazität reicht nicht aus. Ungültige Laufwerksbezeichnungen oder ungültige Befehlssyntax.

Der von **DISKCOMP** übergebene Beendigungscode kann für den Stapelverarbeitungsbefehl **IF ERRORLEVEL...** als Eingabe verwendet werden (siehe 9.7).

Verweise

Laufwerke und Verzeichnisnamen zuordnen **4.8**, Dateien kopieren und zusammenführen **5.2**, Dateien vergleichen **5.3**, Bedingungen und Sprünge **9.7**.

3.4 Diskette mit DOS einrichten

Um DOS von einer Diskette starten zu können, muß DOS richtig auf dieser Diskette eingerichtet sein. Dies kann schon beim Formatieren mit **FORMAT** geschehen (siehe 3.2). **SYS** ermöglicht das Kopieren von Systemdateien auf eine Diskette oder Festplatte zu einem späteren Zeitpunkt, um z.B. die DOS-Version zu aktualisieren.

Systemdateien kopieren — SYS
extern/nicht im Netz

SYS überträgt die DOS-Systemdateien von der Diskette/Festplatte im Standardlaufwerk auf die Diskette im angegebenen Laufwerk. Normalerweise werden damit die Systemdateien auf einer Diskette oder Festpatte auf den neuesten Stand gebracht.

SYS *laufwerk:*

laufwerk: Ist das Laufwerk mit der Diskette/Festplatte, auf die die DOS-Systemdateien kopiert werden sollen (muß angegeben werden).

Anmerkungen

Die Systemdateien werden in der Reihenfolge IO.SYS und MSDOS.SYS kopiert

Bei den beiden Systemdateien handelt es sich um »unsichtbare« Dateien, die mit **DIR** nur über den Parameter /**AS** angezeigt werden (siehe 4.3).

Die Diskette muß folgende Voraussetzungen erfüllen:
> Es müssen zwei freie Einträge im Stammverzeichnis des Laufwerks, auf das die Systemdateien übertragen werden, vorhanden sein.
> Auf dem Datenträger muß ausreichend Speicherplatz für die Systemdateien verfügbar sein.

SYS funktioniert nicht bei Laufwerken, auf die die Befehle **SUBST** oder **JOIN** angewendet werden (siehe 4.8).

SYS funktioniert nicht im Netzwerk.

Beispiel

Auf eine formatierte Diskette werden die Systemdateien übertragen.

    SYS A:

Die Diskette hat anschließend folgenden Inhalt.

```
Datenträger in Laufwerk A hat keine Datenträgerbezeichnung
Datenträgernummer: 2C4A-665E
Verzeichnis von A:\

IO       SYS     33663 09.05.91   15:29
MSDOS    SYS     37426 09.05.91   15:32
COMMAND  COM     49981 18.04.91    9:22
        3 Datei(en)    121070 Byte
                      1335808 Byte frei
```

3.5 Festplatte vorbereiten mit FDISK

Um eine Festplatte für die Aufnahme von DOS vorzubereiten, muß für DOS eine eigene Partition, die DOS-Partition (DOS-Plattenbereich) auf der Festplatte eingerichtet werden. Dies wird mit dem menüorientierten Programm **FDISK** ausgeführt. Eine Festplatte kann in mehrere eigenständige Partitions (Plattenbereiche,) unterteilt werden. Diese Bereiche der Festplatte können vollkommen unabhängig voneinander benutzt werden, was bedeutet, daß jede Partition ein anderes Betriebssystem enthalten kann.

FDISK führt folgende Aufgaben aus:
- Einrichten einer primären DOS-Partition
- Einrichten einer erweiterten DOS-Partition
- Ändern der aktiven Partition
- Löschen einer DOS-Partition
- Anzeigen von Partitioninformationen
- Überprüfen oder Ändern der Konfiguration einer anderen Festplatte eines Computers

Achtung! Eine Neukonfiguration einer Festplatte mit **FDISK** zerstört alle vorhandenen Dateien. Bevor mit **FDISK** eine DOS-Partition erstellt wird, sollte man sich vergewissern, daß Sicherungskopien aller Dateien dieser Festplatte vorhanden sind.

Festplatte vorbereiten   **FDISK**
extern/nicht im Netz

FDISK dient zum Konfigurieren einer Festplatte für den Einsatz unter DOS.

    FDISK

Anmerkung

- **FDISK** funktioniert nicht auf Laufwerken, die mit den Befehlen **SUBST** oder **JOIN** eingerichtet wurden (siehe 4.8).

Ausführung: FDISK starten

FDISK leitet anhand von Menüs durch die einzelnen Arbeitsgänge.

DOS-Diskette in Laufwerk A einlegen
Computer einschalten

Damit wird DOS von der Diskette neu gestartet.

FDISK ⏎ startet FDISK von der Diskette

Nun erscheint folgendes Menü:

```
FDISK-Menü
Aktuelle Festplatte: 1
Eine der folgenden Optionen angeben:
    1. Erstellen einer DOS-Partition oder eines logischen DOS-
Laufwerks
    2. Ändern der aktiven Partition
    3. Löschen einer DOS-Partition oder eines logischen DOS-
Laufwerks
    4. Anzeigen der Partitionsdaten
    5. Nächste Festplatte auswählen

Auswahl: [1]

ESC drücken, um das FDISK-Programm zu verlassen
```

Falls der Computer nur eine Festplatte hat, erscheint die Option 5 nicht.

Tastenfunktionen:

Esc	(im Hauptmenü). Beendet **FDISK** und geht ins Betriebssystem zurück.
Esc	(in jeder beliebigen **FDISK**-Bildschirmanzeige). Geht ins Hauptmenü zurück.
⏎	Übernimmt den angezeigten Standardwert der einzelnen Menüs und geht weiter.
Zahl ⏎	Wählt die entsprechende Menüoption.

Hauptmenü Option 1:
Erstellen einer DOS-Partition

Option 1 des Hauptmenüs bringt folgendes Menü:

```
Erstellen einer DOS-Partition oder eines logischen Laufwerks
Aktuelle Festplatte: 1

Eine der folgenden Optionen angeben
```

FESTPLATTE VORBEREITEN MIT FDISK 131

```
1. Erstellen einer Primären DOS-Partition
2. Erstellen einer Erweiterten DOS-Partition
3. Erstellen von logischen DOS-Laufwerk(en) in Erweiterter
   DOS-Partition
```

▓ Falls die Festplatte bereits eine DOS-Partition enthält, erscheinen die Partitionsinformationen.

▓ Bestehen keine erweiterten Partitions, wird Option 3 nicht angezeigt.

Option 1: Erstellen der primären DOS-Partition
Gesamte Festplatte für DOS einrichten

3.5

Vor Erstellen erweiterter DOS-Partitions auf einer Festplatte, muß zuerst eine primäre DOS-Partition erstellt werden.

`⏎` **wählt Option 1**

Folgendes Menü erscheint:

```
Erstellen einer primären DOS-Partition

Aktuelle Festplatte: 1
Soll der maximal verfügbare Speicherbereich für die primäre
DOS-Partition verwendet werden und diese Partition aktiviert
werden (J/N)...?[J]
```

`⏎` **richtet die gesamte Festplatte für DOS ein**

Falls nur ein Teil für DOS genutzt werden soll, `N` eingeben. Weitere Informationen dazu siehe »Einen Teil der Festplatte für DOS einrichten«.

```
Das System muß neu gestartet werden!
```

DOS-Installation mit `Strg`+`Alt`+`Entf` fortsetzen.

DOS-Systemdiskette in Laufwerk A einlegen

Normalerweise liegt sie noch in diesem Laufwerk.

Beliebige Taste startet DOS neu

Mit FORMAT die Festplatte neu formatieren

Nun muß die Festplatte noch formatiert werden, damit sie von DOS genutzt werden kann (siehe 3.2).

FORMAT /S `⏎` angeben, falls DOS von der Festplatte aus gestartet werden soll

Dadurch werden die Systemdateien auf die Festplatte kopiert (siehe 3.2).

```
FORMAT C: /S
```

Option 1: Erstellen der primären DOS-Partition
Einen Teil der Festplatte für DOS einrichten

[N] **richtet nicht die gesamte Festplatte für DOS ein**
Damit kann eine primäre DOS-Partition eingerichtet werden, die kleiner als die maximal zulässige Größe ist.

```
Erstellen einer primären DOS-Partition

Aktuelle Festplatte: 1

Gesamtspeicherbereich: 120 MByte (1 MByte = 1048576 Byte)
Maximal verfügbarer Platz für Partition: 120 MByte (100%)

Angabe der Partitionsgröße (MByte oder Prozent des
Gesamtspeichers) zum Erstellen einer primären DOS-
Partition............[120]

Keine Partitionen definiert

ESC drücken, um zu den FDISK-Optionen zurückzukehren
```

[⏎] **übernimmt den Vorschlag**
oder
Größe in Mbyte oder Prozent eingeben [⏎]

Anmerkungen

Die Partitionsgröße kann in Mbyte oder Prozent angegeben werden. Im ersten Fall ist nur eine Zahl, im zweiten Fall eine Zahl und das Prozentzeichen »%« anzugeben (z.B. 25%).

Wird eine Zahl in Prozent angegeben, deren tatsächliche Größe unter 1 Mbyte ist, rundet FDISK den zugewiesenen Speicherplatz (in Mbyte) auf.

Jeder beliebige Festplattenbereich, der für die primäre DOS-Partition nicht verwendet wird, kann für die erweiterte DOS-Partition verwendet werden.

Option 2: Erstellen einer Erweiterten DOS-Partition

Mit **FDISK** kann eine erweiterte Partition eingerichtet werden,
wenn die primäre Partition kleiner als der verfügbare Platz ist oder
wenn ein oder mehr logische Laufwerke für die Festplatte bestimmt werden sollen.

FESTPLATTE VORBEREITEN MIT FDISK

[2] [↵] **wählt Option 2**
Folgendes Menü erscheint:
Erstellen einer Erweiterten DOS-Partition

Aktuelle Festplatte: 1

Partition Status Typ   Größe in MByte Benutzer Speicherbereich
  C: 1   A   PRI DOS   30   25%

Gesamtspeicherbereich: 120 Mbyte (1 MByte = 1048576 Byte)
Maxmial verfügbarer Platz für Partition: 90 MByte (75%)

Angabe der Partitionsgröße (Mbyte oder Prozent des Gesamtspeichers) zum Erstellen einer Erweitert. DOS-Partition.........[90]

[↵] **bestätigt den Standardwert**
oder
Größe in Mbyte oder Prozent [↵] **richtet die gewünschte Größe ein**

Anmerkungen

Partition zeigt den zugewiesenen Laufwerksbuchstaben und eine Zahl, die der DOS-Partition zugewiesen wurde.

Status gibt den Status der Partition an (A = aktiv)

Typ zeigt die Art der Partition an.
PRI DOS = Primäre Partition
EXT DOS = Erweiterte Partition

Größe der Partition wird in Mbyte angegeben.

Benutzter Speicherbereich wird in Prozent angegeben.

Wenn **FDISK** feststellt, daß die Spuren am Anfang der Partition beschädigt sind, legt es die Partition automatisch so an, daß die beschädigten Spuren vermieden werden.

Standardmäßig vorgegeben ist der maximal verfügbare Speicherplatz in Mbyte.

Nach dem Einrichten einer erweiterten DOS-Partition erscheint ein Menü, über das die logischen Laufwerke erstellt werden können.

Option 3: Erstellen von logischen DOS-Laufwerken in der Erweiterten DOS-Partition

Nach dem Einrichten einer Erweiterten Partition müssen ein oder mehrere Laufwerksbuchstaben festgelegt werden.

3 ⏎ wählt Option 3
```
Erstellen von logischen DOS-Laufwerken in Erweiterter DOS-
Partition

Keine logischen Laufwerke definiert

Gesamtgröße der Erw. DOS-Partition: 90 MByte (1MByte =
1048576 Byte)
Für logische Laufwerke stehen maximal 90 MByte zur Verfügung

Größe des log. Laufwerks (MByte oder Prozent) angeben
...[90]
```
⏎ bestätigt den Standardwert
oder
Größe in Mbyte oder Prozent ⏎ richtet die gewünschte Größe ein

Die gesamte Partition kann als ein logisches Laufwerk bestimmt werden; sie kann aber auch in zwei oder mehr logische Laufwerke unterteilt werden.
Beispiel: Sollen ein bestimmtes Anwendungsprogramm und die dazugehörigen Dateien auf einem eigenen Laufwerk stehen, ist es angebracht, auf der Partition ein zweites logisches Laufwerk zu erstellen.
Da eine Erweiterte DOS-Partition nicht ohne Laufwerksbezeichnung verwendet werden kann, fordert **FDISK** solange auf, Informationen über das logische Diskettenlaufwerk einzugeben, bis die gesamte Partition einem logischen Laufwerk zugeteilt wurde.
Nach dem Zuteilen der gesamten Partition an logische Laufwerke zeigt **FDISK** die folgende Meldung:
```
Gesamter Speicherplatz in erweiterter DOS-Partition ist
logischen Laufwerken zugeteilt.
```
Esc kehrt zum FDISK-Hauptmenü zurück
Hier kann DOS neu gestartet oder eine andere Option gewählt werden.

Hauptmenü Option 2:
Ändern der aktiven Partition

Diese Option zeigt Informationen über jede Partition der Festplatte

Die aktive Partition mit dem Status A ist diejenige, auf deren Betriebssystem und Dateien beim Starten von DOS zugegriffen wird.

Nur eine Partition kann aktiv sein, zur gleichen Zeit sind alle anderen Partitions unwirksam.

```
Ändern der aktiven Partition

Momentanes Festplattenlaufwerk: 1

Partition  Status   Typ     Größe in MByte   Benutzer
Speicherbereich %
 C: 1       A     PRI DOS       30              25%
    2             EXT DOS       90              75%

Gesamtspeicherbereich: 120 MByte (1 MByte = 1048576 Byte)

Nummer der zu aktivierenden Partition eingeben [1]
```

Nummer der zu aktivierenden Partition eingeben, ⏎

Wenn die gesamte Festplatte für die Arbeit mit DOS eingerichtet ist, fragt **FDISK** nicht nach der zu aktivierenden Partition, sondern zeigt die Meldung:

```
Einzige bootbare Partition im Laufwerk 1
ist bereits als aktiv bezeichnet!
ESC, um zurückzukehren!
```

Anmerkungen

▪ Eine Festplatte kann sich aus mehreren Partitionen zusammensetzen, es kann jedoch nur eine Partition aktiv sein.

▪ Wenn das System über mehrere Festplatten verfügt, muß sich die aktive Partition immer im ersten Laufwerk befinden.

▪ Eine erweiterte DOS-Partition kann nicht aktiviert werden.

▪ Das System wird von der aktiven Partition gestartet.

Hauptmenü Option 3:
Löschen der DOS-Partition

Diese Option bringt ein Menü zum Löschen einer Partition:

```
Löschen von DOS-Partitions

Aktuelle Festplatte: 1

   1. Löschen der Primären DOS-Partition
   2. Löschen einer Erweiterten DOS-Partition
   3. Löschen logischer Laufwerke in erweiterter DOS-
Partition
   4. Nicht-DOS-Partition löschen

Auswahl: []
```

Hier muß angegeben werden, ob eine primäre oder erweiterte Partition gelöscht werden soll.

Option auswählen

Das nächste Menü, entweder für eine primäre oder eine erweiterte DOS-Partition, zeigt den Zustand der Partition an. Die Daten können nach dem Löschen einer Partition nicht mehr gerettet werden.

Hinweis: Mit **FDISK** kann nur die DOS-Partition gelöscht werden. Um nach dem Löschen der DOS-Partition mit DOS weiterarbeiten zu können, muß die DOS-Systemdiskette in Laufwerk A eingelegt werden. Um ein anderes, in einer Partition der Festplatte enthaltenes Betriebssystem starten zu können, muß diese Partition noch vor dem Löschen der DOS-Partition aktiviert werden.

Option 1: Löschen der primären DOS-Partition

1 ↵ wählt Option 1

Folgendes Menü erscheint:

```
Löschen der primären DOS-Partition

Aktuelle Festplatte: 1

Partition Status  Typ    Größe in MByte  Benutzer
Speicherbereich %
  C: 1      A     PRI DOS      30                 25%

Gesamtspeicherbereich: 30 MByte (1 Mbyte = 1048576 Byte)
```

```
ACHTUNG! Alle Daten in der Primären DOS-Partition werden
gelöscht.
Fortfahren (J/N)..........................? [N]
```

N ⏎ oder nur ⏎ löscht nichts
oder

J ⏎ löscht die primäre DOS-Partition

Anmerkung

Ist eine erweiterte DOS-Partition vorhanden, kann die primäre DOS-Partition nicht gelöscht werden.

Option 2: Löschen einer erweiterten Partition

In diesem Fall müssen zuerst die mit dieser Partition verbundenen logischen Laufwerke gelöscht werden.

```
Löschen einer Erweiterten DOS-Partition

Aktuelle Festplatte: 1

Partition Status  Typ     Größe in MByte  Benutzer
Speicherbereich %
  C: 1    A      PRI DOS       30              25%
     2           EXT DOS       90              75%

Gesamtspeicherbereich: 120 MByte (1 MByte = 1048576 Byte)

ACHTUNG! Alle Daten in der Erweiterten DOS-Partition werden
gelöscht. Fortfahren (J/N).......................? [N]
```

N ⏎ oder nur ⏎ löscht nichts
oder

J ⏎ löscht die erweiterte DOS-Partition

Anmerkung

Sind logische Laufwerke auf der erweiterten DOS-Partition eingerichtet, kann die erweiterte DOS-Partition nicht gelöscht werden. Es sind zuerst die logischen Laufwerke zu löschen.

Option 3: Löschen logischer Laufwerke in erweiterter DOS-Partition

Diese Option bringt folgende Anzeige:

```
Löschen von  Logischen DOS-Laufwerken in Erweiterten DOS-
Partition

Lwk   Name        MByte    System      Verwendung
D:    SCHMITZ      10      FAT12       11%
E:    REZEPTE      14      FAT12       16%
F:    MATERIAL     30      FAT16       33%
G:    HOBBIT       30      FAT16       33%
H:    TEXTVERARB    6      FAT12        7%

Gesamtgröße der Erw. DOS-Partition: 90 MByte( 1MByte =
1048576 Byte)

ACHTUNG: Die Daten eines gelöschten logischen DOS-Laufwerks
gehen verloren.

Welches Laufwerk soll gelöscht werden? [ ]
Datenträgerbezeichnung eingeben [              ]

Sind Sie sicher (J/N).....? [N]
```

Buchstaben und Name des zu löschenden Laufwerks eingeben

- N ⏎ **löscht das logische Laufwerk nicht**
  Dies sollte gewählt werden, falls dieses logische Laufwerk wertvolle Daten enthält, die noch nicht gesichert sind
  oder

- J ⏎ **löscht das logische Laufwerk**
  Sobald ein Laufwerk gelöscht ist, erscheint die Meldung »x: Laufwerk gelöscht«.
  Durch Betätigen der Taste Esc werden die Laufwerksbuchstaben der verbleibenden logischen Laufwerke angezeigt, wenn diese von FDISK neue Laufwerksbuchstaben erhalten haben. Diese werden beim nächsten Systemstart für die Laufwerke vergeben.

Hinweis: Alle aus dem logischen Laufwerk benötigten Dateien sollten gesichert sein, bevor ein Laufwerk gelöscht wird. Wenn **FDISK** ein logisches Laufwerk oder eine Partition gelöscht hat, sind diese Daten verloren.

Anmerkungen

■ **Lwk** ist der Laufwerksbuchstabe, der dem System beim Neustart und Verlassen von FDISK zugewiesen wurde.
■ **Name** ist der Laufwerksname, der bei der Formatierung vergeben wurde.
■ **Mbyte** ist die Größe des logischen Laufwerks in Mbyte.
■ **System** ist das Dateisystem, mit dem das Laufwerk formatiert wurde. Bei Laufwerken von 16 Mbyte und kleiner wird FAT12, bei Laufwerken über 16 Mbyte FAT16 verwendet. Bei nicht formatierten Partitionen wird »Unknown« ausgegeben.
■ **Verwendung** zeigt in Prozent an, wieviel des Gesamtspeicherplatzes des Datenträgers dem logischen Laufwerk zugeordnet wurde.
■ Nicht-DOS-Partitionen werden in der Regel von anderen Betriebssystemen wie UNIX angelegt. Diese Partitionen können nicht mit FDISK erstellt werden.

Hauptmenü Option 4: Partitionsdaten anzeigen

Option 4 im Hauptmenü zeigt Informationen der Partitions

Das Menü könnte zum Beispiel so aussehen:

```
Anzeigen der Partitiondaten

Aktuelle Festplatte: 1

Partition Status  Typ     Größe in MByte  Benutzer
Speicherbereich %
  C: 1     A     PRI DOS        30             25%
     2           EXI DOS        90             75%

Gesamtspeicherbereich: 120 MByte (1 MByte = 1048576 Byte)

Die Erweiterte DOS-Partition enthält logische DOS-Laufwerke.
Angaben über das logische Laufwerk anzeigen (J/N)?...? [J]
```

FDISK zeigt Informationen über jede Partition, zum Beispiel ihre Nummer, ihren momentanen Zustand, ihre Art, und ihre Größe am Bildschirm an.

Bei einer erweiterten Partition frägt **FDISK**, ob auch Informationen zu den logischen Laufwerken dieser Partition gezeigt werden sollen.

[J] [↵] **zeigt Informationen zu den logischen Laufwerken**

Anzeigen der Angaben über das logische Laufwerk

Lwk	Name	MByte	System	Verwendung
D:	SCHMITZ	10	FAT12	11%
E:	REZEPTE	14	FAT12	16%
F:	*Remote*	30	FAT16	33%
G:	HOBBIT	30	FAT16	33%
H:	TEXTVERARB	6	FAT12	7%

Gesamtgröße der Erw. DOS-Partition: 90 MByte(1MByte = 1048576 Byte)

[Esc] **kehrt zum Hauptmenü zurück**

Remote zeigt an, daß das betreffende Laufwerk im Netzwerk verwendet wird. Um sich den Namen anzeigen zu lassen, muß FDISK verlassen, das Laufwerk aus dem Netzwerkbetrieb genommen und FDISK anschließend neu gestartet werden.

Hauptmenü Option 5:
Wählen des nächsten Festplattenlaufwerkes

Die Option steht nur dann im **FDISK**-Hauptmenü, wenn mehrere Festplatten eingebaut oder angeschlossen sind.

Option 5 im Hauptmenü wählt die Festplatte mit der nächsten Laufwerksnummer

Nach Auswahl dieser Option wechselt **FDISK** zur Festplatte mit der nächsten Laufwerksnummer.
Weitere Auswahl wechselt zur nächsten Festplatte (falls eine dritte vorhanden) oder wieder zur ersten Festplatte.
Die Aufteilung wird genauso wie beim ersten Laufwerk vorgenommen.

Kapitel 4:

VERZEICHNISSE UND LAUFWERKE

4.1 Übersicht und Begriffe

Über Laufwerke greift DOS auf Datenträger wie Disketten und Festplatten zu, und Verzeichnisse auf diesen Datenträgern geben die darauf gespeicherten Dateien an. Für DOS sind Verzeichnisse und Laufwerke ähnliche Einheiten; so können sogar mit bestimmten Befehlen Laufwerke als Verzeichnisse und umgekehrt angesprochen werden.

Begriffe

Verzeichnis
- Die Namen aller Dateien auf einer Diskette sind in einem ebenfalls auf der Diskette befindlichen Verzeichnis gespeichert.
- Ein Verzeichnis enthält für jede Datei:
    - Dateinamen
    - Umfang der Datei
    - Datum der Anlage bzw. der letzten Änderung
    - Zeit der Anlage bzw. der letzten Änderung

```
Datenträger in Laufwerk C ist PROD
Datenträgernummer: 2404-7272
Verzeichnis von C:\

APPEND   EXE    11218 29.08.88    8.00
ASSIGN   COM     5801 29.08.88    8.00
ATTRIB   EXE    18279 29.08.88    8.00
BACKUP   COM    33994 29.08.88    8.00
COMMAND  COM    38523 29.08.88    8.00
CONFIG   SYS      124 30.10.89   19.28
   .
   .
AUTOEXEC BAT      145 30.10.89   20.05
       109 Datei(en)     2687773 Byte
                        33304576 Byte frei
```

- Ein Verzeichnis wird mit dem Befehl **DIR** angezeigt (siehe 4.3). Durch Eingabe von Parametern kann dessen Anzeige beeinflußt werden.

▓ Zusätzlich benutzt DOS einen weiteren Bereich auf der Diskette zur Speicherung von Verwaltungsinformationen, die *Dateizuordnungstabelle*.

▓ Diese Tabelle zeigt an, wo sich die Daten der einzelnen Dateien auf der Diskette befinden. Sie verwaltet auch den Freiraum auf der Diskette.

▓ Verzeichnis und Dateizuordnungstabelle können mit dem Befehl **CHKDSK** auf Fehler und Widersprüche überprüft werden (siehe 3.2).

Hierarchische Verzeichnisse

▓ Die Dateien auf einer Diskette können in mehrere Verzeichnisse aufgeteilt werden, die jeweils für bestimmte Programme, Arbeiten oder Projekte zugeordnet sind.

▓ Diese Verzeichnisse sind hierarchisch angeordnet, das heißt, jedes Verzeichnis kann zusätzlich zu den Dateinamen noch weitere Verzeichnisnamen enthalten, die ihrerseits wieder Dateinamen und Verzeichnisnamen enthalten können.

▓ Das oberste Verzeichnis ist das *Stammverzeichnis* (oder Hauptverzeichnis), das die erste Ebene des hierarchischen Dateiverwaltungssystems bildet. Es wird automatisch beim Formatieren einer Diskette oder Festplatte angelegt.

▓ Jedes *Stammverzeichnis* kann nur eine bestimmte Anzahl von Dateinamen und weiteren Verzeichnissen (sog. Unterverzeichnisse) enthalten.

▓ Die maximal zulässige Zahl von Dateien und Verzeichnissen, die das Stammverzeichnis enthalten kann, variiert je nach der Art der Diskette und des Diskettenlaufwerks. Normalerweise beträgt die Höchstzahl 112 für eine doppelseitige $5^1/_4$-Zoll-Diskette mit doppelter Schreibdichte. Die maximale Anzahl von Eintragungen im Stammverzeichnis einer 1,44 Mbyte, $3^1/_2$-Zoll-Diskette beträgt 224. Die maximale Kapazität eines Stammverzeichnisses bei einer Festplatte hängt von der Festplattenpartitionierung ab. Bei Partitionen <= 32Mbyte sind dies 504 Dateieinträge. Die Anzahl der Unterverzeichnisse innerhalb eines Verzeichnisses ist nicht begrenzt.

Mit Verzeichnissen arbeiten

▪ Um eine Datei in einem untergeordneten Verzeichnis zu finden, können alle Verzeichnisse bis zum gesuchten einzeln durchgegangen werden.

▪ Es kann aber auch der Weg (Pfad) dorthin genau beschrieben werden, ohne jedes Verzeichnis einzeln durchgehen zu müssen.

Momentanes Verzeichnis

▪ Das Verzeichnis, in dem gerade gearbeitet wird, ist das *momentane Verzeichnis*.

▪ Dieses Verzeichnis wird immer angezeigt oder Dateien daraus gelesen bzw. in dieses hineingeschrieben, wenn nicht ausdrücklich ein anderes Verzeichnis angegeben wird.

Pfade und Pfadnamen

▪ Bei der Arbeit mit einem hierarchischen Dateiverwaltungssystem muß DOS der Weg (Pfad) zu den gewünschten Dateien angegeben werden.

▪ Damit können in jedem Verzeichnis Dateien mit denselben Dateinamen stehen; mit der Angabe des Verzeichnisses kann eindeutig die richtige Datei gefunden werden. Dazu dient der sog. *Pfad*.

▪ Ein Pfad ist eine Reihe von Verzeichnisnamen, die den Weg von einem Verzeichnis bis zu einem anderen Verzeichnis angeben.

Pfadnamen

▪ Ein Pfadname besteht aus einer Reihe von Verzeichnisnamen, *gefolgt von einem Dateinamen*. Jeder Verzeichnisname ist vom nächsten durch einen umgekehrten Schrägstrich (\) getrennt. Der Dateiname ist vom letzten Verzeichnisnamen ebenfalls durch einen umgekehrten Schrägstrich getrennt.

▪ Ein Pfadname unterscheidet sich also von einem Pfad dadurch, daß er zusätzlich einen Dateinamen enthält.

[*verzeichnisname*][*verzeichnisname*...]*dateiname*

▓ Ein Pfadname darf beliebig viele Verzeichnisnamen enthalten. Maximallänge ist 63 Zeichen. Ein Pfadname darf keine Leerstellen enthalten.
▓ Wenn ein Pfadname durch einen umgekehrten Schrägstrich eingeleitet wird, beginnt DOS die Suche im Stammverzeichnis. Ohne Angabe eines Schrägstrichs beginnt DOS beim momentanen Verzeichnis und folgt von dort dem dahinter angegebenen Pfad.
▓ **Wichtig**: Ein Pfadname enthält ganz am Schluß den Dateinamen.

Beispiele

Auf einer Festplatte ist ein Verzeichnis \BENUTZER angelegt, in dem die Daten der einzelnen Benutzer abgelegt werden. Um die Daten jedes Benutzers von den anderen zu trennen, gibt es hier wieder für jeden Benutzer ein eigenes Unterverzeichnis.

\BENUTZER\BACH
gibt das Verzeichnis von Herrn Bach an.

\BENUTZER\BACH\ABSATZ.MAI
ist der Pfadname der Datei ABSATZ.MAI von Herrn Bach.

\BENUTZER\HUBER\ABSATZ.MAI
ist der Pfadname der Datei ABSATZ.MAI von Herrn Huber.

Dateien im momentanen Verzeichnis können entweder über ihren Dateinamen oder ihren Pfadnamen aufgerufen werden.

\	Das Stammverzeichnis.
\PROGR	Ein Unterverzeichnis des Stammverzeichnisses mit Programmdateien.
\BENUTZER\BACH\FORM\EKSTEUER	
	Ein typischer vollständiger Pfadname. Er bezeichnet eine Datei mit dem Namen EKSTEUER im Verzeichnis FORM von Herrn Bach.
ABSATZ.MAI	Eine Datei im momentanen Verzeichnis.

Übergeordnete Verzeichnisse

Jedes Verzeichnis, das Unterverzeichnisse enthält, gilt als übergeordnetes Verzeichnis. Anstatt der Namen des Unterverzeichnisses und seines übergeordneten Verzeichnisses können besondere Kürzel verwendet werden, die automatisch in jedes neu angelegte Verzeichnis geschrieben werden.

. Das Kürzel ».« steht für den Namen des momentanen Verzeichnisses.
.. Die beiden Punkte sind das Kürzel für das dem momentanen Verzeichnis übergeordneten Verzeichnis (eine Stufe höher).

4.1 **DIR ..**

zeigt das dem momentanen Verzeichnis übergeordnete Verzeichnis an.

Verweise

Disketten/Festplatten behandeln **3.2**, Verzeichnisse anzeigen **4.3**.

4.2 Verzeichnisbearbeitung

Folgende Befehle stehen zum Arbeiten mit Verzeichnissen zur Verfügung:

Übersicht

DIR
Zeigt den Inhalt des momentanen oder eines angegebenen Verzeichnisses an (siehe 4.1).
Die anzuzeigenden Dateinamen können mit Hilfe von Stellvertreterzeichen eingeschränkt werden (siehe 5.1). Mit Filterfunktionen kann ein Verzeichnis vor der Ausgabe aufbereitet werden, indem es mit **SORT** sortiert wird (siehe 6.6) oder mit **FIND** (siehe 6.4) nur Dateien angezeigt werden, deren Zeilen bestimmte Inhalte haben.

MD (MKDIR) (MaKeDIRectory)
Legt ein neues Verzeichnis an (siehe 4.5).

CD (CHDIR) (CHangeDIRectory)
Schaltet das momentane Verzeichnis zu einem bestimmten Verzeichnis um (siehe 4.4). In diesem wird dann bei allen Dateibefehlen die angegebene Datei gesucht, falls nicht ausdrücklich ein Pfad angegeben wird.

RD (RMDIR) (ReMoveDIRectory)
Entfernt ein Verzeichnis aus der Verzeichnisstruktur (siehe 4.5). Das Verzeichnis muß leer sein, darf also keine Dateinamen oder weitere Verzeichnisse enthalten.

TREE
Zeigt die Verzeichnisstruktur am Bildschirm an (siehe 4.6). Dies ist wichtig für einen Überblick über die bestehenden Verzeichnisse.

4.3 Verzeichnisse anzeigen

Verzeichnis anzeigen — DIR
intern

DIR zeigt eine Liste aller Dateien an, die im angegebenen oder momentanen Verzeichnis stehen. Ohne zusätzliche Parameter zeigt **DIR** alle Einträge im momentanen Verzeichnis des Standardlaufwerks am Bildschirm an.

DIR [*laufwerk:*][*pfad*][*dateiname*] [/**P**] [/**W**] [/**A***attribut*] [/**O***reihenfolge*] [/**S**] [/**B**] [/**L**]

- *laufwerk:* Ist das Laufwerk, dessen Verzeichnis angezeigt werden soll. Wird nur das Laufwerk angegeben, erscheinen alle Einträge des momentanen Verzeichnisses auf diesem Laufwerk.
- *pfad:* Ist der Pfad, der das anzuzeigende Verzeichnis angibt.
- *dateiname*: Gibt einen Dateinamen oder eine Gruppe von Dateinamen (mit Stellvertreterzeichen) zur Einschränkung der Verzeichnisanzeige an.
- /**P**: Die Anzeige wird angehalten, wenn eine Bildschirmseite vollgeschrieben ist. Eine beliebige Taste setzt die Ausgabe fort.
- /**W**: DOS zeigt nur Dateinamen, aber keine weiteren Dateiinformationen an. Die Ausgabe erfolgt 5-spaltig.
- /**A***attribut*: Zeigt Dateien an, bei denen das angegebene Dateiattribut gesetzt ist. Folgende Angaben sind für *attribut* möglich:

D	Verzeichnisse
R	Schreibgeschützte Dateien
H	Versteckte Dateien
A	Zu archivierende Dateien
S	Systemdateien
-	invertiert die Darstellung wenn das Zeichen »-« vor dem Attribut angegeben wird.

- /**O***reihenfolge*: Zeigt das Verzeichnis sortiert an. Für *reihenfolge* sind folgende Sortierangaben möglich:

N	Name (alphabetisch)
S	Größe (kleinste Datei zuerst)
E	Namenserweiterung
D	Datum/Zeit (ältere zuerst)
G	Verzeichnisse zuerst

invertiert die Darstellung wenn das Zeichen »-« vor *reihenfolge* angegeben wird.

▪ **/S**: Zeigt auch die Dateien der Unterverzeichnisse an.
▪ **/B**: Es werden nur die Dateinamen und die Namenserweiterung angezeigt.
▪ **/L**: Die Dateinamen und die Namenserweiterung wird in Kleinbuchstaben ausgegeben.

Anmerkungen

▪ **DIR** zeigt alle Dateinamen einschließlich Größe in Bytes sowie Datum und Zeit der Anlage oder der letzten Änderung an.
▪ Am Ende der Dateiliste wird die Summe der Dateigröße, sowie die verbleibende Kapazität des Datenträgers ausgegeben.
▪ Außer beim Stammverzeichnis werden immer die beiden Verzeichniseinträge . (dieses Verzeichnis) und .. (nächsthöheres Verzeichnis) angezeigt.
▪ Folgende **DIR**-Befehle haben die gleiche Wirkung, da in der Option *dateiname* die Stellvertreterzeichen **?** und * verwendet werden können.

Befehl	Wirkung wie
DIR	DIR *.*
DIR dateiname	DIR dateiname.*
DIR .ERW	DIR *.ERW

▪ Wurde mit dem Befehl **COUNTRY** in der Datei CONFIG.SYS ein anderes Land als die Bundesrepublik Deutschland (049) angegeben oder keine Angaben gemacht, können Datum und Zeitangaben im Verzeichnis andere Formate aufweisen (siehe 8.3).
▪ Das Verzeichnis kann mit dem Zusatz **>PRN** gedruckt werden (siehe 6.2).
```
DIR > PRN
```

■ Die Standardanzeige des DIR-Befehls kann über die SET-Variable DIRCMD gesteuert werden. (siehe 7.5)
```
SET DIRCMD=/P/ON
```
■ Der Parameter /S kann dazu verwendet werden, um Dateien auf der Festplatte zu suchen, bei denen das Verzeichnis nicht mehr bekannt ist.

Beispiele

```
DIR
```
zeigt die Einträge aus dem momentanen Verzeichnis des Standardlaufwerks. Falls C das Standardlaufwerk ist:

```
Datenträger in Laufwerk C ist PROD
Datenträgernummer: 2404-7272
Verzeichnis von C:\

BASIC        <DIR>       16.08.88   18.32
BAT          <DIR>       16.08.88   18.13
DOS          <DIR>       08.08.88   21.53
RECHNUNG     <DIR>       16.08.88   18.32
TEMP         <DIR>       16.08.88   22.39
UTTI         <DIR>       16.08.88   18.13
COMMAND  COM        38523 29.08.88    8.00
AUTOEXEC BAT          144 15.10.89   17.17
CONFIG   SYS          380 30.10.89   15.46
        9 Datei(en)      39047 Byte
                      34684928 Byte frei
```

Die gesamte Festplatte soll nach der Datei COMMAND.COM durchsucht werden.
```
DIR COMMAND.COM /S

 Datenträger in Laufwerk C ist HD-BOOT
 Datenträgernummer: 16AE-9E04

 Verzeichnis von C:\
 COMMAND  COM     49981 18.04.91    9:22
         1 Datei(en)     49981 Byte
```

```
Verzeichnis von C:\DOS
COMMAND  COM    49981 18.04.91    9:22
        1 Datei(en)       49981 Byte

Verzeichnis von C:\ROOT
COMMAND  COM    49981 18.04.91    9:22
        1 Datei(en)       49981 Byte

Anzahl angezeigter Dateien:
        3 Datei(en)      149943 Byte
                       25866240 Byte frei
```

Die Dateien mit dem Dateiattribut S im Stammverzeichnis sollen angezeigt werden.
DIR /AS

4.3

```
 Datenträger in Laufwerk C ist HD-BOOT
 Datenträgernummer: 16AE-9E04
 Verzeichnis von C:\

IO       SYS    33663 18.04.91    9:12
MSDOS    SYS    37426 18.04.91    9:15
PCTRACKR DEL    91004 25.05.91   20:47
MIRORSAV FIL       41 25.05.91   20:31
SD       INI     1602 23.04.91   20:37
        5 Datei(en)      163736 Byte
                       33247232 Byte frei
```

4.4 Verzeichnis wechseln

Verzeichnis wechseln, momentanes Verzeichnis anzeigen — CD (CHDIR) intern

CD bewirkt den Wechsel von einem Verzeichnis in ein anderes Verzeichnis oder zeigt das momentane Verzeichnis an.

> **CD** [*laufwerk:*][*pfad*] [..]
> oder
> **CHDIR** [*laufwerk:*][*pfad*] [..]

▪ *laufwerk:* Ist das Laufwerk, in dem das Verzeichnis geändert werden soll.
▪ *pfad*: Ist der Pfad, der das Verzeichnis angibt, das zum momentanen Verzeichnis werden soll.
▪ ..: Wechsel ins übergeordnete Verzeichnis

Beschreibung

CD *pfad*
    Ändert das momentane Verzeichnis in das angegebene Verzeichnis *pfad*.
    CD \BENUTZER
    CHDIR \BFNUTZER
    Ändert das momentane Verzeichnis in das Verzeichnis BENUTZER.

CD (ohne Parameter)
    Zeigt den Namen des momentanen Verzeichnisses an.

CD ..
    Ändert das momentane Verzeichnis in das nächste übergeordnete Verzeichnis (siehe 4.1).

CD \
    Kehrt in das Stammverzeichnis zurück. Das Stammverzeichnis ist das oberste Verzeichnis des Dateisystems und ist gewöhnlich das Verzeichnis, das zum momentanen Verzeichnis wird, nachdem DOS gestartet wurde.

Anmerkungen

▪ Die Angabe von *laufwerk:* schaltet nicht das Standardlaufwerk um (siehe 1.1), sondern bedeutet nur, daß das Verzeichnis dieses Laufwerks gewechselt werden soll.

▪ Falls die Pfadangabe im Stammverzeichnis beginnen soll, muß als erstes Zeichen bei der Pfadangabe \ stehen.

▪ Mehrere Verzeichnisse werden durch \ voneinander getrennt. In der Verzeichnisangabe darf kein Leerzeichen stehen.

▪ Anstelle von **CD** ohne Parameter kann das momentane Verzeichnis mit **PROMPT** bei der DOS-Eingabeaufforderung immer angezeigt werden (siehe 7.1).

Beispiele

4.4

Das momentane Verzeichnis ist ADRESSEN. Folgende Befehle bewirken in gleicher Weise die Änderung in das Verzeichnis \ADRESSEN\SPENDER:

CD SPENDER
ändert direkt vom momentanen Verzeichnis in das nächste mit dem Namen SPENDER. Diese Angabe gilt nur, wenn das momentane Verzeichnis \ADRESSEN ist.

CD \ADRESSEN\SPENDER
gibt den vollständigen Pfad für DOS an. Diese Angabe ist unabhängig vom momentanen Verzeichnis.

4.5 Verzeichnisse anlegen und entfernen

Verzeichnis anlegen — MD (MKDIR)
intern

MD bzw. **MKDIR** bewirkt, daß ein neues Verzeichnis angelegt wird.

MD [*laufwerk:*]*pfad*
oder
MKDIR [*laufwerk:*]*pfad*

▪ *laufwerk:* Ist das Laufwerk, in dem das Verzeichnis angelegt werden soll.
▪ *pfad*: Gibt das Verzeichnis an, das angelegt werden soll.

Beschreibung

▪ Mit **MD/MKDIR** kann eine hierarchisch organisierte Verzeichnisstruktur mit den entsprechenden Verzeichnissen angelegt werden.
▪ Falls das Stammverzeichnis das momentane Verzeichnis ist, können mit **MD** Unterverzeichnisse eingerichtet werden.
▪ Verzeichnisse, die mit **MD** im momentanen Verzeichnis angelegt werden, sind immer Unterverzeichnisse des momentanen Verzeichnisses, es sei denn, daß mit **MD** ausdrücklich ein anderer Pfad eingegeben wird.

Anmerkungen

▪ Da Dateien und Verzeichnisse im gleichen Verzeichnis stehen, kann ein Unterverzeichnis nicht denselben Namen erhalten wie eine Datei.
▪ **MD** kann immer nur ein Verzeichnis anlegen. Hierarchische Verzeichnisse müssen nacheinander angelegt werden.
▪ Werden mehrere Verzeichnisse angegeben, müssen sie durch \ getrennt werden. Die Pfadangabe darf nicht länger als 63 Zeichen sein.

Ein Verzeichnisname kann auch eine Namenserweiterung (nach einem Punkt) haben, sie sollte aber vermieden werden.

Falls die Befehle **ASSIGN**, **JOIN** oder **SUBST** angewendet wurden, sollten neue Verzeichnisse mit Vorsicht angelegt werden, da diese sonst auf einem vorübergehend geschützten Laufwerk angelegt werden.

Beispiele

MD \STEUERN

legt das Verzeichnis STEUERN direkt unter dem Stammverzeichnis an.

MD \STEUERN\MIETE

geht eine Ebene tiefer und legt unter dem Unterverzeichnis STEUERN ein weiteres Verzeichnis mit dem Namen MIETE an. Zur Erstellung des gleichen Unterverzeichnisses aus dem Verzeichnis \STEUERN kann auch der folgende Befehl verwendet werden:

MKDIR MIETE

Voraussetzung ist, daß STEUERN das momentane Verzeichnis ist.

Verzeichnis entfernen — RD (RMDIR) intern

RD bzw. **RMDIR** dient dazu, ein Verzeichnis aus der hierarchischen Verzeichnisstruktur zu löschen.

RD [*laufwerk:*]*pfad*
oder
RMDIR [*laufwerk:*]*pfad*

laufwerk: Ist das Laufwerk, in dem das Verzeichnis entfernt werden soll.

pfad: Der letzte Verzeichnisname im Pfad gibt das Verzeichnis an, das gelöscht werden soll.

Anmerkung

RD/RMDIR bewirkt, daß ein Verzeichnis, das bis auf die Einträge ».« und »..« leer ist, gelöscht wird. Diese beiden

Symbole beziehen sich auf das Verzeichnis selbst, bzw. sein übergeordnetes Verzeichnis (siehe 4.1).

▪ Bevor ein Verzeichnis ganz gelöscht werden kann, müssen zunächst die darin enthaltenen Dateien (**DEL**, **ERASE** siehe 5.4) und Unterverzeichnisse (**RD/RMDIR**) gelöscht worden sein.

▪ Das zu löschende Verzeichnis darf nicht das momentane Verzeichnis sein.

▪ Ein Verzeichnis mit unsichtbaren Dateien kann nicht gelöscht werden.

▪ Ein Verzeichnis oder Laufwerk, auf das **SUBST** oder **JOIN** angewendet wurde, kann nicht gelöscht werden (siehe 4.8).

▪ Verzeichnisse können nur über die DOS-Shell umbenannt werden. Einen entsprechenden Befehl gibt es nicht.

Beispiel

Das Verzeichnis \BENUTZER\MEIER soll wieder gelöscht werden:

DIR \BENUTZER\MEIER

zeigt an, ob das Verzeichnis leer ist. Falls es nicht leer ist:

DEL \BENUTZER\MEIER

löscht alle Dateien in diesem Verzeichnis.

RMDIR \BENUTZER\MEIER

kann aus irgendeinem Verzeichnis, mit Ausnahme dessen, welches entfernt werden soll, eingegeben werden.

Verweise

Verzeichnisbehandlung **4.2**, Laufwerke und Verzeichnisnamen zuordnen **4.8**, Dateien löschen **5.4.**, DOS-Shell **2**.

4.6 Verzeichnisstruktur

Verzeichnisstruktur anzeigen TREE
extern

TREE zeigt den vollständigen Pfad (und auf Anforderung auch den Inhalt) jedes einzelnen Verzeichnisses und Unterverzeichnisses im angegebenen Laufwerk in einer grafischen Struktur an.

TREE [*laufwerk:*][*pfad*] [/**F**] [/**A**]

laufwerk: Ist das anzuzeigende Laufwerk.
pfad: Gibt das Verzeichnis an, dessen Unterver-zeichnisse ausgegeben werden sollen.
/**F**: Bewirkt, daß die Namen der in jedem Verzeichnis enthaltenen Dateien angezeigt werden.
/**A**: Die Grafikstruktur wird durch andere Zeichen dargestellt, die auch auf Druckern ausgegeben werden, die den erweiterten Zeichensatz nicht verwenden.

Anmerkungen

Eine andere Möglichkeit, alle Unterverzeichnisse im momentanen Verzeichnis aufzulisten, ist die Eingabe von
```
DIR /AD/S
```
Damit werden alle Verzeichnisse einschließlich der Unterverzeichnisse angezeigt

TREE zeigt immer sämtliche Unterverzeichnisse an, die sich unter dem momentanen Verzeichnis befinden. Es gibt keine Möglichkeit, die Anzeige weiter einzuschränken.

Über die Ein-/Ausgabeumleitung kann das Ergebnis auch in eine Datei oder auf den Drucker ausgegeben werden.

Beispiele

```
TREE C:
```
zeigt eine Liste der Namen aller Verzeichnisse und Unterverzeichnisse.

```
Auflistung der Verzeichnispfade für Datenträger PROD
Datenträgernummer: 2404-7272
```

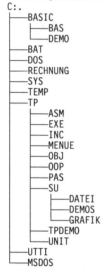

```
TREE C: /F | MORE
```
gibt bildschirmweise die Dateien in allen Verzeichnissen auf dem Laufwerk C aus (siehe 6.5).

```
TREE C: /F >PRN
```
gibt die Liste auf dem Drucker aus (siehe 6.2).

Verweise

Datenumleitung **6.2**, Datenausgabe bildschirmweise **6.5**.

4.7 Suchpfade

Suchpfade sind Pfade, in denen DOS nach bestimmten Dateien sucht, wenn diese im momentanen Verzeichnis nicht gefunden werden. Solche Suchpfade können für Befehle mit **PATH** und für Datendateien mit **APPEND** angegeben werden.

Suchpfad für Befehle einstellen — PATH *intern*

PATH legt den Suchpfad für Befehle fest. Damit wird DOS mitgeteilt, in welchen Verzeichnissen nach einem externen Befehl weitergesucht werden soll, wenn er im momentanen Verzeichnis nicht gefunden wird.

PATH [*laufwerk:*][*pfad*][;[*laufwerk:*][*pfad*]...]

- *laufwerk:* Ist das Laufwerk.
- *pfad*: Ist das Verzeichnis, das DOS nach Befehlsdateien durchsucht.
- ;: Trennt einzelne Pfadangaben voneinander, falls mehrere angegeben werden.

Beschreibung

PATH (mit Parameter)
  DOS durchsucht die hier angegebenen Verzeichnisse in dieser Reihenfolge, falls ein Befehl im momentanen Verzeichnis nicht gefunden werden kann.

PATH (ohne Parameter)
  Zeigt den momentan gültigen Suchpfad an.

PATH ;
  Setzt den Suchpfad wieder zurück. Danach durchsucht DOS immer nur das momentane Verzeichnis nach externen Befehlen.

Anmerkungen

■ Mit **PATH** werden nur ausführbare Dateien (.COM, .EXE, .BAT) gefunden. Sind im selben Verzeichnis Dateien mit demselben Namen, jedoch unterschiedlichen Dateinamenserweiterungen, muß die Erweiterung des Dateinamens angegeben werden, damit DOS das richtige Programm ausführt. Andernfalls wird die Priorität .COM, .EXE und .BAT zugrundegelegt.
■ Mehrere Suchpfade werden hinter dem Befehl – durch Semikolons abgetrennt – geschrieben.
■ Die maximale Länge des Suchpfades ist 128 Zeichen.
■ DOS durchsucht die Verzeichnisse in der im **PATH**-Befehl festgelegten Reihenfolge. Deshalb sollten solche Pfade, in denen oft Befehle gefunden werden, möglichst weit vorne stehen. Damit kann die Zugriffszeit verkürzt werden.
■ Wird **PATH** ein zweites Mal mit der Option *pfad* eingegeben, ignoriert DOS den alten Pfad und verwendet zukünftig den neuen Suchpfad.
■ Der Pfad wird im Environment (siehe 7.5) abgelegt.

Beispiel

PATH=\BIN\DOS;B:\BIN\TOOLS;\BIN\UTIL

bewirkt, daß nacheinander drei Verzeichnisse nach externen Befehlen durchsucht werden. Die Verzeichnisse sind: \BIN\DOS, B:\BIN\TOOLS und \BIN\UTIL im Standardlaufwerk.

Suchpfad für Datendateien festlegen   **APPEND**
extern

APPEND dient dazu, einen Pfad für Dateien festzulegen, der durchsucht wird, wenn eine Datei beim Öffnen nicht im aktuellen Verzeichnis gefunden wird.

APPEND [/E] [/X:on/OFF] [/PATH:ON/off]
Nur bei der ersten Verwendung.
APPEND [*laufwerk:*][*pfad*][;[*laufwerk:*][*pfad*]...]
Gibt die zu durchsuchenden Verzeichnisse an.

APPEND ;
Löscht den eingerichteten Pfad.

- *laufwerk:* Ist das Laufwerk.
- *pfad*: Ist das Verzeichnis, das DOS nach einer Datendatei durchsucht.
- **/E**: Bewirkt die Speicherung hinzugefügter Verzeichnisse in der DOS-Umgebung. Diese Umgebungswerte werden mit **SET** angezeigt.
- **/X:OFF**: Erweitert nur den Pfad für Datendateien. Zuerst wird DOS das momentane Verzeichnis nach Dateien durchsuchen. Wenn DOS die benötigten Dateien dort nicht findet, durchsucht es das erste Verzeichnis im **APPEND**-Pfad. Werden die Dateien noch immer nicht gefunden, setzt DOS die Suche im zweiten angefügten Verzeichnis fort, usw. Nachdem die gesuchten Dateien gefunden wurden, durchsucht DOS keine weiteren Verzeichnisse mehr. Dateien mit der Dateinamenserweiterung .COM, .EXE und .BAT sind von der Suche ausgenommen. OFF ist der Standardwert.
- **/X:ON** bzw **/X**: Schließt die Suche nach ausführbaren Programmen mit der Namenserweiterung .COM, .EXE und .BAT, ähnlich wie **PATH**, ein.
- **/PATH:ON**: Es wird nach einer Datei gesucht, auch wenn der Pfadname eine Laufwerks- und Pfadangabe umfaßt. ON ist der Standardwert.
- **/PATH:OFF**: Es wird nur nach einer Datei gesucht, wenn ausschließlich der Name angegeben wurde. Dateien mit Laufwerks- und Pfadangabe sind von der Suche ausgeschlossen.

Beschreibung

APPEND /X /E
Der Befehlszusatz **/E** kann nur beim ersten Aufruf des Befehls verwendet werden.
Wird **/X** verwendet, muß vor Anwendung von **XCOPY** (siehe 5.2), **BACKUP** und **RESTORE** (siehe 5.9) mit **APPEND ;** der Suchpfad gelöscht werden.

APPEND (ohne Optionen)
Zeigt den momentanen Suchpfad an.

APPEND ;
Bewirkt, daß DOS den Pfad ganz zurücksetzt. Danach wird nur noch im momentanen Verzeichnis nach den angegebenen Datendateien gesucht.

Anmerkungen

▩ Mehrere Suchpfade werden hinter dem Befehl – durch Semikolons »;« abgetrennt – geschrieben.

▩ Die maximale Länge des Suchpfades ist 128 Zeichen.

▩ Wird ein Sekundärprozessor geladen, gehen die in der neuen Umgebung eingestellten Angaben beim Verlassen der Sekundärumgebung verloren.

▩ Nach dem ersten Aufruf kann **APPEND** wie ein interner Befehl verwendet werden.

▩ Wird **APPEND** ein zweites Mal mit der Option *pfad* eingegeben, ignoriert DOS den alten Pfad und verwendet zukünftig den neuen Pfad.

▩ **APPEND** kann im gesamten Netz zur Auffindung von entfernten Dateien verwendet werden.

▩ Bei Verwendung des DOS-Befehls **ASSIGN** (siehe 4.8) muß der Befehl **APPEND** vor **ASSIGN** verwendet werden.

▩ **Vorsicht:** Manche Anwendungsprogramme lesen eine Datei in einem mit **APPEND** zugewiesenen Verzeichnis und schreiben die Datei dann wieder auf die Diskette/Festplatte zurück. Dabei wird die Datei in das momentane Verzeichnis geschrieben und die Originaldatei bleibt unverändert.

Beispiele

APPEND B:\BRIEFE;A:\BERICHTE
bewirkt, daß auf Datendateien im Verzeichnis BRIEFE im Laufwerk B und im Verzeichnis BERICHTE im Laufwerk A zugegriffen wird.

APPEND /X
bewirkt, daß zuerst das momentane Verzeichnis nach Datendateien durchsucht wird, bevor die angegebenen Pfade verwendet werden. Dieser Befehl muß vor der Eingabe eines Suchpfades erfolgen.

Danach Eingabe des Befehls:
APPEND C:\NEUAUF;C:\BAKAUF
DOS durchsucht zuerst das momentane Verzeichnis nach Datendateien. Wenn DOS die Datendateien im momentanen Verzeichnis nicht findet, durchsucht es das Verzeichnis \NEUAUF im Laufwerk C. Und falls sich die Dateien dort nicht befinden, würde DOS die Datei im Verzeichnis \BAKAUF im Laufwerk C suchen.

4.8 Laufwerke und Verzeichnisnamen zuordnen

Mit verschiedenen Befehlen können Laufwerksbuchstaben und Verzeichnisnamen einander gegenseitig zugeordnet werden. Mit **ASSIGN** wird ein Laufwerk mit einem anderen Buchstaben angesprochen, mit **JOIN** wird einem Laufwerk ein Verzeichnisname und mit **SUBST** wird einem Verzeichnis ein Laufwerksbuchstabe zugeordnet.

Laufwerksbuchstaben zuweisen ASSIGN
extern

ASSIGN dient dazu, einen Laufwerksbuchstaben einem anderen Laufwerk zuzuordnen.

ASSIGN [X[=]Y [...]] [/STATUS]

■ **X**: Ist der Laufwerksbuchstabe, über den DOS danach auf das Laufwerk **Y** zugreift. Dieser wird einem anderen Laufwerk zugeordnet. Angabe ohne Doppelpunkt.
■ **Y**: Ist das DOS-Laufwerk, auf das tatsächlich zugegriffen wird. Über diesen Buchstaben kann danach nicht mehr zugegriffen werden. Angabe ohne Doppelpunkt.
Mehrere solcher Gruppen können nacheinander – durch Leerzeichen getrennt – angegeben werden.
■ **/STATUS**: Zeigt die aktuelle Zuordnung an.

Beschreibung

Jeder Laufwerkszugriff auf ein Laufwerk, das vor dem Gleichheitszeichen angegeben ist, wird in Wirklichkeit auf das Laufwerk hinter dem Gleichheitszeichen ausgeführt. Das heißt, der erste Laufwerksbuchstabe wird intern von DOS auf den zweiten umgesetzt.

ASSIGN

(ohne Parameter) ordnet allen Laufwerken wieder ihren ursprünglichen Laufwerksbuchstaben zu.

Anmerkungen

▓ Es kann kein Laufwerksbuchstabe eines Laufwerks angegeben werden, der gerade von einem anderen Programm verwendet wird; ebenfalls kann auch kein undefiniertes Laufwerk angegeben werden.

▓ **ASSIGN** ermöglicht Anwendungsprogrammen, die nur die Laufwerke A und B benutzen können, auch Dateien in anderen Laufwerken zu lesen und zu beschreiben.

▓ Da **ASSIGN** den eigentlichen Gerätetyp unkenntlich macht, sollte dieser Befehl bei den nachfolgenden Befehlen nicht verwendet werden:

BACKUP (siehe 5.9)	**FORMAT** (siehe 3.2)
RESTORE (siehe 5.9)	**RECOVER** (siehe 5.9)
LABEL (siehe 3.2)	**FASTOPEN** (siehe 5.7)
JOIN (in diesem Kapitel)	**MIRROR** (siehe 3.2)
SUBST (in diesem Kapitel)	**PRINT** (siehe 6.7)

▓ Um Kompatibilität mit späteren DOS-Versionen zu gewährleisten, sollte anstatt **ASSIGN** der Befehl **SUBST** verwendet werden. Folgende Befehle sind gleichbedeutend:

```
ASSIGN A=C
SUBST A: C:\
```

▓ Die Befehle **FORMAT** (siehe 3.2), **DISKCOPY** und **DISKCOMP** (siehe 3.3) berücksichtigen Neuzuordnungen von Laufwerken nicht.

Beispiel

```
ASSIGN A=C B=C
```
kann benützt werden, wenn ein Anwendungsprogramm auf einer Festplatte gestartet werden soll und dieses Anwendungsprogramm auffordert, die Programmdiskette in Laufwerk A und die Datendiskette in Laufwerk B einzulegen.
Alle auf die Laufwerke A und B bezogenen Befehle werden nun auf das Laufwerk C bezogen.

```
ASSIGN A=C
DIR A:
```
zeigt in Wirklichkeit das Verzeichnis der Festplatte C an.

```
ASSIGN /STATUS
```
zeigt die aktuelle Zuordnung an und gibt eine Statusmeldung aus.
```
Zugriffe auf A: werden auf C: umgeleitet
Zugriffe auf B: werden auf C: umgeleitet
```

Verweise

Disketten/Festplatten behandeln **3.2**, Disketten kopieren und vergleichen **3.3**, Dateien sichern und aktualisieren **5.9**, Dateiinhalte ausgeben **6.7**.

Einem Laufwerk einen Pfad zuordnen — JOIN
extern/nicht im Netz

JOIN ordnet einem Laufwerk einen bestimmten Pfad zu. Danach wird das Laufwerk über eine Pfadangabe angesprochen. Damit kann aus zwei Verzeichnisstrukturen von zwei Laufwerken ein Verzeichnis gemacht werden.

JOIN [*laufwerk1: laufwerk2:pfad*]
oder
JOIN *laufwerk1:* /**D**

- *laufwerk1:* Ist das Laufwerk, dem eine Pfadbezeichnung zugeordnet werden soll.
- *laufwerk2:pfad*: Ist Laufwerk und Pfadbezeichnung, die dem *laufwerk1* zugeordnet werden soll.
- /**D**: Hebt die Zuordnung wieder auf.

Beschreibung

JOIN *laufwerk1: laufwerk2:pfad*
   Weist *laufwerk1* die Laufwerks- und Pfadbezeichnung *laufwerk2:pfad* zu.

JOIN *laufwerk1:* /**D**
   Macht eine mit **JOIN** hergestellte Kopplung des angegebenen Laufwerks wieder rückgängig.

JOIN (ohne Parameter)
    Zeigt an, welche Laufwerke gerade gekoppelt sind.

Anmerkungen

▪ **JOIN** erspart dem Anwender, einzelne Laufwerke mit ihren jeweiligen Laufwerksbuchstaben zu benennen. Statt dessen können alle Verzeichnisse in einem bestimmten Laufwerk über den mit **JOIN** zugeordneten Pfad angesprochen werden.
▪ Ein Pfadname, der schon vorhanden ist, kann nur dann zugeordnet werden, wenn das Verzeichnis leer ist.
▪ Wenn ein Pfad bereits vor der Ausführung von **JOIN** existiert hat, kann er (der Pfad) nicht mehr verwendet werden, solange der **JOIN**-Befehl wirksam ist.
▪ Wenn der Pfad nicht existiert, legt DOS ein Verzeichnis an, das dem Namen des angegebenen Pfads entspricht. Sobald nun versucht wird, auf das Laufwerk zuzugreifen, zeigt DOS die Fehlermeldung »Ungültige Laufwerksbezeichnung!«.
▪ Die folgenden Befehle funktionieren nicht bei Laufwerken, die im Befehl **JOIN** (oder **SUBST**) verwendet wurden:

   BACKUP (siehe 5.9) **RESTORE** (siehe 5.9)
   CHKDSK (siehe 3.2) **LABEL** (siehe 3.2)
   DISKCOPY (siehe 3.3) **RECOVER** (siehe 5.9)
   FDISK (siehe 3.5) **SYS** (siehe 3.4)
   FORMAT (siehe 3.2) **DISKCOMP** (siehe 3.3)
   FASTOPEN (siehe 5.7)

Beispiele

JOIN A: C:\TEXTE
ordnet dem Laufwerk A den Pfad C:\TEXTE zu. Danach:

CD \TEXTE
schaltet das momentane Verzeichnis auf das Laufwerk A um.

DIR \TEXTE*.*
zeigt das Verzeichnis der Diskette in Laufwerk A.

JOIN
A: => C:\TEXTE
zeigt die momentan gekoppelten Laufwerke.

JOIN A: /D
macht die Kopplung wieder rückgängig. Danach wird der Inhalt der Diskette in Laufwerk A wieder über das Laufwerk A angesprochen.

Verweise

Disketten/Festplatten behandeln **3.2**, Disketten kopieren und vergleichen **3.3**, Diskette mit DOS einrichten **3.4**, Festplatte vorbereiten mit FDISK **3.5**, Dateien sichern und aktualisieren **5.9**.

Einem Pfad eine Laufwerks-   SUBST
bezeichnung zuordnen   extern/nicht im Netz

4.8

SUBST ordnet einem Pfad eine Laufwerksbezeichnung zu. Danach wird der Pfad über eine Laufwerksbezeichnung angesprochen. Dieser Befehl ist wichtig, um mit Anwendungsprogrammen zu arbeiten, die Unterverzeichnisse nicht behandeln können.

   SUBST [*laufwerk1: laufwerk2:pfad*]
   oder
   SUBST *laufwerk1:* /**D**

▪ *laufwerk1:* Ist das Laufwerk, das einer Pfadbezeichnung zugeordnet werden soll.
▪ *laufwerk2:pfad*: Ist Laufwerk und Pfadbezeichnung, dem die Bezeichnung *laufwerk1* zugeordnet werden soll.
▪ /**D**: Hebt die Zuordnung für das angegebene Laufwerk wieder auf.

Beschreibung

SUBST *laufwerk1: laufwerk2:pfad*
   Weist *laufwerk2:pfad* die Laufwerksbezeichnung *laufwerk1* zu.
SUBST *laufwerk1:* /**D**
   Macht eine mit **SUBST** hergestellte Kopplung wieder rückgängig.

SUBST (ohne Parameter)
Zeigt an, welche Laufwerke gerade zugeordnet sind.

Beschreibung

SUBST bietet die Möglichkeit, einem Pfad die Bezeichnung eines fiktiven Laufwerks zuzuordnen. Obwohl kein Laufwerk mit dieser Bezeichnung existiert, kann dessen Bezeichnung dennoch wie jede reguläre Laufwerksbezeichnung in Befehlen verwendet werden.

Wenn DOS dann auf einen Befehl mit der Bezeichnung eines fiktiven Laufwerks stößt, ersetzt es die Laufwerksbezeichnung durch den betreffenden Pfad und behandelt diesen neuen Laufwerksbuchstaben, als ob er zu einem eigentlichen Laufwerk gehörte.

Die folgenden Befehle funktionieren nicht bei Laufwerken, die in den Befehlen **SUBST** (oder **JOIN**) verwendet werden:

BACKUP (siehe 5.9) **CHKDSK** (siehe 3.2)
DISKCOMP (siehe 3.3) **DISKCOPY** (siehe 3.3)
FASTOPEN (siehe 5.7) **FDISK** (siehe 3.5)
FORMAT (siehe 3.2) **LABEL** (siehe 3.2)
RECOVER (siehe 5.9) **RESTORE** (siehe 5.9)
SYS (siehe 3.4)

Solange **SUBST** aktiv ist, muß mit den Befehlen **CHDIR** (siehe 4.4), **MKDIR**, **RMDIR** (siehe 4.5) **APPEND** und **PATH** (siehe 4.7) besondere Sorgfalt angewandt werden.

Laufwerksbezeichnungen müssen unter Umständen in der Datei CONFIG.SYS mit der Zeile

LASTDRIVE=*bezeichnung*

zugänglich gemacht werden (siehe 8.3).

Beispiel

SUBST Z: B:\BENUTZER\BACH\FORMULARE

ordnet dem Pfad B:\BENUTZER\BACH\FORMULARE die Laufwerksbezeichnung Z: zu.
Hier wird angenommen, daß in der Datei CONFIG.SYS die Zeile LASTDRIVE=Z verwendet wurde.

```
DIR Z:
```
zeigt den Inhalt dieses Verzeichnisses an.

```
SUBST
Z: => C:\BENUTZER\BACH\FORMULARE
```
zeigt die momentan zugeordneten Laufwerke an.

```
SUBST Z: /D
```
macht die Kopplung wieder rückgängig. Danach wird der Inhalt dieses Verzeichnisses wieder über den normalen Pfadnamen angezeigt.

Verweise

Disketten/Festplatten behandeln **3.2**, Disketten kopieren und vergleichen **3.3**, Diskette mit DOS einrichten **3.4**, Festplatte vorbereiten mit FDISK **3.5**, Verzeichnis einstellen **4.4**, Verzeichnisse anlegen und entfernen **4.5**, Suchpfade **4.7**, Dateien sichern und aktualisieren **5.9**, Die Konfigurationsdatei CONFIG.SYS **8.2**.

Kapitel 5:

DATEIEN UND DATENSICHERUNG

5.1 Dateien, Dateinamen

Dateien sind eine Sammlung von Daten, auf die über einen Namen zugegriffen werden kann. Jedes Anwendungsprogramm legt Dateien an, speichert Daten in Dateien und aktualisiert sie. Für den Benutzer zeigen sich Dateien mindestens in Form von Dateinamen im Verzeichnis; diese Dateinamen verwendet er dann auch zum Sichern der Dateien.

Allgemeines

▪ Daten werden auf Disketten (bzw. Festplatten) in *Dateien* gespeichert. Eine Datei ist eine Gruppe von zusammengehörenden Daten; jede Datei ist mit einem Namen (Dateinamen) bezeichnet.
▪ Dateien werden immer über ihren Dateinamen angesprochen, deshalb kommt diesem entscheidende Bedeutung zu.
▪ Jedes Anwendungsprogramm legt Dateien an und verändert sie. Diese Zugriffe geschehen ebenfalls über Dateinamen.

Dateinamen

Allgemeines
▪ Ein Dateiname kennzeichnet eindeutig eine Datei. Deshalb sollten Dateinamen eindeutig sein und den Inhalt der Datei so genau wie möglich beschreiben.
▪ Dateinamen können nach bestimmten Mustern aufgebaut sein, um Gruppen von zusammengehörenden Dateien oder Dateien aus gleichen Sachgebieten einander zuzuordnen.
```
FINANZ87  FINANZ88
```
Dateinamensformat
▪ Dateinamen bestehen aus:
Dateiname (8 Stellen) gibt als Name den Inhalt einer Datei an;
```
FINANZEN  ANALYSE  BRIEFXY  KUNDEN
```
Punkt (.) trennt Dateinamen und Erweiterung;
Dateinamenerweiterung (3 Stellen) klassifiziert die Datei. Damit wird erkennbar, ob es sich um eine Programmdatei

oder um eine Datendatei handelt, die von einem bestimmten Anwendungsprogramm erstellt und verändert wird.

EXE	(EXEcutable) ausführbare Programmdatei
COM	(COMmand) Befehlsdatei
BAT	(BATch) Stapelverarbeitungsdatei
TXT	Textdatei (Word)
DOC	(DOCument) Textdatei von englischsprachigen Programmen
DBF	(DataBaseFile) Datenbankdatei (dBase)
WK1, WK3	Lotus 1-2-3-Dateien
MODE.COM	DOS-Befehlsdatei
BRIEF.TXT	Brieftext eines Textverarbeitungsprogramms
ADRESSEN.DBF	Datenbankdatei von dBase III
AUTOEXEC.BAT	Stapelverarbeitungsdatei (automatische Startdatei)

▓ Dateinamen bestehen nur aus Großbuchstaben. Eingegebene Kleinbuchstaben werden automatisch in Großbuchstaben umgewandelt.

Erlaubte Zeichen in Dateinamen
A-Z ÄÖÜ a-z äöü 0-9 $ % ' - @ { } ~ ' ! # () & _
Achtung! In einigen Anwendungsprogrammen sind nicht alle der oben genannten Zeichen zulässig. Bei Zweifeln sollten in Dateinamen nur Buchstaben und Zahlen verwendet werden.

Nicht erlaubte Dateinamen
▓ Im Computer verwendete Gerätebezeichnungen dürfen nicht als Dateinamen verwendet werden:
AUX, CLOCK$, COM1-COM4, CON, KEYBD$, LPT1-LPT3, LST, NUL, PRN, SCRN

▓ Diese Gerätebezeichnungen sind zwar als Dateinamenserweiterungen, nicht jedoch als Bestandteile von Dateinamen oder als Dateinamen selbst zulässig.

Stellvertreterzeichen
▓ Mit den Stellvertreterzeichen »*« und »?« können einzelne Zeichen oder eine Gruppe von Zeichen ausgeblendet werden.

Diese müssen beim Bezeichnen eines Dateinamens nicht angegeben werden; DOS sucht nach Namen, die an den angegebenen Stellen beliebige Zeichen enthalten.

Stellvertreterzeichen werden auch Wildcards, Muster- oder Jokerzeichen genannt.

Stern (*) als Stellvertreterzeichen

Ein Stern (*) in einem Dateinamen oder einer Dateinamenserweiterung bedeutet, daß an dieser Stelle und in den restlichen Schreibstellen des Dateinamens (ohne Erweiterung) oder der Dateinamenserweiterung beliebige Zeichen stehen können.

```
DIR MIT*.TXT
```

zeigt alle Verzeichniseinträge des Standardlaufwerks an, die mit »MIT« beginnen und die Dateinamenserweiterung ».TXT« haben. Das Ergebnis könnte zum Beispiel so aussehen:

```
MIT2AUG.TXT
MIT9AUG.TXT
MITBAUG.TXT
MITJULI.TXT
MITJUNI.TXT
```

DOS läßt alle weiteren Zeichen im Dateinamen, die dem Stern als Stellvertreterzeichen folgen, bis zu dem Punkt, der den Dateinamen von seiner Erweiterung trennt, außer acht.

```
DIR *1.MEM
```

zeigt alle Dateien mit der Namenerweiterung ».MEM«, »1« bleibt unberücksichtigt, da es hinter »*« steht.

Wichtig: Das aus Stellvertreterzeichen bestehende Kürzel *.* bezeichnet alle Dateien des Verzeichnisses. Ein äußerst leistungsfähiges Hilfsmittel, das aber zusammen mit einigen DOS-Befehlen eine zerstörerische Wirkung haben kann!

```
DEL *.*
```

löscht, ohne Rücksicht auf Dateinamen und Dateinamenserweiterungen, alle im Standardlaufwerk aufgezeichneten Dateien.

Fragezeichen (?) als Stellvertreterzeichen

Das Fragezeichen (?) kann in Dateinamen oder Dateinamenserweiterungen anstelle einzelner Zeichen verwendet werden und bedeutet, daß an dieser Stelle ein beliebiges Zeichen stehen kann.

```
DIR MIT?AUG.TXT
```

zeigt alle Dateien des Standardlaufwerks an, deren Name mit MIT beginnt, die ein beliebiges Zeichen an der nächsten Position aufweisen, mit den Buchstaben AUG enden und deren Dateinamenserweiterung .TXT lautet. Das Ergebnis könnte zum Beispiel so aussehen:

```
MIT2AUG.TXT
MIT9AUG.TXT
MITBAUG.TXT
```

Übersicht: Dateien bearbeiten

COPY
Kopiert Dateien und fügt mehrere Dateien zu einer einzelnen zusammen (siehe 5.2).

XCOPY
Kopiert Dateien und Unterverzeichnisse und legt bei Bedarf auch automatisch neue Unterverzeichnisse auf dem Ziellaufwerk an (siehe 5.2).

COMP
Vergleicht zwei Dateien und meldet Unterschiede (siehe 5.3).

FC
Vergleicht zwei Dateien und meldet sehr detaillierte Unterschiede (siehe 5.3).

DEL, ERASE
Löscht Dateien und gibt den von ihnen belegten Speicherplatz frei (siehe 5.4).

RENAME
Benennt eine oder mehrere Dateien mit anderen Namen (siehe 5.5).

ATTRIB
Ändert oder zeigt die Dateiattribute einer oder mehrerer Dateien. Diese sind Hilfsmittel zur Datensicherung oder zum Sichern von Dateien vor dem Überschreiben (siehe 5.6).

FASTOPEN
Bewirkt, daß Dateien schneller geöffnet werden können (siehe 5.7).

TYPE
Zeigt den Inhalt von (Text-)Dateien am Bildschirm oder Drucker an (siehe 5.8, 6.7).

PRINT
Druckt den Inhalt von (Text-)Dateien auf einem Drucker aus (siehe 5.8, 6.7).

BACKUP
Sichert eine Anzahl Dateien, um sie bei eventuellen Fehlern auf der Festplatte noch zur Verfügung zu haben (siehe 5.9).

RESTORE
Stellt gesicherte Dateien auf einer Festplatte wieder her (siehe 5.9).

REPLACE
Aktualisiert Dateien, indem neue Versionen von vorhandenen Dateien oder zusätzliche Dateien kopiert werden (siehe 5.9).

RECOVER
Versucht, Dateien, die auf einem fehlerhaften Datenträger gespeichert sind, soweit wie möglich zu retten (siehe 5.10).

UNDELETE
Gelöschte Dateien wiederherstellen (siehe 5.4)

5.2 Dateien kopieren und zusammenfügen

Es stehen 2 Befehle zum Kopieren von Dateien zur Verfügung. **COPY** kopiert eine oder eine Anzahl Dateien oder fügt mehrere Dateien zu einer zusammen. **XCOPY** dient zum Kopieren von Dateien und Verzeichnissen und legt bei Bedarf auch neue Verzeichnisse auf dem Ziellaufwerk an.

Dateien kopieren — COPY intern

COPY kopiert eine oder mehrere Dateien an eine andere Position. Er dient auch dazu, Dateien an andere Dateien anzuhängen bzw. sie auf dieselbe Diskette/Festplatte (mit anderem Namen) zu kopieren. Details zu »Dateien zusammenfügen« siehe im Anschluß an die Beschreibung von **COPY**.

COPY [*lw1:*][*pfad1*]*datei1*[/**A**] [/**B**] [*lw2:*][*pfad2*][*datei2*] [/**A**] [/**B**] [/**V**]

- *lw1:* Ist das Laufwerk, von dem Datei(en) kopiert werden.
- *pfad1:* Ist der Pfad mit den zu kopierenden Datei(en).
- *datei1:* Ist (sind) die zu kopierenden Datei(en). Hier kann auch eine Gerätebezeichnung angegeben werden.
- *lw2:* Ist das Laufwerk, in das die Datei(en) kopiert werden sollen.
- *pfad2:* Ist der Pfad, in den kopiert werden soll.
- *datei2:* Ist der Dateiname (mit oder ohne Stellvertreterzeichen), mit dem die kopierte(n) Datei(en) bezeichnet werden sollen. Hier kann auch eine Gerätebezeichnung angegeben werden.
- /**A**: Ermöglicht das Kopieren von *ASCII-Dateien* und behandelt Dateiendemarken. Standardeinstellung beim Verknüpfen und Kopieren von oder zu einem Gerät. Details siehe »Beschreibung«.
- /**B**: Ermöglicht das Kopieren von *binären Dateien* und kopiert den gesamten Dateiinhalt mit der angegebenen Größe. Standardeinstellung bei normalem Kopieren, wenn kein Gerät angegeben ist. Details siehe »Beschreibung«.

▨ **/V**: (Verify). Verlangt von DOS die Überprüfung, daß die auf der Zieldiskette/Festplatte geschriebenen Sektoren richtig aufgezeichnet werden. Der Inhalt wird aber nicht mehr mit dem Original verglichen.

Beschreibung

Kopiermöglichkeiten:
- ▨ Kopieren von einer Diskette/Festplatte auf eine andere.
  `COPY C:*.* A:`
- ▨ Kopieren von einem Verzeichnis in ein anderes.
  `COPY C:\TEXTE\*.* \BRIEFE`
- ▨ Kopieren auf demselben Laufwerk und Verzeichnis mit neuem Namen.
  `COPY BRIEF.TXT BRIEFNEU.TXT`
- ▨ Zusammenfügen von mehreren Dateien zu einer Datei. Details siehe weiter hinten in diesem Kapitel.
- ▨ Kopieren zu einem Gerät (zum Beispiel Drucker).
  `COPY BRIEF.TXT PRN`
- ▨ Kopieren von einem Gerät (zum Beispiel Tastatur). Details siehe unten.

Kopieren von Dateien

▨ Alle Angaben, die sich auf das Standardlaufwerk oder das momentane Verzeichnis beziehen, können entfallen. DOS setzt dafür die Standardwerte ein.

▨ Fehlt die Zielangabe, wird die Kopie im momentanen Verzeichnis auf der Diskette/Festplatte im Standardlaufwerk abgespeichert und erhält den gleichen Namen, das gleiche Anlagedatum und die gleiche Anlagezeit wie die Ausgangsdatei.

▨ Wenn sich in diesem Fall die Ausgangsdatei im Standardlaufwerk befindet, wird **COPY** beendet und DOS zeigt die Fehlermeldung:

```
Datei kann nicht auf sich selbst kopiert werden!
0 Datei(en) kopiert!
```

Die Befehlszusätze /A und /B

Die Befehlszusätze **/A** und **/B** verhalten sich unterschiedlich, je nachdem, ob sie dem Ausgangs- oder dem Zieldateinamen folgen.

Sie beziehen sich immer auf den vorhergehenden Dateinamen und auf alle folgenden, bis ein anderer Zusatz **/A** oder **/B** im Befehl auftritt.

ASCII-Dateien kopieren mit /A

Standardeinstellung beim Verknüpfen und Kopieren von und zu einem Gerät.

/A hinter Quelldateinamen: Die Datei wird kopiert bis zur ersten auftretenden Dateiendemarke (EOF, Strg-Z, Code 26, 1Ah). Alle Informationen hinter der Dateiendemarke werden ignoriert.

```
COPY BRIEF.TXT /A BRIEF2.TXT
```

/A hinter Zieldateinamen: An die Zieldatei wird nach dem Kopieren eine Dateiendemarke angehängt.

Binäre Dateien kopieren mit /B

Standardeinstellung beim normalen Kopieren.

/B hinter Quelldateinamen: Die gesamte Datei, einschließlich eventuell vorhandener Dateiendemarken, wird kopiert.

```
COPY RECHNG.COM /B RECHNG2.COM
```

/B hinter Zieldateinamen: An das Ende der Zieldatei wird keine Dateiendemarke gesetzt.

Kopieren von der Tastatur in eine Datei

```
COPY CON TEXT.BAT
```

Danach können über die Tastatur die Textzeilen eingegeben werden. Nach ⏎ wird jede Zeile gespeichert.

Die Eingabe wird beendet durch Betätigen von [Strg]+[Z] oder [F6] und dann ⏎.

Datum und Zeit ändern beim Kopieren

Durch folgende Form können Datum und Zeit beim Kopieren auf die momentanen Systemwerte eingestellt werden.

```
COPY /B DATEI.TXT+ C:
```

Die Datei DATEI.TXT wird in sich selbst kopiert; durch das Pluszeichen wird simuliert, daß **COPY** mehrere Dateien zusammenhängt, wobei jedoch nur eine Datei angegeben ist.

Wichtig ist der Zusatz /**B**, da beim Zusammenfügen /**A** die Standardeinstellung ist.

Anmerkungen

■ Falls auf dem Ziellaufwerk und -verzeichnis schon eine Datei mit dem Zieldateinamen vorhanden ist, wird diese überschrieben.

■ Obwohl Aufzeichnungsfehler bei **COPY** selten vorkommen, ermöglicht der Zusatz /V die Überprüfung der korrekten Aufzeichnung kritischer Daten; ebenso bewirkt er ein langsameres Ablaufen des Befehls **COPY**, da DOS jeden auf der Diskette/Festplatte aufgezeichneten Eintrag überprüfen muß.

■ Wenn DOS einen Schreibvorgang nicht verifizieren kann, erfolgt eine Fehlermeldung.

■ Zum Kopieren aller Dateien eines Verzeichnisses oder Unterverzeichnisses sollte der Befehl **XCOPY** verwendet werden (siehe weiter hinten in diesem Kapitel).

Beispiele

COPY TIER.TYP C:\RAUBTIER
kopiert eine Datei mit dem Namen TIER.TYP vom Standardlaufwerk und momentanen Verzeichnis auf ein anderes Verzeichnis im Laufwerk C mit dem Namen RAUBTIER.

COPY C:\TEXTE*.* \BRIEFE
kopiert alle Dateien aus dem Verzeichnis \TEXTE im Laufwerk C in das Verzeichnis \BRIEFE im selben Laufwerk.

COPY BRIEF.TXT PRN
kopiert den Inhalt der Datei BRIEF.TXT zum Drucker und druckt ihn damit aus.

Sonderfall: Dateien zusammenfügen   COPY

COPY ermöglicht auch das Zusammenfügen von mehreren Dateien zu einer weiteren Datei.

COPY *quelldatei1* **+ [***quelldatei2*[**+...+** *quelldateiN*]] [*zieldatei*] [/**V**] [/**A**] [/**B**]

- *quelldatei1* : Ist die erste Datei, die mit den nächsten angegebenen zusammengefügt werden soll.
- *quelldatei2*: Ist die zweite Datei, die an die erste angefügt werden soll.
- *quelldateiN*: Sind weitere Dateien, deren Inhalt hinten angefügt werden soll.
- *zieldatei*: Gibt den Namen der Datei an, in die alle anderen hintereinander gespeichert werden sollen.

Alle Dateinamen können wie üblich aus Laufwerks- und Pfadangabe sowie Dateiname bestehen.

- **/V /A /B**: Details zu diesen Zusätzen siehe weiter vorne bei **COPY**.

Beschreibung

Diese Form von **COPY** bewirkt, daß die Dateien *quelldatei1*, *quelldatei2* usw. bis *quelldateiN* nacheinander in die Datei mit dem Dateinamen *zieldatei* kopiert werden.

Falls der Zieldateiname *zieldatei* fehlt, werden die Dateien unter dem ersten Dateinamen zusammenkopiert.

Anmerkungen

Bei den Dateinamensangaben können auch Stellvertreterzeichen verwendet werden. In diesem Fall werden alle Dateien mit passendem Dateinamen in der Reihenfolge, in der DOS sie findet, in die Zieldatei kopiert (siehe Beispiele).

Es sollten keine Dateien zusammengefügt werden, bei denen einer der Ausgangsdateinamen den gleichen Namen und die gleiche Erweiterung wie die Zieldatei hat. In diesem Fall ist die Ausgangsdatei schon verändert, bevor sie für das Kopieren verwendet wird (siehe Beispiele).

Beim Zusammenfügen von Dateien ist der Befehlszusatz **/A** die Standardeinstellung.

Achtung! Dateien dürfen nicht mit Stellvertreterzeichen zusammengefügt werden, wenn eine der Ausgangsdateien die gleiche Dateinamenserweiterung wie die Zieldatei hat. Wenn zum Beispiel die Datei GESAMT.TXT bereits existiert, führt der folgende Befehl zu einem Fehler:

```
COPY *.TXT GESAMT.TXT
```
Dieser Fehler würde jedoch erst entdeckt, wenn GESAMT.TXT angefügt werden soll. Zu diesem Zeitpunkt ist die Datei aber möglicherweise bereits verändert. **COPY** vergleicht den Namen der jeweiligen Ausgangsdatei (Eingabe) mit dem der Zieldatei. Wenn beide Namen gleich sind, wird die betreffende Ausgangsdatei übergangen und die Fehlermeldung
```
Inhalt der Zieldatei beim Kopiervorgang verloren!
```
ausgegeben. Die Zusammenfügung der weiteren Dateien läuft jedoch normal ab. Im folgenden Beispiel werden alle Dateien, die dem Muster *.TXT entsprechen, mit Ausnahme der Datei GESAMT.TXT, an diese angehängt:
```
COPY GESAMT.TXT + *.TXT
```

Beispiele

```
COPY EINFG.BER+HAUPT.BER+B:ZUS.BER BERICHT
```
bewirkt, daß die Dateien EINFG.BER, HAUPT.BER und B:ZUS.BER zusammengefügt und in der Datei BERICHT im Standardlaufwerk gespeichert werden.

Wird keine Zieldatei angegeben, werden die Dateien unter dem ersten Dateinamen zusammenkopiert.

```
COPY EINFG.BER+HAUPT.BER+B:ZUS.BER
```
bewirkt, daß die Dateien EINFG.BER, HAUPT.BER und B:ZUS.BER in der Datei EINFG.BER zusammengefügt werden. Beim Zusammenfügen von Dateien können auch Stellvertreterzeichen verwendet werden:

```
COPY *.TXT B:SAMMEL.TXT
```
faßt alle Dateien mit der Dateinamenserweiterung .TXT in der Datei B:SAMMEL.TXT zusammen.

```
COPY *.TXT + *.REF *.DRU
```
Hier wird jede Datei, die dem Muster *.TXT entspricht, mit der entsprechenden .REF-Datei zusammengefügt. Das Ergebnis ist eine Datei mit demselben Dateinamen, aber mit der Erweiterung .DRU. So würde beispielsweise DATEI1.TXT mit DATEI1.REF vereinigt und als DATEI1.DRU abgelegt. Desglei-

chen wird XYZ.TXT mit XYZ.REF vereinigt und als XYZ.DRU abgelegt usw.

```
COPY *.TXT + *.REF SAMMEL.DRU
```
führt alle Dateien, die dem Muster *.TXT entsprechen und alle Dateien, die dem Muster *.REF entsprechen, zusammen und legt das Ergebnis in einer Datei SAMMEL.DRU ab.

Dateien kopieren — XCOPY extern

XCOPY dient zum Kopieren von Dateien und Verzeichnissen mit eventuell darin vorhandenen Unterverzeichnissen/Dateien. Er ist eine Alternative zu **COPY** und zu **DISKCOPY** und ermöglicht schnelles Kopieren von gesamten Disketten oder Unterverzeichnissen in mehreren Ebenen.

XCOPY [*lw1:*][*pfad1*]*dateiname1* [*lw2:*][*pfad2*][*dateiname2*] [/**D**:*datum*] [/**A**] [/**M**] [/**P**] [/**S**] [/**E**] [/**V**] [/**W**]

oder (anstelle *dateiname1* wird *lw1:* angegeben)

XCOPY *lw1:*[*pfad1*][*dateiname1*] [*lw2:*][*pfad2*][*dateiname2*] [/**D**:*datum*] [/**A**] [/**M**] [/**P**] [/**S**] [/**E**] [/**V**] [/**W**]

- *lw1:* Ist das Ausgangslaufwerk.
- *pfad1*: Gibt das zu kopierende Verzeichnis an.
- *dateiname1*: Ist die Ausgangsdatei.

Fehlt diese Option, wird das momentane Verzeichnis mit dem Standarddateinamen *.* benutzt. Mindestens ein Ausgangsparameter (*laufwerk1* oder *dateiname1*) muß angegeben werden.

- *lw2:* Ist das Ziellaufwerk.
- *pfad2*: Ist das Verzeichnis, in das kopiert werden soll.
- *dateiname2*: Gibt die Zieldatei(en) an.

Wird kein Zielparameter angegeben, geht **XCOPY** davon aus, daß die Dateien in das momentane Verzeichnis kopiert werden sollen.

- /**D**:*datum*: Kopiert die Ausgangsdateien, die am angegebenen Datum oder später geändert wurden. Das Datumsformat hängt vom Landescode ab, der mit **COUNTRY** gewählt wurde (siehe 8.5). Details zum Datum siehe auch bei der Beschreibung des Befehls **DATE** (siehe 7.3).

▪ **/A**: Dient dazu, Ausgangsdateien mit gesetztem Archivierungsbit zu kopieren. Das Archivierungsbit der Ausgangsdatei wird dabei nicht verändert. Das Archivierungsattribut wird mit **ATTRIB** eingestellt (siehe 5.6).

▪ **/M**: Dient wie der Befehlszusatz **/A** dazu, archivierte Dateien zu kopieren. Er setzt aber darüber hinaus das Archivierungsbit in der Ausgangsdatei auf 0 zurück. Das Archivierungsattribut wird mit **ATTRIB** eingestellt (siehe 5.6).

▪ **/P**: Fragt bei jeder Datei, ob sie tatsächlich kopiert werden soll. [J] oder [N] eingeben.

▪ **/S**: Kopiert Verzeichnisse und Unterverzeichnisse niedrigerer Ebenen, wenn sie nicht leer sind. Wird der Befehlszusatz nicht verwendet, kopiert **XCOPY** nur die Dateien eines Verzeichnisses.

▪ **/E**: Bewirkt, daß Unterverzeichnisse kopiert werden, auch wenn sie leer sind. **/E** muß zusammen mit dem Befehlszusatz **/S** eingegeben werden.

▪ **/V**: Bewirkt, daß jede Datei beim Kopieren in die Zieldatei geprüft wird, um sicherzustellen, daß der Inhalt der Ausgangs- und Zieldatei identisch ist.

▪ **/W**: Bewirkt, daß vor dem Kopieren der Dateien kurz angehalten und die folgende Meldung angezeigt wird:
Eine beliebige Taste drücken, um das Kopieren der Datei(en)zu starten

Damit können die gewünschten Disketten eingelegt werden. Zum Fortfahren eine beliebige Taste betätigen oder mit [Strg]+[C] oder [Strg]+[Untbr] abbrechen.

Beschreibung

▪ Falls **/S** nicht angegeben wird, kann nur innerhalb eines Verzeichnisses kopiert werden.

▪ Ist ein zu kopierendes Verzeichnis im Ziellaufwerk nicht vorhanden, wird es automatisch erstellt.

▪ **XCOPY** prüft nicht, ob der Speicherplatz auf der Zieldiskette ausreicht, um alle zu kopierenden Dateien aufzunehmen.

Falls **XCOPY** nicht eindeutig feststellen kann, ob als Ziel ein Verzeichnis oder eine Datei angegeben ist, erscheint:
```
Ist das Ziel %1 ein Dateiname oder ein Verzeichnisname
(D=Datei, V=Verzeichnis)?
```
D kopiert in eine Datei,

V legt ein Verzeichnis an und kopiert in dieses hinein.

Wenn ein Verzeichnis kopiert werden soll, muß auch das Ziel des Kopiervorgangs ein Verzeichnis sein.

Wenn mehrere hierarchisch organisierte Dateien kopiert werden sollen, müssen sie in ein Verzeichnis kopiert werden.

Wird der Zielname mit einem umgekehrten Schrägstrich (\) abgeschlossen, ist das Ziel ein Verzeichnis.

Anmerkungen

XCOPY sollte anstelle von **DISKCOPY** verwendet werden, falls auf einer Diskette Dateien in verschiedenen Unterverzeichnissen vorhanden sind und der gesamte Inhalt auf eine Diskette oder Festplatte mit unterschiedlichem Format kopiert werden soll.

DISKCOPY kopiert Disketten spurenweise; es ist daher erforderlich, daß Ausgangs- und Zieldisketten das gleiche Format haben.

Eine Pfadangabe (einschl. Laufwerk) darf nicht länger als 63 Zeichen sein (beginnend beim Stammverzeichnis).

XCOPY darf nicht verwendet werden, während **APPEND** /X aktiv ist (siehe 4.7).

XCOPY kann keine Dateien kopieren, die als geschützt auf der Quelldiskette/-festplatte abgelegt sind (z.B. die zwei Systemdateien IO.SYS und MSDOS.SYS).

XCOPY kann nicht auf die reservierten Einheitennamen COMx und LPTx angewendet werden.

Es können keine Dateien/Dateigruppen kopiert werden, die größer als der vorhandene Speicherplatz auf der Zieldiskette/-festplatte sind (siehe **BACKUP** 5.9).

Beendigungscodes

Code Funktion
0   Die Kopie wurde fehlerfrei durchgeführt.
1   Keine zu kopierenden Dateien gefunden.
2   Der Befehl **XCOPY** wurde vom Benutzer mit der Tastenkombination [Strg]+[C] oder [Strg]+[Untbr] abgebrochen.
4   Initialisierungsfehler. Der Fehler kann mehrere Ursachen haben: Entweder die Speicherkapazität reicht nicht aus oder es wurde ein ungültiges Laufwerk angegeben oder die Befehlssyntax ist fehlerhaft. Es kann auch sein, daß die Datei oder der Pfad nicht gefunden wurden.
5   Ein Interrupt-24-Fehler ist aufgetreten. Der Benutzer hat den Kopiervorgang nach Auftreten des Interrupt-24-Fehlers beim Lesen oder Schreiben auf einer Diskette oder Festplatte abgebrochen.

Der von **XCOPY** übergebene Beendigungscode kann für den Stapelverarbeitungsbefehl **IF ERRORLEVEL...** als Eingabe verwendet werden (siehe 9.7).

Beispiele

XCOPY A: B: /S /E
kopiert alle auf der Diskette in Laufwerk A enthaltenen Dateien und Unterverzeichnisse (auch die leeren) auf die Diskette in Laufwerk B.

XCOPY \DOS A: /S
kopiert alle Dateien und weiteren Unterverzeichnisse aus dem Verzeichnis \DOS auf die Diskette in Laufwerk A in das momentane Verzeichnis.

XCOPY \DOS A:\RETTEN /S
kopiert alle Dateien und weiteren Unterverzeichnisse aus dem Verzeichnis \DOS auf die Diskette in Laufwerk A in das Verzeichnis \RETTEN. Unterverzeichnisse von \DOS werden als Unterverzeichnisse von \RETTEN angelegt.

5.3 Dateien vergleichen

Zum Vergleichen von Dateien stehen zwei Befehle zur Verfügung. **COMP** vergleicht Dateien zeichenweise. **FC** kann zusätzlich auch Textdateien vergleichen, wobei die Struktur zeilenweise berücksichtigt wird.

Dateien vergleichen — COMP extern

COMP vergleicht zwei Dateien oder Dateigruppen miteinander und meldet, ob sie gleich oder unterschiedlich sind. Bei unterschiedlichen Dateien werden entweder verschiedene Dateigrößen oder voneinander abweichende Inhalte festgestellt.

COMP [*lw1:*][*pfad1*][*dateiname1*] [*lw2:*][*pfad2*][*dateiname2*] [/**D**] [/**A**] [/**L**] [/**N**=*zeilen*] [/**C**]

- *lw1:* Ist das Laufwerk.
- *pfad1*: Ist der Pfad.
- *dateiname1*: Ist der Dateiname der ersten Datei oder Dateigruppe.
- *lw2:* Ist das Laufwerk.
- *pfad2*: Ist der Pfad.
- *dateiname2*: Ist der Dateiname der zweiten Datei oder Dateigruppe.

Wird die zweite Angabe nicht eingegeben, nimmt **COMP** dafür die gleichen Angaben wie für die erste. In den Pfadnamen können auch Stellvertreterzeichen (*, ?) verwendet werden.

- /**D**: Zeigt die Unterschiede in dezimaler Schreibweise an.
- /**A**: Zeigt die Unterschiede mit ASCII-Zeichen an.
- /**L**: Zeigt die Zeilennummern mit den Unterschieden an.
- /**N**=*zeilen*: Vergleicht nur die angegebene Anzahl *zeilen* jeder Datei
- /**C**: Groß-/Kleinschreibung wird nicht berücksichtigt.

Beschreibung

■ Falls keine Parameter oder nur einer angegeben wurde, fordert DOS zur Eingabe der Parameter auf.

■ Falls der erste Dateiname nicht gefunden wird, fordert DOS zur Eingabe der Parameter auf.

■ DOS prüft zuerst die Dateigrößen. Falls die Dateien unterschiedliche Größen haben, bricht DOS die Prüfung ab und meldet

```
Dateien sind unterschiedlich groß
```

■ DOS vergleicht die Dateien Byte für Byte und meldet jede Stelle mit unterschiedlichen Informationen mit dem Inhalt in hexadezimaler Schreibweise wenn **/D** angegeben wurde.

```
Unterschied festgestellt nach Zeichen 4F
Datei 1 = 72
Datei 2 = 64
```

■ Nach zehn Unterschieden beendet **COMP** den Vergleich und zeigt die folgende Meldung an:

```
10 Unterschiede gefunden - Vergleich beendet!
```

■ Nach einem erfolgreichen Vergleich zeigt **COMP** die folgende Meldung an:

```
Dateivergleich identisch
```

■ Nach Beendigung des Vergleichs dieser beiden Dateien setzt **COMP** den Vergleich mit dem nächsten Dateienpaar, die mit den Angaben übereinstimmen, fort, und zwar so lange, bis keine Dateien mehr gefunden werden können, die mit der Option *dateiname1* übereinstimmen. Anschließend zeigt **COMP** folgende Meldung an:

```
Weitere Dateien vergleichen (J/N)?
```

J fragt weitere Dateien zum Vergleichen ab und vergleicht sie.

N beendet die Vergleiche.

Anmerkungen

■ Die Standardeinstellung für die Anzeige der Unterschiede ist hexadezimal.

■ Die Dateien können sich entweder auf dem gleichen oder auf verschiedenen Laufwerken oder auch in gleichen oder in verschiedenen Verzeichnissen befinden.

▓ Die beiden zu vergleichenden Dateigruppen können den gleichen Pfad und die gleichen Dateinamen haben, vorausgesetzt, sie befinden sich auf verschiedenen Laufwerken.
▓ Enthalten beide Optionen nur ein Laufwerk oder einen Pfadnamen ohne Dateiname, nimmt **COMP** an, daß der Dateiname *.* lautet.
▓ **COMP** prüft das letzte Byte der Dateien auf das Dateiendekennzeichen (Hexadezimal 1A). Bei fehlender Markierung erscheint die Nachricht:

EOF-Markierung nicht gefunden

▓ **COMP** kann nach dem Kopieren von Dateien benutzt werden, um zu prüfen, ob die Dateien richtig kopiert wurden.
▓ **COMP** berücksichtigt keine zeilenweise Struktur bei Textdateien; dazu kann **FC** verwendet werden.
▓ Zum Vergleichen von ganzen Disketten kann **DISKCOMP** verwendet werden (siehe 3.3).

Beispiel

COMP C:*.MUS B:*.BAK

COMP vergleicht jede Datei mit der Erweiterung .MUS im momentanen Verzeichnis des Laufwerks C mit jeder gleichnamigen Datei (jedoch mit der Erweiterung .BAK) im momentanen Verzeichnis des Laufwerks B.

Verweis

Disketten kopieren und vergleichen **3.3**.

Dateien vergleichen   FC
                          extern

FC (**F**ile **C**ompare) vergleicht zwei Dateien oder zwei Dateigruppen und zeigt den Unterschied zwischen ihnen an.
FC kann im Unterschied zu **COMP** Textdateien zeilenweise vergleichen.
Für ASCII-Vergleiche:

FC [*lw1:*][*pfad1*]*datei1* [*lw2:*][*pfad2*]*datei2* [/**A**] [/**C**] [/**L**] [/**Lb**n] [/**N**] [/**T**] [/**W**] [/*nnnn*]

Für binäre Vergleiche:

FC [*lw1:*][*pfad1*]*datei1* [*lw2:*][*pfad2*]*datei2* [/**B**] [/*nnnn*]

- *lw1:* Ist das Laufwerk.
- *pfad1*: Ist der Pfad.
- *datei1*: Ist der Name der ersten Datei oder Dateigruppe.
- *lw2:* Ist das Laufwerk.
- *pfad2*: Ist der Pfad.
- *datei2*: Ist der Name der zweiten Datei oder Dateigruppe.
- **/A:** Kürzt die Ausgabe eines ASCII-Vergleichs ab. Anstatt alle voneinander verschiedenen Zeilen anzuzeigen, zeigt **FC** nur die Zeilen an, mit denen unterschiedliche Bereiche beginnen und enden.
- **/B:** Erzwingt einen binären Vergleich beider Dateien. **FC** vergleicht die beiden Dateien byteweise, ohne zu versuchen, sie nach einer Fehlanpassung zu resynchronisieren. Die Fehlanpassungen werden wie folgt gedruckt

xxxxxxxx: yy zz

xxxxxxxx ist die Adresse des Bytepaares relativ zum Dateianfang. Adressen beginnen bei 00000000;
yy und zz sind nicht übereinstimmende Bytes aus *dateiname1* bzw. *dateiname2*. /**B** ist der Standardwert beim Vergleich von Dateien mit den Erweiterungen .EXE, .COM, .SYS, .OBJ, .LIB oder .BIN.

▪ **/C:** Bewirkt, daß während des Vergleichsvorgangs die Groß- und Kleinschreibung ignoriert wird. **FC** sieht dann alle Buchstaben der Datei als Großbuchstaben an.
▪ **/L:** Vergleicht die Dateien im ASCII-Modus. Dieser Zusatz ist der Standardwert für den Vergleich von Dateien, die nicht eine der Erweiterungen .EXE, .COM, .SYS, .OBJ, .LIB oder .BIN haben.
▪ **/Lb**n: Setzt den internen Zeilenpuffer auf n Zeilen. Die vorgegebene Länge des internen Puffers beträgt 100 Zeilen. Dateien mit einer größeren Anzahl von fortlaufenden unterschiedlichen Zeilen würden den Vergleich beenden.
▪ **/N:** Zeigt bei einem ASCII-Vergleich die Zeilennummern an.
▪ **/T:** Tabulatorzeichen werden nicht zu Leerstellen erweitert. Standard sind Tabulatorsprünge alle
8 Zeichen.
▪ **/W:** Veranlaßt **FC** »Leerräume« (Tabulatorzeichen und Leerstellen) während des Vergleichs zu komprimieren. Enthält eine Zeile viele Leerstellen oder Tabulatorzeichen nacheinander, werden diese Zeichen als ein einziger Leerraum angesehen. Obwohl **FC** »Leerraum« komprimiert, ignoriert er ihn nicht. Die beiden Ausnahmen sind Anfangs- und End- »Leerräume« in einer Zeile.
▪ /nnnn: Gibt die Anzahl der Zeilen an, welche über- einstimmen müssen, nachdem **FC** einen Unterschied zwischen den Dateien gefunden hat. Ist die Anzahl von übereinstimmenden Zeilen in den Dateien geringer als diese Zahl, zeigt **FC** die übereinstimmenden Zeilen als Unterschiede an. Standardwert ist 2.

Anmerkungen

▪ **FC** zeigt Unterschiede folgendermaßen:
Es zeigt den ersten Dateinamen an, gefolgt von den unter- schiedlichen Zeilen, dann die erste gleiche Zeile. Dann folgt der zweite Dateiname, gefolgt von den unterschiedlichen Zeilen, zuletzt die erste Zeile, die übereinstimmt.

```
***** test
   10: Zeile 1 verschieden
   11: Zeile 2 verschieden
```

```
    12:  Gleiche Zeile 3
***** test1
    10:  Unterschiedliche Zeile 1
    11:  Unterschiedliche Zeile 2
    12:  Gleiche Zeile 3
*****
```

FC benötigt viel Speicher (ausreichend für 100 Zeilen) als Zwischenspeicher zur Unterbringung der Textdateien. Sind die Dateien größer als der verfügbare Arbeitsspeicher, vergleicht **FC** nur so viel, wie in den Zwischenspeicher paßt. Falls die zu vergleichenden Dateizeilen im Zwischenspeicher in der Länge nicht übereinstimmen, unterbricht **FC** den Ablauf mit der Fehlermeldung:

```
Resynchronisation gescheitert. Dateien sind zu verschieden.
```

Wenn binäre Dateien größer als der verfügbare Speicherplatz sind, vergleicht **FC** beide Dateien vollständig, wobei der im Speicher befindliche Teil mit dem nächsten Teil von der Diskette oder Festplatte überlagert wird. Alle Unterschiede werden in der gleichen Weise ausgegeben wie bei Dateien, die ganz in den Arbeitsspeicher passen.

Beispiele

FC /A MONAT.BER VERKAUF.BER
vergleicht die beiden Textdateien MONAT.BER und VERKAUF.BER.

FC /B GEWINN.EXE EINNAHME.EXE
stellt bei den zwei Programmdateien GEWINN.EXE und EINNAHME.EXE fest, ob sie identisch sind.

5.4 Dateien löschen und wiederherstellen

Zum Löschen von Dateien steht **DEL** oder **ERASE** zur Verfügung. Beide Befehle sind identisch. Gelöschte Dateien können mit **UNDELETE** wiederhergestellt werden.

Dateien löschen — DEL (ERASE)
intern

DEL (oder **ERASE**) löscht im angegebenen Laufwerk und Verzeichnis alle Dateien mit dem entsprechenden Dateinamen.

DEL [*laufwerk:*][*pfad*]*dateiname* [/**P**]
oder
ERASE [*laufwerk:*][*pfad*]*dateiname* [/**P**]

- *laufwerk:* Ist das Laufwerk.
- *pfad*: Ist der Pfad, der die Datei(en) enthält.
- *dateiname*: Gibt die Datei oder die Gruppe von Dateien (bei Verwendung von Stellvertreterzeichen) an, die gelöscht werden sollen.
- /**P**: Fordert vor jedem Löschen zu einer Bestätigung auf.

Anmerkungen

- Mit Hilfe der Stellvertreterzeichen * und ? können mehrere Dateien gleichzeitig gelöscht werden. Diese Methode zum Löschen von Dateien ist zwar praktisch, kann jedoch auch gefährlich sein; es ist daher angebracht, Stellvertreterzeichen mit Vorsicht zu benutzen.
- **DEL** zeigt vor dem Löschen nicht die Dateien an, auf die ein Muster mit Stellvertreterzeichen zutrifft und die damit gelöscht werden.

Sinnvoll ist folgende Befehlseingabe:
```
DIR *.TXT
```
zeigt alle Dateien mit der Erweiterung .TXT an. Falls alle gelöscht werden sollen:

```
DEL [F3] ergibt DEL *.TXT
```
stellt sicher, daß beim Dateinamen kein Schreibfehler auftritt (siehe 1.4).

▪ Wird **/P** angegeben, wird vor jeder Löschung eine Sicherheitsabfrage durchgeführt.
```
<dateiname>     Löschen(J/N)?
```
[J] löscht die angezeigte Datei

[N] übergeht die Datei, die nächste Datei wird angezeigt

▪ Wenn als *dateiname* *.* eingegeben wird, erscheint die Frage:
```
Alle Dateien im Verzeichnis werden gelöscht!
Sind Sie sicher (J/N)?
```
[J] löscht alle Dateien auf der betreffenden Diskette oder Festplatte im momentanen oder angegebenen Verzeichnis,

[N] bricht das Löschen ab.

▪ Um alle Dateien in einem anderen Verzeichnis zu löschen, muß hinter **DEL** der Verzeichnisname eingegeben werden.

▪ Versehentlich gelöschte Dateien können mit **UNDELETE** wieder restauriert werden. Zur besseren Handhabung sollte eine Löschverfolgungsdatei mit **MIRROR** eingerichtet werden.

Beispiele

```
DEL URLAUB
```
löscht die Datei mit dem Namen URLAUB.

```
DEL URLAUB.*
```
löscht gleichzeitig alle Dateien mit dem Namen URLAUB (zum Beispiel URLAUB.FEB, URLAUB.APR usw.).

```
DEL \TEXTE\BRIEF*.TXT
```
löscht alle Dateien im Verzeichnis \TEXTE, die mit BRIEF beginnen und die Erweiterung .TXT haben.

```
DEL \TEXTE\BRIEF*.TXT /P
```
gibt vor jeder Löschung eine Sicherheitsabfrage aus.
```
\TEXTE\BRIEF1.TXT,    Löschen (J/N)?n
\TEXTE\BRIEF2.TXT,    Löschen (J/N)?
```

Verweise

Sondertasten und Zeilenspeicher **1.4.**, Löschverfolgungsdatei **3.2**, Dateien wiederherstellen **5.4**

Dateien wiederherstellen UNDELETE
extern

Mit dem Befehl können Dateien, die mit **DEL** oder **ERASE** gelöscht wurde, wieder hergestellt werden.

UNDELETE [[Laufwerk:][Pfad]Dateiname] [/**LIST**] [/**ALL**] [/**DT**] [/**DOS**]

▪ laufwerk: Gibt den Datenträger an.
▪ pfad: Verzeichnis, in das Dateien wiederhergestellt werden sollen.
▪ dateiname: Dateispezifikation der gelöschten Dateien
▪ /**LIST**: Listet alle Dateien auf, die wiederhergestellt werden können.
▪ /**ALL**: Stellt alle Dateien ohne eine Bestätigungsaufforderung wieder her. Es wird die Löschverfolgungsdatei verwendet.
▪ /**DT**: Stellt nur Dateien wieder her, die in der Löschverfolgungsdatei aufgezeichnet wurden.
▪ /**DOS**: Stellt die Dateien nur aufgrund der von MS-DOS bekannten Informationen wieder her (Verzeichnis und FAT). Bei jeder gefundenen Datei erfolgt eine Bestätigungsaufforderung.

Anmerkungen

▪ /**DT** und /**DOS** schließen sich als Parameter gegenseitig aus.
▪ Wird /**DOS** verwendet, wird eine vorhandene Löschverfolgungsdatei ignoriert.
▪ /**ALL** setzt vor jede gefundene und erfolgreich wiederhergestellte Datei das Zeichen »#«, wenn keine Löschverfolgungsdatei verwendet wird. Ist ein solcher Dateiname bereits vorhanden, wird versucht eines der Zeichen "#%&-0123456789ABCDEFGHIJKLMNOPQRSTUVWXYZ" zu

verwenden. Die Zeichen werden in der angegebenen Reihenfolge verwendet.

▪ Die Löschverfolgungsdatei wird mit **MIRROR** eingerichtet.

▪ **UNDELETE** kann keine gelöschten Verzeichnisse, bzw. Dateien aus gelöschten Verzeichnissen wiederherstellen. Es kann eventuelle versucht werden, mit **UNFORMAT** die Verzeichnisstruktur wiederherzustellen. Hierbei wird jedoch nur die oberste Hierachie und keine darunterliegenden Verzeichnisse wiederhergestellt. **UNFORMAT** ist jedoch mit Vorsicht anzuwenden, um unkontrollierte Datenverluste zu vermeiden.

▪ **UNDELETE** kann nicht unter der DOS-Shell angewendet werden, wenn die Programmumschaltung aktiviert wurde.

Anwendung

Anzeigen der wiederherstellbaren Dateien.

```
[C:\]undelete /list
Verzeichnis: C:\
Dateiangaben: *.*

   Die Löschverfolgungsdatei enthält  5 gelöstete Einträge.
   Von diesen sind bei   2 Dateien alle Zuordnungseinheiten verfügbar,
                         0 Dateien einige Zuordnungseinheiten verfügbar,
                         3 Dateien keine Zuordnungseinheiten verfügbar.

   Das MS-DOS-Verzeichnis enthält  465 gelöschte Dateien.
   Von diesen können  2 Dateien wahrscheinlich wiederhergestellt werden.

Die Löschverfolgungsdatei wird verwendet.

    ** TEXT003  BLD      4000 25.05.91 16:25    ...A  Deleted: 25.05.91 16:25
    ** TEXT002  BLD      4000 25.05.91 16:25    ...A  Deleted: 25.05.91 16:25
    ** TEXT001  BLD      4000 25.05.91 16:24    ...A  Deleted: 25.05.91 16:25
       AUTOEXEC BAK      1427 15.05.91 21:45    ...A  Deleted: 22.05.91 22:40
       MONEY    DAT      1391 15.05.91 19:28    ...A  Deleted: 22.05.91 22:39

  "*"  zeigt an, daß einige Zuordnungseinheiten der Datei verfügbar sind.
  "**" zeigt an, daß keine Zuordnungseinheiten der Datei verfügbar sind.
```

Alle gelöschten Dateien im aktuellen Verzeichnis wiederherstellen.

```
[C:\UNDEL]undelete
Verzeichnis: C:\UNDEL
Dateiangaben: *.*

  Die Löschverfolgungsdatei enthält    2 gelöschtete Einträge.
     Von diesen sind bei  2 Dateien alle Zuordnungseinheiten verfügbar,
                          0 Dateien einige Zuordnungseinheiten verfügbar,
                          0 Dateien keine Zuordnungseinheiten verfügbar.

   Das MS-DOS-Verzeichnis enthält    2 gelöschte Dateien.
     Von diesen können   1 Dateien wahrscheinlich wiederhergestellt werden.

Die Löschverfolgungsdatei wird verwendet.

     TEST     SYS      610 20.05.91 14:03   ...A  Deleted: 26.05.91 11:40
Alle Zuordnungseinheiten dieser Datei sind verfügbar. Wiederherstellen (J/N)?j

Datei erfolgreich wiederhergestellt.

     TEST     BAT     1515 22.05.91 22:04   ...A  Deleted: 26.05.91 11:40
Alle Zuordnungseinheiten dieser Datei sind verfügbar. Wiederherstellen (J/N)?
```

Alle gelöschten Dateien automatisch wiederherstellen.

```
[C:\UNDEL] undelete /all
Verzeichnis: C:\UNDEL
Dateiangaben: *.*

  Die Löschverfolgungsdatei enthält    2 gelöschtete Einträge.
     Von diesen sind bei  2 Dateien alle Zuordnungseinheiten verfügbar,
                          0 Dateien einige Zuordnungseinheiten verfügbar,
                          0 Dateien keine Zuordnungseinheiten verfügbar.

   Das MS-DOS-Verzeichnis enthält    3 gelöschte Dateien.
     Von diesen können   3 Dateien wahrscheinlich wiederhergestellt werden.

Die Löschverfolgungsdatei wird verwendet.

     TEST     SYS      610 20.05.91 14:03   ...A  Deleted: 26.05.91 11:42

Datei erfolgreich wiederhergestellt.

     TEST     BAT     1515 22.05.91 22:04   ...A  Deleted: 26.05.91 11:42

Datei erfolgreich wiederhergestellt.

[C:\UNDEL]
```

5.4

Die Dateien sollen über die DOS-Aufzeichnungen wiederhergestellt werden.

```
[C:\UNDEL]undelete /dos
Verzeichnis: C:\UNDEL
Dateiangaben: *.*

  Die Löschverfolgungsdatei enthält    4 gelöschte Einträge.
  Von diesen sind bei    4 Dateien alle Zuordnungseinheiten verfügbar,
                         0 Dateien einige Zuordnungseinheiten verfügbar,
                         0 Dateien keine Zuordnungseinheiten verfügbar.

    Das MS-DOS-Verzeichnis enthält    3 gelöschte Dateien.
    Von diesen können    2 Dateien wahrscheinlich wiederhergestellt werden.

Das MS-DOS-Verzeichnis wird verwendet.

   **  ?EXT008  BLD     4000 26.05.91 11:42   ...A
Die erste Zuordnungseinheit ist nicht verfügbar. Diese Datei kann mit UNDELETE
nicht wiederhergestellt werden.  Drücken Sie eine Taste, um fortzufahren.

       ?EST     BAT     1515 22.05.91 22:04   ...A  Wiederherstellen (J/N)?j
       Geben Sie den ersten Buchstaben des Dateinamens ein: ?EST    .BAT: T

Datei erfolgreich wiederhergestellt.

       ?EST     SYS      610 20.05.91 14:03   ...A  Wiederherstellen (J/N)?
```

Verweis

Mirror **3.2**

5.5 Dateien umbenennen

Dateien umbenennen — REN (RENAME)
intern

Mit **REN** können Dateien umbenannt werden.

REN [*laufwerk:*][*pfad*]*dateiname1 dateiname2*
oder
RENAME [*laufwerk:*][*pfad*]*dateiname1 dateiname2*

- *laufwerk:* Ist das Laufwerk der Datei.
- *pfad*: Ist der Pfad.
- *dateiname1*: Ist der bisherige Name.
- *dateiname2*: Ist der neue Name.

Beschreibung

- **REN** ändert die Namen aller Dateien, die mit *dateiname1* übereinstimmen.
- In jeder Dateinamens-Angabe können nach Belieben Stellvertreterzeichen (* oder ?) verwendet werden. Werden beim zweiten Dateinamen Stellvertreterzeichen verwendet, werden die entsprechenden Zeichenpositionen des ersten Namens nicht verändert.
- Falls ein Dateiname schon besteht, in den umbenannt werden soll, erscheint die Meldung:
  ```
  Doppelter Dateiname oder Datei nicht gefunden!
  ```
- Laufwerksbezeichnungen bei *dateiname2* werden nicht berücksichtigt, da nicht Dateien in verschiedenen Laufwerken umbenannt werden können.

Beispiele

```
REN *.TXT *.DOC
```
benennt alle Dateien, die mit der Erweiterung .TXT enden, in die Erweiterung .DOC um.

```
REN B:KAP10 TEIL10
```
benennt eine Datei mit dem Namen KAP10 (im Laufwerk B) in TEIL10 um. Die Datei mit dem neuen Namen TEIL10 bleibt auf der Diskette im Laufwerk B bestehen.

```
REN KAP1*.TXT ???2*.*
```
benennt alle Dateien KAP1 mit der Erweiterung .TXT so um, daß an der vierten Stelle 2 steht und alle anderen Zeichen unverändert bleiben.

```
REN \TEST\KAP1.TXT \TEST\KAP2.TXT
```
Erzeugt einen Fehler, da Verzeichnisnamen beim zweiten Dateinamen nicht verwendet werden können.

5.5

5.6 Dateiattribute

Dateiattribute kennzeichnen Dateien, so daß bestimmte Befehle sie nach diesen auswählen. Folgende Befehle nutzen Dateiattribute:

▪ Mit **ATTRIB** werden Dateiattribute gesetzt, gelöscht oder angezeigt.
▪ Mit **XCOPY** kann das Kopieren auf solche Dateien eingeschränkt werden, die das Archivierungsattribut gesetzt haben (siehe 5.2).
▪ Mit **BACKUP** und **RESTORE** können solche Dateien gesichert bzw. wiederhergestellt werden, die das Archivierungsattribut gesetzt haben (siehe 5.9).

Dateiattribute ändern — **ATTRIB** *extern*

Mit **ATTRIB** werden die Attribute für Schreibschutz und Archivierung von ausgewählten Dateien in einem Verzeichnis angezeigt oder geändert.

ATTRIB [+R][–R] [+A][–A] [+S][–S] [+H][–H]
[*laufwerk:*][*pfad*]*dateiname* [/**S**]

- **+**: Setzt das Attribut einer Datei.
- **–**: Löscht das Attribut einer Datei.
- **R**: Attribut einer schreibgeschützten Datei.
- **A**: Attribut einer zu archivierenden Datei.
- **S**: Attribut einer Systemdatei.
- **H**: Attribut einer versteckten Datei.
- *laufwerk:* Ist das Laufwerk.
- *pfad:* Ist der Pfad mit den gewünschten Dateien.
- *dateiname*: Ist der Dateiname der zu verändernden oder anzuzeigenden Datei(en). Hier können Stellvertreterzeichen verwendet werden.
- **/S**: Bewirkt, daß alle Dateien im momentanen Verzeichnis und in den Unterverzeichnissen verarbeitet werden.

Beschreibung

ATTRIB setzt Schreibschutz- und/oder Archivierungsattribute der Datei bzw. der Dateien, die angegeben sind.
Die Attribute dieser Dateien, die mit dem Dateinamen übereinstimmen, werden aufgrund der angegebenen Zusätze angezeigt und geändert.

ATTRIB *dateiname*

ohne Attributangabe werden die Attribute der angegebenen Dateien angezeigt.

```
    SH       C:\IO.SYS
    SH       C:\MSDOS.SYS
     R       C:\WINA20.386
A            C:\AUTOEXEC.BAT
A            C:\COMMAND.COM
A   S        C:\PCTRACKR.DEL
A   SHR      C:\MIRORSAV.FIL
A   R        C:\MIRROR.FIL
A   SH       C:\SD.INI
A            C:\TREEINFO.NCD
A            C:\CONFIG.SYS
```

Anmerkungen

▨ Die Einstellung des Schreibschutzattributs einer Datei verhindert ihr versehentliches Löschen oder Ändern.

▨ Bei den Befehlen **BACKUP**, **RESTORE** und **XCOPY** dient das Archivierungsattribut als Steuermechanismus. Mit den Optionen **+A** und **–A** können Dateien markiert werden, die bei folgenden Befehlen verwendet werden können:

    BACKUP   Sichert solche Dateien mit dem Zusatz /**M** (siehe 5.9).

    XCOPY   Kopiert solche Dateien mit den Zusätzen /**M** und /**A** (siehe 5.2).

▨ Dateiattribute S oder H müssen erst gelöscht werden, wenn andere Attribute bei dieser Datei gesetzt werden sollen. Wird trotzdem versucht, das Attribut zu setzen, wird eine Meldung ausgeben.

Beispiele

```
ATTRIB
```
zeigt die Attribute aller Dateien im aktuellen Verzeichnis
```
ATTRIB NEU88
```
zeigt die Attribute der Datei mit der Bezeichnung NEU88 auf dem Standardlaufwerk.

```
ATTRIB +R BERICHT.TXT
```
setzt das Schreibschutzattribut der Datei BERICHT.TXT.

```
ATTRIB -R B:\VERW\PETE /S
```
hebt den Schreibschutz im Verzeichnis \VERW\PETE in Laufwerk B sowie in den Dateien in sämtlichen Unterverzeichnissen auf.

Fallbeispiel: Es wird eine Diskette benötigt, die alle Dateien im Standardverzeichnis der Diskette im Laufwerk A enthält, mit Ausnahme der Dateien mit der Erweiterung .BAK (diese enthalten alte Kopien von bearbeiteten Dateien).

```
ATTRIB +A A:*.*
```
setzt das Archivierungsattribut für alle Dateien.

```
ATTRIB -A A:*.BAK
```
löscht das Archivierungsattribut für alle Dateien mit der Erweiterung .BAK.

```
XCOPY A: B: /M
```
kopiert alle Dateien mit gesetztem Archivierungsattribut von Laufwerk A nach B und setzt gleichzeitig das Archivierungsattribut der Quelldateien wieder zurück.
oder:
```
XCOPY A: B: /A
```
kopiert alle Dateien mit gesetztem Archivierungsattribut von Laufwerk A nach B und ändert das Archivierungsattribut nicht.

Verweise

Dateien kopieren und zusammenfügen **5.2**, Dateien sichern und aktualisieren **5.9**.

5.7 Datei öffnen beschleunigen

Alle Anwendungsprogramme müssen Dateien eröffnen. Das Eröffnen selbst kann, falls es sehr oft vorkommt, zeitaufwendig werden. **FASTOPEN** beschleunigt dieses Öffnen.

Datei öffnen beschleunigen **FASTOPEN**
extern/resident/nicht im Netz

FASTOPEN verkürzt die Zeit zum Eröffnen von häufig benutzten Dateien und Verzeichnissen.

FASTOPEN *laufwerk:*[[=*nnn*] [*laufwerk:*[=*nnn*]]
[...]] **/X**

■ *laufwerk:* Gibt das Laufwerk an, in dem sich die Dateien befinden.
■ *nnn*: Ist die Anzahl der Dateien pro Diskette oder Festplatte, über die Informationen gespeichert werden sollen. *nnn* ist eine Zahl zwischen 10 und 999, Standard ist 48.
■ **/X**: Bewirkt, daß die Puffer im Expanded Memory angelegt werden. Dieser muß LIM 4.0 entsprechen.

Beschreibung

■ Wird der Befehl in der CONFIG.SYS verwendet, muß
`INSTALL=FASTOPEN.EXE ....`
verwendet werden.
■ **FASTOPEN** merkt sich die genaue Stelle von Dateien und Verzeichnissen auf einer Festplatte zum raschen Zugriff.
■ Jedesmal, wenn eine Datei oder ein Verzeichnis geöffnet wird, speichert **FASTOPEN** den Namen und die Position. Wenn dann eine von **FASTOPEN** gespeicherte Datei oder ein Verzeichnis wieder geöffnet wird, verringert sich die Zugriffszeit.
■ In einer komplexen Verzeichnisstruktur kann unter normalen Umständen der Zugriff auf Dateien zeitraubend sein. Beim Ablauf von Anwendungsprogrammen, die mehrere Dateien verwenden (z.B. ein Datenbankprogramm), wirkt sich die zum

Öffnen und Schließen von Dateien benötigte Zeit nachteilig auf die Leistung des Computers aus.

Anmerkungen

FASTOPEN funktioniert nur auf Festplatten und kann nicht über ein Netz arbeiten. **FASTOPEN** kann gleichzeitig mit maximal 24 Festplatten verwendet werden. Für jede Festplatte kann **FASTOPEN** *nnn* Dateien oder Verzeichnisse speichern.

Die Angabe von *nnn* kann jeweils unabhängig voneinander angegeben werden.

FASTOPEN kann nur einmal aufgerufen werden. Um die Einstellungen für **FASTOPEN** zu ändern, muß DOS neu gestartet werden.

FASTOPEN benötigt einen Speicher von 48 Byte für jede gespeicherte Dateien- oder Verzeichnisstelle, die mit dem Parameter *nnn* angegeben wurde.

Wird der Parameter /**X** verwendet, muß der Treiber für Expanded Memory vor der Installation von **FASTOPEN** installiert werden.

FASTOPEN kann mit dem Installationsbefehl **INSTALL** bereits in der CONFIG.SYS-Datei installiert werden.

Der Wert von *nnn* hat nichts mit der Angabe **FILES=** in der CONFIG.SYS-Datei zu tun.

FASTOPEN darf nicht für Laufwerke, die mit den Befehlen **JOIN**, **SUBST** oder **ASSIGN** definiert wurden, sowie für Netzwerklaufwerke angewendet werden.

Der Wert von *nnn* muß größer als die Anzahl der vorhandenen Verzeichnisebenen sein.

Werden mehrere Laufwerke angegeben, darf *nnn* zusammen für alle Laufwerke den Wert von 999 nicht überschreiten.

FASTOPEN kann im Expanded Memory nicht ausgeführt werden, wenn:
- kein Speicherplatz mehr vorhanden ist,
- die Angabe von *nnn* zu groß ist,
- der Puffer eine EMS-Seite (16 Kbyte) überschreitet.

Achtung! Es gibt auf dem Markt viele Utilities, die die Dateistruktur von Festplatten reorganisieren, um den Zugriff zu beschleunigen, zum Beispiel PC-Tools oder SpeedDisk aus den Norton Utilities. Wenn diese Utilities gleichzeitig mit **FASTOPEN** verwendet werden, muß DOS anschließend neu gestartet werden, da die Werte, die **FASTOPEN** sich gemerkt hat, wahrscheinlich nicht mehr stimmen.

Beispiel

DOS soll sich die Position von bis zu 100 Dateien auf dem Laufwerk C merken:
```
FASTOPEN C:=100
```

Es sollen 100 Datei- und Verzeichnispuffer im Expanded Memory für die Festplatte C: eingerichtet werden:
```
FASTOPEN C:=100 /X
```

Die Installation des vorherigen Befehls soll in CONFIG.SYS vorgenommen werden.
```
INSTALL=C:\DOS\FASTOPEN.EXE C:=100 /X
```

5.8 Dateiinhalte anzeigen und drucken

Dateiinhalte können mit den verschiedensten Befehlen und Programmen angezeigt und gedruckt werden. Hier eine Übersicht der Befehle mit ihren Funktionen sowie Verweisen auf die Kapitel, in denen diese Befehle detailliert beschrieben werden.

Übersicht: Dateiinhalt anzeigen

TYPE zeigt eine Textdatei am Bildschirm an
(siehe 6.7). Der Inhalt einer Textdatei erscheint am Bildschirm. Die Anzeige kann mit [Pause] angehalten und mit einer beliebigen Taste fortgesetzt werden.

EDIT oder EDLIN ermöglicht das Bearbeiten von Textdateien
(siehe 10). Damit können Textdateien gelesen und verändert werden.

Übersicht: Dateiinhalt drucken

PRINT druckt den Inhalt einer Textdatei auf dem Drucker
(siehe 6.7). Der Ausdruck erfolgt im Hintergrund, so daß während des Druckens gearbeitet werden kann.

TYPE mit Datenumlenkung druckt eine Textdatei aus
(siehe 6.2). Mit Datenumlenkung können alle Bildschirmausgaben auf ein anderes Gerät wie zum Beispiel einen Drucker (oder eine Datei) umgelenkt werden.

COPY *dateiname* **PRN druckt auf dem Drucker**
(siehe 5.2). Kopieren zu einem Gerät wie dem Drucker druckt den Inhalt einer Textdatei aus.

Dateien von Anwendungsprogrammen drucken
Viele Dateien von Anwendungsprogrammen sind keine »reinen« Textdateien, sondern enthalten zusätzlich Steuerzeichen für bestimmte Funktionen. Solche Dateien lassen sich normalerweise nicht mit einem der o.a. Befehle ausdrucken, sondern sollten mit dem jeweiligen Anwendungsprogramm gedruckt werden.

5.9 Datensicherung

Sichern von Dateien und Disketten ist eine grundlegende Sache, da nie eine Garantie dafür vorhanden ist, daß Daten, die auf einer Diskette oder Festplatte gesichert sind, nicht versehentlich gelöscht oder zerstört werden können.

! Regelmäßige Datensicherung ist unbedingt zu empfehlen!

Übersicht: Datensicherung

Disketten kopieren mit DISKCOPY
(siehe 3.3). Disketten werden insgesamt kopiert und sollten an verschiedenen Stellen abgelegt werden. Festplatten können so nicht kopiert werden.

Dateien kopieren mit COPY
(siehe 5.2). Einzelne Dateien wie Text- oder Programmdateien können mit **COPY** auf Disketten gesichert werden. Diese Disketten werden an einem sicheren Platz abgelegt und stehen dann bei Bedarf noch zur Verfügung.

Dateien kopieren mit XCOPY
(siehe 5.2). **XCOPY** kopiert Dateien und Unterverzeichnisse. Damit kann eine vollständige Unterverzeichnisstruktur von einem Projekt auf eine Diskette kopiert werden, falls der Umfang nicht zu groß ist.

Dateien sichern mit BACKUP und RESTORE
(in diesem Kapitel). **BACKUP** sichert bei Bedarf den Inhalt einer gesamten Festplatte auf verschiedene Disketten und ist damit der einzige DOS-Befehl, der Kopien auf verschiedene Disketten verteilen kann. Damit können auch Dateien gesichert werden, die als einzelne Datei schon mehr Speicherplatz benötigen als auf eine Diskette paßt; Datenbankdateien können zum Beispiel oft so groß werden.

Wichtig:
Falls wichtige Dateien eines Projekts vor dem Löschen von der Festplatte auf Disketten gesichert werden, sollte man auf jeden Fall die Sicherungsdisketten kopieren (mit **DISKCOPY**), bevor die Daten von der Festplatte endgültig

gelöscht werden. Auch Disketten können fehlerhaft sein, und in diesem Fall wäre die ganze Datensicherung nutzlos gewesen.
Zur weiteren Sicherheit können mehrere Sätze von Disketten an verschiedenen Orten aufbewahrt werden.

Verweise

Disketten kopieren und vergleichen **3.3**, Dateien, Dateinamen **5.1**, Dateien kopieren und zusammenfügen **5.2**.

Dateien sichern — BACKUP
extern

BACKUP dient zum Anlegen einer Sicherungskopie einer oder mehrerer Dateien eines Datenträgers (Diskette oder Festplatte) auf einem anderen Datenträger. Diese Dateien können mit **RESTORE** (siehe weiter hinten) wiederhergestellt werden.

5.9

> **BACKUP** lw1:[pfad][dateiname1] lw2: [/S] [/M] [/A]
> [/**F**:größe] [/**D**:datum] [/**T**:zeit]
> [/**L**:[[laufwerk:][pfad]dateiname]]

■ lw1: Ist das Laufwerk, von dem Dateien gesichert werden sollen (muß angegeben werden).
■ pfad: Ist der Pfad mit den zu sichernden Dateien.
■ dateiname: Gibt die zu sichernden Dateien an. Hier können Stellvertreterzeichen verwendet werden.
■ lw2: Ist das Ziellaufwerk, auf dem die Dateien gesichert werden (muß angegeben werden).
■ /**S**: Bewirkt, daß auch die Unterverzeichnisse des angegebenen Verzeichnisses gesichert werden.
■ /**M**: Bewirkt, daß nur solche Dateien gesichert werden, die seit der letzten Sicherung geändert wurden. Dies wird durch das Archivierungsattribut bestimmt.
■ /**A**: Bewirkt, daß die neuen Sicherungskopien zusätzlich auf die Sicherungsdiskette aufgenommen werden. Die bisherigen Dateien werden nicht überschrieben.
■ /**F**:größe: Formatiert die Zieldiskette im angegebenen Format. Dazu ist es erforderlich, daß der DOS-Befehl **FORMAT**

geladen werden kann. Die Angaben für *größe* entsprechen denen des **FORMAT**-Befehls (siehe 3.2).

▪ **/D:***datum*: Nur die Dateien werden gesichert, die am angegebenen Datum oder später geändert wurden. Das Format der Datumsangabe richtet sich nach dem in CONFIG.SYS mit **COUNTRY** vorgenommenen Landescode.

▪ **/T:***zeit*: Nur die Dateien werden gesichert, die zu der angegebenen Zeit oder später geändert wurden. Je nach Landescode wird die Zeitangabe im 12- oder 24-Stundenformat vorgenommen.

▪ **/L:***dateiname*: Bewirkt, daß die Sicherung in der angegebenen Protokolldatei protokolliert wird. Wird keine Datei angegeben, wird im Stammverzeichnis der Diskette mit den zu sichernden Dateien eine Datei mit dem Namen BACKUP.LOG angelegt.

5.9 *Anmerkungen*

Sicherungs-Protokolldatei

▪ Eine Sicherungs-Protokolldatei hat folgendes Format:
  ▸ Erste Zeile: Datum und die Uhrzeit der Sicherung.
  ▸ Eine Zeile für jede gesicherte Datei mit Nummer der Sicherungsdiskette und Dateinamen.

```
16.6.1991   16:21:55
001   \TEXTE\BRIEFE\BRFORM.TXT
001   \TEXTE\BRIEFE\BRWERB.TXT
001   \TEXTE\BRIEFE\PROSWORD.DFV
001   \TEXTE\BRIEFE\BMTB0427.TXT
```

▪ Besteht bereits eine Sicherungs-Protokolldatei, fügt **BACKUP** den Eintrag an die Datei an.

▪ **/A** wird nicht akzeptiert, wenn Dateien vorhanden sind, die mit **BACKUP** von der DOS-Version 3.2 oder einer früheren Version gesichert wurden.

▪ **BACKUP** sichert auch Dateien von einer Diskette auf eine andere, auch dann, wenn die Disketten unterschiedliche Seitenanzahlen oder Sektoren haben.

▪ Bei der Sicherung zeigt **BACKUP** immer den Namen der Datei an, die gerade gesichert wird.

▓ Die gesicherten Dateien erscheinen nicht einzeln im Ziellaufwerk. **BACKUP** erstellt zwei Dateien mit den Namen BACKUP.XXX und CONTROL.XXX. XXX ist eine fortlaufende Numerierung, beginnend mit 001. Die Backup-Datei enthält alle Sicherungsdateien, die CONTROL-Datei, die Dateiinformationen wie Pfadbezeichnung, Dateiname und Dateinamenserweiterung.

▓ Sicherungsdisketten sollten immer gekennzeichnet und durchnumeriert werden, damit bei der Wiederherstellung von Dateien mit **RESTORE** keine Probleme auftreten.

▓ Falls Dateien in einem Netzwerk zusammen mit anderen Teilnehmern benutzt werden, können nur die Dateien gesichert werden, zu denen Zugang besteht.

▓ Alte Versionen des Befehls **RESTORE** (DOS 3.2 oder frühere Versionen) können nicht für Dateien verwendet werden, die mit Befehl **BACKUP** (ab Version 3.3) gesichert wurden.

▓ **BACKUP** löscht die alten Dateien auf einer Sicherungsdiskette vor dem Sichern von neuen Dateien, es sei denn, der Befehlszusatz /**A** wird verwendet.

▓ **BACKUP** sollte nicht verwendet werden, wenn vorher auf dem Laufwerk, in dem sich die zu sichernden Dateien befinden, die Befehle **ASSIGN**, **JOIN** oder **SUBST** angewendet wurden (siehe 4.8). Dann kann es vorkommen, daß die Dateien mit **RESTORE** nicht mehr wiederhergestellt werden können.

Beendigungscodes

Code Funktion
0   Das Programm wurde normal zu Ende geführt.
1   Es wurden keine Dateien gefunden bzw. gesichert.
2   Einige Dateien konnten aufgrund von Zugriffskonflikten nicht gesichert werden.
3   Das Programm wurde vom Benutzer abgebrochen.
4   Das Programm wurde aufgrund eines Fehlers abgebrochen.

Der von **BACKUP** übergebene Beendigungscode kann für den Stapelverarbeitungsbefehl **IF ERRORLEVEL...** als Eingabe verwendet werden (siehe 9.7).

Beispiele

```
BACKUP C:\BENUTZER\BACH A:
```
sichert alle im Verzeichnis \BENUTZER\BACH enthaltenen Dateien in Laufwerk C auf einer leeren, formatierten Diskette in Laufwerk A.

```
BACKUP C:\BENUTZER A: /S
```
sichert alle im Verzeichnis \BENUTZER und dessen Unterverzeichnissen enthaltenen Dateien.

Verweise

Laufwerke und Verzeichnisnamen **4.8**, Bedingungen und Sprünge **9.8**.

Dateien wiederherstellen — RESTORE
extern

5.9

RESTORE dient zur Wiederherstellung von Dateien, die mit **BACKUP** (vorheriger Abschnitt) gesichert wurden. Hiermit können Dateien auf ähnlichen oder verschiedenen Disketten oder Festplatten wiederhergestellt werden.

RESTORE *lw1:* [*lw2:*][*pfad*]*dateiname* [/**S**] [/**P**] [/**A**:*datum*] [/**B**:*datum*] [/**L**:*Zeit*] [/**E**:*zeit*] [/**M**] [/**N**] [/**D**]

- *lw1:* Ist das Laufwerk, das die gesicherten Dateien enthält.
- *lw2:* Ist das Laufwerk, auf dem Dateien wiederhergestellt werden sollen.
- *pfad*: Ist der Pfad für die Dateien, die wiederhergestellt werden sollen.
- *dateiname*: Gibt die Datei(en) oder das Namensmuster der Dateien an, die wiederhergestellt werden sollen. Stellvertreterzeichen können verwendet werden.
- /**S**: Die Dateien in Unterverzeichnissen werden auch wiederhergestellt.
- /**P**: Die Abfrage erscheint, ob schreibgeschützte Dateien, die der angegebenen Dateibezeichnung entsprechen, oder Dateien, die seit der letzten Sicherung geändert wurden, wiederhergestellt werden dürfen.

▪ **/A**:*datum*: Nur die am angegebenen Datum oder **später** geänderten Dateien werden wiederhergestellt.
▪ **/B**:*datum*: Nur die am angegebenen Datum oder **früher** geänderten Dateien werden wiederhergestellt.
▪ **/L**:*zeit*: Nur die zum angegebenen Zeitpunkt oder **später** geänderten Dateien werden wiederhergestellt.
▪ **/E**:*zeit*: Nur die zum angegebenen Zeitpunkt oder **früher** geänderten Dateien werden wiederhergestellt.
▪ **/M**: Nur die Dateien, die seit der letzten Sicherung geändert wurden, werden wiederhergestellt. Dies wird durch das Archivattribut festgestellt.
▪ **/N**: Nur die auf der Zieldiskette/Festplatte nicht mehr vorhandenen Dateien werden wiederhergestellt.
▪ **/D**: Zeigt nur die gesicherten Dateien auf den Sicherungsdisketten an ohne diese zurückzuspeichern.

Anmerkungen

▪ Nicht zurückgespeichert werden die Systemdateien IO.SYS, MSDOS.SYS. Zur Wiederherstellung der verborgenen Dateien ist der Befehl **SYS** zu verwenden.
▪ Der **RESTORE**-Befehl kann auch auf Sicherungen früherer Versionen des **BACKUP**-Befehles zurückgreifen.
▪ Für Laufwerke, die mit **SUBST**-, **JOIN**- oder **ASSIGN**- umgeleitet wurden, kann der Befehl nicht angewendet werden.
▪ **RESTORE** darf nicht ausgeführt werden, während **APPEND** aktiv ist (siehe 4.7).
▪ Die Sicherungsdateien können nur in das gleiche Verzeichnis zurückgespeichert werden, in dem sie vor der Sicherung gespeichert waren. Es wird sonst die Fehlermeldung
    WARNUNG. Keine Dateien zum Wiederherstellen gefunden.
ausgegeben.

Beendigungscodes

CodeFunktion
0   Normale Ausführung des Befehls
1   Es wurden keine wiederherzustellenden Dateien gefunden
3   Abbruch durch den Benutzer
4   Abbruch aufgrund eines Fehlers

Der von **RESTORE** übergebene Beendigungscode kann für den Stapelverarbeitungsbefehl **IF ERRORLEVEL...** als Eingabe verwendet werden (siehe 9.7).

Beispiel

```
RESTORE A: C:\SPITZ\INVEST.MNT
```
stellt die auf der Sicherungsdiskette in Laufwerk A enthaltene Datei INVEST.MNT im Verzeichnis \SPITZ des Laufwerks C wieder her.

Verweise
Suchpfade **4.7**, Laufwerke und Verzeichnisnamen zuordnen **4.8**, Bedingungen und Sprünge **9.8**.

Dateien aktualisieren REPLACE
extern

REPLACE dient zur Aktualisierung alter Dateiversionen. Dabei werden Dateien im Zielverzeichnis durch gleichnamige Dateien aus dem Ausgangsverzeichnis ersetzt und optional nicht vorhandene Dateien im Zielverzeichnis hinzugefügt.

REPLACE [*lw1:*][*pfad*]*dateiname1* [*lw2:*][*pfad2*] [/**A**] [/**P**] [/**R**] [/**S**] [/**W**] [/**U**]

▪ *lw1:* Ist das Laufwerk, von dem die Dateien aktualisiert werden.
▪ *pfad*: Ist der Pfad, von dem die Dateien aktualisiert werden.
▪ *dateiname1*: Gibt die Dateien an, die aktualisiert werden sollen. Dieser Dateiname kann Stellvertreterzeichen enthalten.
▪ *lw2*: Ist das Ziellaufwerk.
▪ *pfad2*: Ist der Zielpfad (ohne Dateiname).
▪ /**A**: Bewirkt, daß keine Dateien im Zielverzeichnis durch solche aus dem Ausgangsverzeichnis mit gleichen Namen ersetzt werden, sondern nur neue, noch nicht vorhandene, zusätzlich aufgenommen werden. /**A** darf nicht zusammen mit /**S** oder /**U** verwendet werden.
▪ /**P**: Verlangt eine Bestätigung, bevor eine Zieldatei endgültig durch die entsprechende Ausgangsdatei ersetzt wird oder eine Ausgangsdatei zusätzlich aufgenommen wird.

- **/R**: Kann schreibgeschützte Dateien ersetzen. Ohne **/R** führt der Versuch, eine schreibgeschützte Datei zu ersetzen, zu einer Fehlermeldung und zur Unterbrechung des Ersetzungsvorgangs.
- **/S**: Bewirkt, daß auch Unterverzeichnisse nach passenden Dateien durchsucht und diese dann ersetzt werden. Unterverzeichnisse des Ausgangsverzeichnisses können nicht automatisch durchsucht werden.

/S darf nicht zusammen mit **/A** verwendet werden.
- **/W**: Wartet darauf, daß eine Diskette eingelegt wird, bevor das Suchen nach Ausgangsdateien beginnt. Ansonsten wird sofort mit dem Ersetzen oder Hinzufügen von Dateien begonnen.
- **/U**: Dateien, die auf dem Quellaufwerk aktuellere Datums- und Zeitangaben haben, werden ersetzt.

Beschreibung

REPLACE führt (wahlweise) zwei Funktionen aus:
- Er ersetzt Dateien im Zielverzeichnis durch gleichnamige Dateien im Ausgangsverzeichnis.
- Mit **/A** fügt **REPLACE** jene Dateien, die zwar im Ausgangsverzeichnis, aber nicht im Zielverzeichnis stehen, zum Zielverzeichnis hinzu.

Anmerkung

Unsichtbare Dateien oder Systemdateien können mit **REPLACE** nicht aktualisiert werden (Systemdateien IO.SYS und MSDOS.SYS).

Beendigungscodes

Code Funktion
0   Befehl erfolgreich ausgeführt
2   Datei nicht gefunden
3   Pfad nicht gefunden
5   Zugriff verweigert
8   Arbeitsspeicherkapazität unzureichend
11 Fehler in der Befehlszeile
15 Ungültiges Laufwerk

Der von **REPLACE** übergebene Beendigungscode kann für den Stapelverarbeitungsbefehl **IF ERRORLEVEL...** als Eingabe verwendet werden (siehe 9.7).

Beispiel

REPLACE A:\TELENUM.KUN C:\ /S
bewirkt, daß jede Datei im Laufwerk C, die den Namen TELENUM.KUN trägt, mit der Datei TELENUM.KUN aus dem Stammverzeichnis der Diskette im Laufwerk A überschrieben wird. Dabei werden alle Unterverzeichnisse der Festplatte durchsucht und jede Datei mit diesem Namen ersetzt.

REPLACE A:*.DBS C:\WORD /A
bewirkt, daß das momentane Verzeichnis der Diskette im Laufwerk A nach Dateien mit der Dateinamenserweiterung .DBS durchsucht wird, die noch nicht im Verzeichnis \WORD der Festplatte enthalten sind. Diese Dateien werden zusätzlich in das Verzeichnis C:\MSTOOLS eingetragen. Damit können zum Beispiel zusätzliche Druckertreiberdateien von MS-Word von einer Diskette übertragen werden.

Verweis

Bedingungen und Sprünge **9.8**.

5.10 Daten retten

Daten retten — RECOVER
extern/nicht im Netz

RECOVER dient dazu, eine Datei oder eine Diskette mit fehlerhaften Sektoren zu retten.

RECOVER [*laufwerk:*][*pfad*]*dateiname*
oder
RECOVER [*laufwerk:*]

- *laufwerk:* Ist das zu prüfende Laufwerk.
- *pfad*: Ist der Pfad.
- *dateiname*: Ist der Dateiname einer Datei, deren Inhalt überprüft und gerettet werden soll.

Beschreibung

- **RECOVER** veranlaßt DOS, die angegebene Datei Sektor für Sektor zu lesen und dabei die fehlerhaften Sektoren zu überspringen. Wenn ein fehlerhafter Sektor gefunden ist, wird er markiert und in Zukunft nicht mehr mit Daten belegt.
- Jede Datei wird mit einem Namen FILExxxx.REC bezeichnet. xxxx zählt von 0001 ab durch.
- **Vorsicht: RECOVER** ändert alle Dateinamen der geprüften Dateien. Deshalb sollte es nur für solche Dateien verwendet werden, von denen sicher ist, daß sie nicht mehr in Ordnung sind.

Anmerkungen

- Falls beim Prüfen einer Diskette mit **CHKDSK** (siehe 3.2) ein fehlerhafter Sektor entdeckt wurde, kann mit **RECOVER** entweder der gesamte Disketteninhalt oder nur die Datei mit dem fehlerhaften Sektor gerettet werden.
- **RECOVER** funktioniert nicht im Netz von einer entfernten Arbeitsstation aus.

■ **RECOVER** funktioniert nicht auf Laufwerken, die bei den Befehlen **SUBST** oder **JOIN** verwendet werden (siehe 4.8).
■ Dateien können unter Umständen nicht so gerettet werden, daß sie wiederverwendbar sind. Zum Beispiel benötigt ein Datenbankprogramm Dateien in ganz bestimmtem Format. Falls hier ein Sektor mit wichtigen Daten defekt ist, kann die Datei nicht mehr verwendet werden.

Beispiel

RECOVER A:
rettet den Inhalt der Diskette im Laufwerk A.
Die Datei STIFT.AD sei aufgrund von fehlerhaften Sektoren beschädigt:

RECOVER STIFT.AD
rettet den intakten Inhalt der Datei STIFT.AD. Diese Datei erhält den Namen FILE0001.REC.

Verweise

Gelöschte Dateien wiederherstellen **5.4**, Formatierte Datenträger wiederherstellen **3.2**

Kapitel 6:

EIN- UND AUSGABE

6.1 Begriffe und Übersicht

Hier eine Übersicht der Begriffe, die mit der Ein- und Ausgabe unter DOS im Zusammenhang stehen.

Begriffe

Standardeingabe
Das Gerät, über das die Standardeingabe durchgeführt wird, ist die Tastatur. Falls bei einem Befehl nichts anderes angegeben wird, erwartet er seine Eingaben über die Tastatur.

Standardausgabe
Das Gerät für die Standardausgabe ist der Bildschirm. Falls nichts anderes angegeben wird, erscheinen die Ausgaben eines Befehls auf dem Bildschirm, außer der Befehl hat die Aufgabe, auf einem anderen Gerät etwas auszugeben.

Datenumleitung
Die Ein- und Ausgabewege von Befehlen können bei Bedarf zu einem anderen Gerät umgeleitet werden (siehe 6.2).
Damit können zum Beispiel
▶ Eingaben aus einer Datei anstelle der Tastatur erfolgen,
▶ Ausgaben in eine Datei oder zu einem Drucker anstelle des Bildschirms erfolgen.
Häufig wird auch der Begriff I/O-Umleitung verwendet.

Befehlsverkettung
Befehlsverkettungen haben die Aufgabe, die Ausgabe eines Befehls oder Programms als Eingabe für einen zweiten Befehl zu benutzen (siehe 6.3).

Filter
Filter verarbeiten die Ausgabe eines Programms, indem sie sie sortieren (siehe 6.6), nach einer angegebenen Zeichenfolge suchen (siehe 6.4) oder die Ausgabe von Daten nach jeder Bildschirmseite anhalten (siehe 6.5).

DOS-Gerätenamen
DOS kennt folgende Gerätenamen:

CON	Konsole (für Eingabe=Tastatur, Ausgabe=Bildschirm)
PRN	Gibt den Standarddrucker LPT1 an
LPT1	Erster Drucker an der Parallelschnittstelle
LPT2	Zweiter Drucker
LPT3	Dritter Drucker
AUX	Gibt die Standard-Seriellschnittstelle an
COM1	Erste serielle Schnittstelle
COM2	Zweite serielle Schnittstelle
COM3	Dritte serielle Schnittstelle (ab DOS 3.3)
COM4	Vierte serielle Schnittstelle (ab DOS 3.3)
NUL	Null-Gerät. Ausgaben verschwinden im Nichts.

Übersicht: Dateien zum Ein- und Ausgeben

Textdateien
Textdateien sind solche Dateien, die zeilenweise Texte enthalten. Die einzelnen Zeilen sind durch Wagenrücklauf- (Carriage Return) und Zeilenvorschubzeichen (Line Feed) voneinander getrennt. Solche Textdateien können am Bildschirm angezeigt, auf einem Drucker gedruckt und gelesen werden (Bsp. CONFIG.SYS und AUTOEXEC.BAT).

Binäre Dateien
Binäre Dateien sind Dateien, die eine nicht unmittelbar lesbare Folge von Bytes enthalten. Meistens handelt es sich dabei um Befehls-/Programmdateien oder spezielle Datendateien.

Eingaben in Dateien

Befehlsausgaben als Eingaben für Dateien
Mit Hilfe von Datenumleitung können Ausgaben von Befehlen als Eingaben für Dateien verwendet werden (siehe 6.2).

Dateien bearbeiten mit EDIT
Mit dem Editorprogramm **EDIT** können neue Textdateien erstellt und Inhalte von Textdateien angezeigt und verändert werden (siehe 10.1). Mit dem zweiten Editor **EDLIN** können

Dateien ebenfalls bearbeitet werden, dieser sollte jedoch aufgrund seiner umständlichen Handhabung nur im Ausnahmefall verwendet werden.

Übersicht: Dateiinhalt anzeigen

TYPE zeigt eine Textdatei am Bildschirm an
(siehe 6.7). Der Inhalt einer Textdatei erscheint am Bildschirm. Die Anzeige kann bei großen Dateien mit [Strg]+[S] bzw. [Pause] angehalten und mit einer beliebigen Taste fortgesetzt werden.

EDIT ermöglicht das Bearbeiten von Textdateien
(siehe 10.1). Damit werden Textdateien gelesen und können verändert werden.

Übersicht: Dateiinhalt drucken

PRINT druckt den Inhalt einer Textdatei auf dem Drucker
(siehe 6.7). Der Ausdruck geschieht im Hintergrund, so daß während des Druckens am Computer gearbeitet werden kann.

TYPE mit Datenumlenkung druckt eine Textdatei aus
(siehe 6.2). Mit Datenumlenkung können alle Bildschirmausgaben auf ein anderes Gerät wie zum Beispiel einen Drucker (oder eine Datei) umgelenkt werden.

COPY *dateiname* **PRN druckt auf dem Drucker**
(siehe 5.2). Kopieren zu einem Gerät wie dem Drucker druckt den Inhalt einer Textdatei aus.

EDIT druckt die aktuelle Datei
Über den Texteditor kann die aktuell in Arbeit befindliche Datei ausgedruckt werden. (siehe 10.1)

Dateien von Anwendungsprogrammen drucken
Viele Dateien von Anwendungsprogrammen sind keine »reinen« Textdateien, sondern enthalten zusätzlich Steuerzeichen für bestimmte Funktionen. Solche Dateien lassen sich in der Regel nur über das jeweilige Anwendungsprogramm ausdrucken.

6.2 Datenumleitung

Normalerweise erhält DOS die Eingaben über die Tastatur und liefert die Ausgaben an den Bildschirm. Diese Eingabe- und Ausgabewege von Befehlen können umgeleitet werden.
Zum Beispiel kann bestimmt werden:
- daß eine Eingabe nicht über die Tastatur, sondern aus einer Datei erfolgen soll,
- daß das Ergebnis eines Befehls nicht am Bildschirm angezeigt, sondern in einer Datei abgespeichert oder über einen Drucker ausgegeben werden soll.

Ausgabeweg ändern >, >>

In der Regel erfolgt die Ausgabe am Bildschirm. Mit **>** kann jedoch der Ausgabeweg geändert und die Ausgabe in eine Datei oder an ein anderes Gerät geschickt werden.

Ausgabe zu einem Gerät:

befehl > gerät

Ausgabe in eine neue Datei:

befehl > dateiname

Ausgabe in einer Datei hinten anhängen:

befehl >> dateiname

- *befehl*: Ist ein Befehl, dessen Ausgabe zu einem anderen Weg geändert werden soll.
- *gerät*: Gibt ein Gerät an, zu dem die Ausgabe geschickt werden soll.
- *dateiname*: Gibt die Datei an, in die die Ausgabe gespeichert werden soll.

Beschreibung

■ **>** speichert die Ausgabe des vorhergehenden Befehls in der angegebenen Datei. Falls die Datei schon existiert, wird sie überschrieben.

■ **>>** speichert die Ausgabe in der angegebenen Datei, allerdings wird sie hinten an den bereits bestehenden Inhalt der Datei angehängt. Ein vorheriger Inhalt wird nicht überschrieben. Falls die Datei noch nicht existiert, wird sie neu erstellt.

Beispiele

DIR
gibt ein Verzeichnis am Bildschirm aus.

DIR > DIRDATEI
speichert die Ausgabe des Verzeichnisses in der Datei DIRDATEI. Der vorherige Inhalt von DIRDATEI wird überschrieben.

DIR >> DIRDATEI
speichert das ausgegebene Verzeichnis in der Datei DIRDATEI. Das Verzeichnis wird zusätzlich zum bisherigen Inhalt der Datei DIRDATEI gespeichert, indem es am Schluß der Datei angehängt wird.

DIR > PRN
gibt das Verzeichnis auf den Drucker aus.

Eingabeweg ändern <

In der Regel erfolgt die Eingabe über die Tastatur. Mit **<** kann jedoch der Eingabeweg geändert werden und die Eingabe für einen Befehl aus einer Datei erfolgen.

befehl < dateiname

■ *befehl*: Ist ein Befehl oder ein Programm, dessen Eingabe von einer Datei geholt werden soll.
■ *dateiname*: Gibt die Datei an, von der die Eingabe geholt werden soll.

Anmerkungen

■ **Vorsicht**: Falls die Eingabe für ein Programm über Datenumleitung aus einer Datei kommt, muß sichergestellt werden, daß sich alle Eingaben für das Programm in der Datei befinden. Versucht das Programm, noch Daten zu erhalten, wenn die Datei schon zu Ende ist, erhält es die erforderlichen Eingaben nicht mehr und die Verarbeitung wird abgebrochen. Unter Umständen ist ein Warmstart erforderlich, falls sich das Programm mit [Strg]+[Untbr] nicht abbrechen läßt.

■ Bei Programmen, die Ihre Ein- und Ausgaben nicht über DOS-Systemaufrufe abwickeln, funktioniert die Datenumleitung nicht.

Beispiel

SORT < NAMEN > NAMLISTE

sortiert den Inhalt der Datei NAMEN und gibt die sortierte Ausgabe in eine Datei mit dem Namen NAMLISTE aus.

6.3 Filter und Befehlsverkettungen

Ein *Filter* ist ein Befehl, der Eingaben liest, sie irgendwie verwandelt und dann auf dem Bildschirm ausgibt. Die Eingabe wird also durch das Programm »gefiltert«.
DOS kennt drei Filter mit den folgenden Funktionen:

FIND Durchsucht eine Datei nach einem Text (siehe 6.4).
MORE Zeigt jeweils einen Bildschirm des Dateiinhalts an (siehe 6.5).
SORT Sortiert den Inhalt einer Datei in alphabetischer Reihenfolge (siehe 6.6).

Ein Ausgabeweg von einem Filter kann zu einer Datei umgeleitet oder durch eine Verkettung als Eingabe für einen anderen Filter verwendet werden.

Die Befehlsverkettung

▨ Soll die Ausgabe eines Befehls als Eingabe für einen anderen Befehl dienen, können diese Befehle unter DOS verkettet werden. Dazu folgen die beiden Befehle hintereinander und werden durch einen senkrechten Strich (|), der das Symbol für die Verkettung von Befehlen ist, voneinander getrennt.

▨ Der folgende Befehl bewirkt beispielsweise, daß das Verzeichnis, das **DIR** ausgibt, alphabetisch sortiert am Bildschirm angezeigt wird:

    DIR | SORT

Durch die Verkettung wird die gesamte Ausgabe des Befehls **DIR** (des Befehls auf der linken Seite des senkrechten Strichs) als Eingabe für den Befehl **SORT** (dem Befehl auf der rechten Seite des senkrechten Strichs) verwendet.

▨ Eine Befehlsverkettung kann auch mit einer Umleitung des Ausgabeziels verbunden werden, um damit die Ausgabe eines Befehls in eine Datei zu übertragen (siehe 6.2). Mit dem folgenden Befehl wird zum Beispiel auf der Diskette/Festplatte

im Standardlaufwerk eine Datei mit dem Namen DIREKT.LST angelegt, in die das alphabetisch sortierte Inhaltsverzeichnis übertragen wird:
```
DIR | SORT > DIREKT.LST
```
■ Es kann auch ein anderes als das Standardlaufwerk als Ausgabeziel festgelegt werden. Um die sortierten Daten in eine Datei mit dem Namen DIREKT.LST auf eine Diskette im Laufwerk B zu übertragen, muß der folgende Befehl eingegeben werden:
```
DIR | SORT > B:DIREKT.LST
```
■ Eine Befehlskette kann auch aus mehr als zwei Befehlen bestehen. Der folgende Befehl setzt sich zum Beispiel aus drei Einzelbefehlen zusammen.
```
DIR | SORT | MORE
```
Sie bewirken, daß das Verzeichnis alphabetisch sortiert und bildschirmweise angezeigt wird, wobei jeweils nach einem Bildschirminhalt am unteren Rand eine Meldung erscheint, wenn die Ausgabe noch nicht zu Ende ist.

■ Da die Filter **FIND**, **SORT** und **MORE** mit den anderen Befehlen auf vielfache Art und Weise verkettet werden können, lassen sie sich äußerst vielseitig einsetzen.

Anmerkung

Stapelverarbeitung **9**

6.4 Daten suchen

Daten suchen — FIND extern

FIND durchsucht eine oder mehrere Dateien oder die Ausgabe von einem Befehl nach einer bestimmten Zeichenfolge.

FIND [/V] [/C] [/N] [/I] "*zeichenfolge*" [*lw:*][*pfad*][*dateiname*]

oder als Filter

ausgang ı **FIND** [/V] [/C] [/N] [/I] "*zeichenfolge*"

▪ *ausgang*: Ist ein Befehl oder eine Datei mit Eingabeumleitung.
▪ **/V**: Bewirkt die Anzeige aller Zeilen, die die angegebene Zeichenfolge *nicht* enthalten.
▪ **/C**: Zeigt nur die Anzahl der Zeilen (und nicht die Zeilen selbst) in jeder Datei, die die gesuchte Zeichenfolge enthalten.
▪ **/N**: Zeigt vor jeder gefundenen Zeile ihre Zeilennummer in der Datei an.
▪ **/I**: Ignoriert Groß-/Kleinschreibung
▪ "*zeichenfolge*": Ist die zu suchende Zeichenfolge. Sie muß in Anführungszeichen eingeschlossen sein.
▪ *lw:* Ist das Laufwerk mit der Datei.
▪ *pfad*: Ist der Pfad.
▪ *dateiname*; Ist die Datei, die nach der Zeichenfolge durchsucht wird. Mehrere Dateien können – durch Leerzeichen getrennt – angegeben werden. Stellvertreterzeichen (*, ?) sind nicht zugelassen.

Beschreibung

FIND als Befehl mit Dateiname(n)

▪ **FIND** sucht in der oder den angegebenen Datei(en) nach der angegebenen Zeichenfolge. **FIND** durchsucht zunächst die im Befehl angegebenen Dateien und zeigt anschließend alle

Zeilen, welche die gesuchte Zeichenfolge enthalten, am Bildschirm an.

FIND als Filter

Wird kein Dateiname angegeben, wirkt **FIND** wie ein Filter. Es entnimmt die Eingabe der DOS-Standardeingabe (normalerweise von der Tastatur, von einer Befehlsverkettung oder mit umgeleitetem Eingabeweg von einer Datei) und zeigt alle Zeilen, die die gesuchte Zeichenfolge enthalten, am Bildschirm an.

Folgende Befehle haben dieselbe Auswirkung:
```
FIND "Mit freundlichen" BRIEF.TXT
TYPE BRIEF.TXT | FIND "Mit freundlichen"
FIND "Mit freundlichen" <BRIEF.TXT
```

Anmerkungen

Großbuchstaben und Kleinbuchstaben werden beim Suchen unterschieden.

Die Zeichenfolge in der Befehlszeile muß in doppelten Anführungszeichen stehen.

Enthält die Zeichenfolge selbst Anführungszeichen, muß jedes davon durch zwei Anführungszeichen angegeben werden. Beispiele:
```
"Zeichenfolge"
"er sagte: ""Guten Morgen"""
```

Wird **/C** zusammen mit **/V** angegeben, zeigt **FIND** die Anzahl von Zeilen an, welche die eingegebene Zeichenkette nicht enthalten.

Wird **/C** zusammen mit **/N** angegeben, ignoriert **FIND** den Zusatz **/N**.

Wird **/V** zusammen mit **/N** angegeben, werden die Zeilen und Zeilennummern angezeigt, die die Zeichenfolgen nicht enthalten.

Beispiele

```
FIND "automatisch" STIFT.AD
```
sucht in der Datei STIFT.AD alle Zeilen, die die Zeichenfolge »automatisch« enthalten, und zeigt sie an.

    DIR B: | FIND /V "Datum"

DOS zeigt alle Dateinamen aus dem Verzeichnis der Diskette in Laufwerk B an, die die Zeichenfolge »Datum« nicht enthalten.

    FIND "Er sagte: ""Öffnen Sie bitte!""" ANEK.DOC

sucht in der Datei ANEK.DOC die Zeichenfolge »Er sagte: "Öffnen Sie bitte!"«. Ein Anführungszeichen in der zu suchenden Zeichenfolge muß durch zwei Anführungszeichen angegeben werden.

    CHKDSK /V | FIND /N "ASK.PAS"
    Ergebnis:
    C:\TP\PAS\ASK.PAS
    C:\TP\SOFTTOOL\ASK.PAS

Die Ausgabe des Programms CHKDSK wird als Eingabedatei des Programms FIND verwendet. Dieses Programm wiederum sucht die Zeichenfolge "ASK.PAS" und zeigt alle gefundenen Begriffe an. Es kann so festgestellt werden, wie oft eine Datei auf dem Datenträger vorhanden ist.

6.4

6.5 Datenausgabe bildschirmweise

Daten bildschirmweise anzeigen — MORE
extern

MORE bewirkt die seitenweise Ausgabe einer Datei am Bildschirm. Damit können lange Dateien oder Verzeichnisse seitenweise am Bildschirm angezeigt werden.

MORE < *datei*
oder
ausgang | **MORE**

▪ *datei:* Ist eine Datei, die bildschirmweise angezeigt werden soll.
▪ *ausgang*: Ist ein Befehl, dessen Ausgabe bildschirmweise angezeigt werden soll.

Anmerkungen

▪ Sobald eine Bildschirmseite vollgeschrieben ist, bewirkt **MORE** eine Pause und zeigt am unteren Rand der Bildschirmseite die Meldung »-- Fortsetzung --« an. Nach Betätigen von ⏎ erscheint die nächste Seite usw.
▪ *ausgang* kann zum Beispiel der Befehl **DIR** (siehe 4.3), **TYPE** (siehe 6.7), **SORT** (siehe 6.6) oder eine Datei sein.
```
DIR | MORE
TYPE BRIEF.TXT | MORE
MORE < BRIEF.TXT
```
▪ Zur Zwischenspeicherung der Eingabedaten bis zur endgültigen Anzeige am Bildschirm legt **MORE** eine Zwischendatei auf der Diskette/Festplatte an. Ist die Diskette voll oder schreibgeschützt, funktioniert **MORE** nicht.

Beispiele

```
MORE < KUNDEN.NEU
```
zeigt die Datei KUNDEN.NEU bildschirmweise an.

```
DIR A: | MORE
```
zeigt das Verzeichnis der Diskette in Laufwerk A bildschirmweise an.

Verweise

Verzeichnisse anzeigen **4.3**, Daten sortieren **6.6**, Dateiinhalte ausgeben **6.7**.

6.6 Daten sortieren

Daten sortieren   **SORT**
extern

SORT bewirkt, daß Daten gelesen, die einzelnen Zeilen sortiert und anschließend entweder auf dem Bildschirm angezeigt, in eine Datei geschrieben oder an ein anderes Gerät übergeben werden.

SORT [/**R**][/+n] < *datei*
oder
ausgang ı **SORT** [/**R**][/+n]

▨ /**R**: Bewirkt, daß die Datei rückwärts sortiert wird; Sortierreihenfolge Z...A, 9...0.

▨ /+n: Bewirkt, daß die Datei nach den Zeichen ab der Spalte n jeder Zeile sortiert wird. n ist eine beliebige Zahl, die Zählung beginnt bei 1. Ohne diesen Zusatz wird die Datei nach den Zeichen ab der ersten Spalte sortiert.

▨ *ausgang*: Ist ein Befehl, dessen Ausgabe sortiert wird.

▨ *datei*: Ist eine Datei, aus der die Eingabe genommen wird.

Beschreibung

▨ Die Umleitungssymbole ı und < leiten Daten von *ausgang* durch das Dienstprogramm **SORT** (siehe 6.2, 6.3).

▨ *ausgang* kann zum Beispiel der Befehl **DIR** oder **TYPE** sein.

▨ Der Befehl **MORE** oder ein Dateiname kann als Ziel verwendet werden.

▨ Falls kein Ausgang eingegeben wird, funktioniert **SORT** wie ein Filter und akzeptiert Eingaben aus der DOS-Standardeingabe (für gewöhnlich von der Tastatur, einer Befehlsverkettung oder aus einer Umleitung von einer Datei).

▨ **SORT** bedient sich der Sortierfolgetabelle, die über die Ländercode- und Codeseiteneinstellungen eingestellt werden (siehe 8.5).

- **SORT** unterscheidet bei der Sortierung nicht zwischen Groß- und Kleinschreibung.
- Zeichen über dem ASCII-Code 127 werden entweder aufgrund von Informationen aus der Datei COUNTRY.SYS oder aus einer anderen Datei, die in der Datei CONFIG.SYS (siehe 8.3) durch den Befehl **COUNTRY** festgelegt wird, sortiert.
- **SORT** kann keine Dateien sortieren, die größer als 64 Kbyte sind.

Beispiele

```
SORT /R <AUSGABEN.TXT >BUDGET.TXT
```
bewirkt, daß die Datei AUSGABEN.TXT gelesen, in absteigender Reihenfolge sortiert und das Ergebnis in eine Datei mit dem Namen BUDGET.TXT geschrieben wird.

```
DIR | SORT /+14
```
Hier wird das Ergebnis von **DIR** durch **SORT** verarbeitet. Das Verzeichnis wird, beginnend bei der Spalte 14 (das ist die Spalte mit der Dateigröße), sortiert und anschließend am Bildschirm angezeigt. Das Ergebnis ist ein nach dem Dateiumfang sortiertes Verzeichnis.

```
DIR | SORT /+14 | MORE
```
bewirkt dasselbe wie vorher, zusätzlich wird das Verzeichnis seitenweise am Bildschirm angezeigt.

6.7 Dateiinhalte ausgeben

Dateien drucken   *PRINT*
extern/resident

PRINT erlaubt die Ausgabe einer Textdatei auf einem Drucker, während am Bildschirm mit anderen DOS-Befehlen weitergearbeitet werden kann. Diese Art des Druckens wird auch als Drucken im Hintergrund bezeichnet. **PRINT** wird in zwei Versionen eingegeben:

    Beim ersten Aufrufen wird die Druckwarteschlange initialisiert und der Speicher dafür zur Verfügung gestellt (siehe »Druckwarteschlange initialisieren«).

    Bei allen weiteren Aufrufen wird die Druckwarteschlange verändert (siehe »Druckwarteschlange verändern«).

Druckwarteschlange initialisieren

In dieser Form wird die Druckwarteschlange eingerichtet, indem dafür ein Speicherbereich reserviert wird und die Druckparameter eingestellt werden.

    PRINT [/**D**:*gerät*] [/**B**:*puffergröße*] [/**U**:*wert1*] [/**M**:*wert2*] [/**S**:*zeit*] [/**Q**:*umfang*]

Der Befehl kann in dieser Form nur einmal aufgerufen werden. Für Änderungen ist der Rechner neu zu starten.

    /**D**:*gerät*: Ist der Name des Druckeranschlusses.
Standardeinstellung ist LPT1. Möglich sind: PRN, LPT1 bis LPT3 (parallele Anschlüsse), COM1 bis COM4 (serielle Anschlüsse).
Falls /**D** angegeben wird, muß es als erster Parameter stehen.

    /**B**:*puffergröße*: Legt den Umfang des internen Druckpuffers in Bytes fest. **PRINT** wird schneller ausgeführt, wenn hier ein höherer Wert bestimmt wird. Der Standardwert ist 512, möglich sind 512 bis 16386.

- **/U:***wert1*: Gibt die Anzahl der Timerzeitspannen an, die **PRINT** auf einen Drucker warten wird. Ist der Drucker innerhalb der angegebenen Zeit nicht verfügbar, wird der Druckauftrag nicht durchgeführt. Die Standardeinstellung ist 1, möglich sind 1 bis 255.
- **/M:***wert2*: Gibt die Anzahl der Taktgeberimpulse an, die **PRINT** zum Ausdrucken eines Zeichens an einen Drucker in Anspruch nehmen kann. Die Standardeinstellung ist 8, möglich sind 1 bis 255.
- **/S:***zeit*: Gibt die Anzahl Timerzeitspannen an, die **PRINT** dem Vordergrundprozeß zur Verfügung stellt. Die Standardeinstellung ist 8, möglich sind 1 bis 255.
- **/Q:***umfang*: Legt fest, wie viele Dateien in der Druckwarteschlange gespeichert werden dürfen. Standardeinstellung ist 10 Dateien, möglich sind 1 bis 32.

Druckwarteschlange verändern

In dieser Form wird die Druckwarteschlange verändert, indem neue Dateien aufgenommen, welche daraus gelöscht oder der Ausdruck abgebrochen wird.

PRINT [*laufwerk:*][*pfad*][*dateiname*] [**/T**] [**/C**] [**/P**]

- *laufwerk:* Ist das Laufwerk.
- *pfad*: Ist der Pfad.
- *dateiname*: Ist die Datei, die in die Druckwarteschlange aufgenommen oder daraus gelöscht werden soll. Mehrere Dateinamen können, durch Leerzeichen getrennt, angegeben werden.
- **/T**: Bewirkt, daß alle Dateien in der Druckwarteschlange (die Dateien, die gedruckt werden sollen) gelöscht werden.
- **/C**: Entfernt die Datei mit dem davor angegebenen Dateinamen sowie alle nachfolgend angegebenen Dateien aus der Druckwarteschlange, bis wieder ein **PRINT** mit /P erfolgt.
- **/P**: Bewirkt, daß **PRINT** wieder aktiviert wird und die Datei mit dem davor angegebenen Dateinamen und alle nachfolgend angegebenen Dateien wieder in die Druckwarteschlange aufgenommen werden.

Anmerkungen

▨ **PRINT** ohne Parameter zeigt den Inhalt der Druckwarteschlange ohne Auswirkungen auf die Warteschlange am Bildschirm.

▨ **PRINT** kann nur benutzt werden, wenn ein Ausgabegerät wie z.B. ein Drucker oder Plotter an einen der seriellen oder parallelen Anschlüsse des Computers angeschlossen ist.

▨ **PRINT** erweitert die Dateinamensbezeichnungen um die Pfadangabe einschließlich Laufwerksbezeichnung, die maximal 64 Zeichen umfassen kann. Um lange Pfadnamen zu vermeiden, muß unter Umständen die Verzeichnisstruktur verändert werden.

▨ Einige Anwendungen haben ihre eigenen Druckbefehle. Hier können mit den zur Verfügung stehenden Druckbefehlen die Dateien gedruckt werden, die mit dieser Anwendung erzeugt wurden.

▨ Solange sich noch Dateien in der Warteschlange befinden, können keine anderen Druckfunktionen ausgeführt werden (⟨Druck⟩, ⟨Strg⟩+⟨Druck⟩).

▨ Die Dateien in der Druckwarteschlange dürfen nicht verändert werden, bis sie gedruckt sind.

▨ **PRINT** kann im Netzwerk nicht angewendet werden.

Beispiele

PRINT /D:LPT2 /B:2048
bewirkt, daß LPT2 als Ausgabegerät angegeben und ein Druckpuffer mit 2048 Byte eingerichtet wird.

PRINT *.TXT
übernimmt alle Dateinamen mit der Namenserweiterung .TXT in die Druckwarteschlange.

PRINT /C BRIEF.TXT /P BRIEF3.TXT BRIEF5.TXT
löscht BRIEF.TXT aus der Druckwarteschlange und setzt BRIEF3.TXT und BRIEF5.TXT in die Warteschlange.

PRINT /T
beendet das Drucken und entfernt alle Dateien aus der Druckwarteschlange.

Datei anzeigen — TYPE
intern

TYPE zeigt den Inhalt einer Textdatei am Bildschirm an; die Datei kann dabei nicht verändert werden.

TYPE [*laufwerk:*][*pfad*]*dateiname*

- *laufwerk:* Ist das Laufwerk.
- *pfad*: Ist der Pfad.
- *dateiname*: Ist der Dateiname der anzuzeigenden Datei. Er muß eindeutig ohne Stellvertreterzeichen angegeben werden.

Anmerkungen

- **TYPE** dient vornehmlich zum Anzeigen von Textdateien.
- Der Inhalt der Datei könnte zum Beispiel mit dem Zeileneditor **EDLIN** verändert werden (siehe 10.1).
- Falls die angezeigte Datei Tabulatorsprünge (Tabs) enthält, werden die Tabs auf 8 Leerzeichen erweitert.
- Umfangreiche Dateien können mit dem Filter **MORE** bildschirmweise angezeigt werden (siehe 6.5).
- Die Ausgabe der Datei kann mit **>** zu einem anderen Gerät, zum Beispiel einem Drucker, umgelenkt werden (siehe 6.2).
- Der Inhalt einer Binärdatei oder einer von einem Anwendungsprogramm erstellten Datei kann zwar am Bildschirm angezeigt werden, doch wird man mit den angezeigten Zeichen, wie zum Beispiel dem Warnton (Piepser), dem Zeilenschaltungszeichen und Escape-Zeichenfolgen, kaum etwas anfangen können.
- Der Name der gewünschten Datei kann mit **DIR** festgestellt werden (siehe 4.3).

Beispiele

```
TYPE URLAUB.JUN
```
zeigt den Inhalt der Datei URLAUB.JUN am Bildschirm an.
```
TYPE URLAUB.88 | MORE
```
zeigt den Inhalt von URLAUB.88 bildschirmweise an.
```
TYPE URLAUB.JUN >PRN
```
druckt den Inhalt von URLAUB.JUN auf dem Drucker aus.

6.8 Grafikbildschirme ausgeben

Für die Ausgabe von Grafikbildschirmen auf dem Drucker stehen zwei speicherresidente Befehle zur Verfügung.

GRAFTABL ermöglicht die Verwendung des erweiterten ASCII-Zeichensatzes.
GRAPHICS ermöglicht die Ausgabe eines Grafikbildschirmes auf bestimmten Druckertypen.

Grafikzeichen laden **GRAFTABL**
extern/resident

GRAFTABL ermöglicht die Anzeige des erweiterten ASCII-Zeichensatzes (128 bis 255), wenn ein Bildschirmadapter im Grafikmodus verwendet wird. Es wird die jeweilige Codeseite herangezogen.

GRAFTABL [*xxx*]
oder
GRAFTABL /STATUS

▪ *xxx*: ist eine Codeseitenidentifikationsnummer. Gültige Codeseiten (*xxx*) sind (siehe 8.5):

Wert	Codeseite
437	USA (Standard)
850	Mehrsprachig
860	Portugiesisch
863	Franko-Kanadisch
865	Nordisch

▪ /**STATUS**: zeigt die ausgewählte Zeichensatztabelle an. Abkürzung /**STA**.

Beschreibung

GRAFTABL lädt eine Tabelle mit den ASCII-Zeichen 128 bis 255 in den Arbeitsspeicher. Mit dieser Tabelle können fremdsprachige Zeichen im Grafikmodus dargestellt werden, falls ein Farb-/Grafikadapter vorhanden ist.

Sobald die Zeichensatztabelle geladen ist, erscheint:
```
Vorherige Codeseite: Keine
Aktive Codeseite: xxx
```
xxx gibt die Nummer der geladenen Codeseite an.

Anmerkungen

GRAFTABL wird bei EGA- und VGA-Bildschirmadaptern nicht benötigt, da die Zeichensätze bereits im BIOS der Karten enthalten sind.

Der Befehl muß nur einmal eingegeben werden. Der Status bleibt bis zum nächsten Systemstart erhalten.

GRAFTABL kann mehrfach aufgerufen werden, um den aktuellen Zeichensatz zu verändern.

Beim Aufruf von GRAFTABL erhöht sich der Umfang des arbeitsspeicherresidenten Teils von DOS um etwa 1500 Byte.

Weitere Informationen über die Verwendung von Codeseiten siehe 8.5.

Beendigungscodes

Code Funktion
0   Befehl erfolgreich abgeschlossen
1   Tabelle bereits geladen und durch neue ersetzt
2   Dateifehler aufgetreten
3   Falscher Parameter, nichts unternommen
4   Falsche DOS-Version

Der von **GRAFTABL** übergebene Beendigungscode kann für den Stapelverarbeitungsbefehl **IF ERRORLEVEL...** als Eingabe verwendet werden (siehe 9.7).

Verweise

Landeseinstellungen und Codeseiten **8.4**, Bedingungen und Sprünge **9.8**.

Grafikbildschirm drucken — GRAPHICS
extern/resident

GRAPHICS ermöglicht bei Verwendung eines Farb-/Grafik-Bildschirmadapters die grafische Ausgabe des Inhalts des Grafikbildschirms auf einem Drucker.

GRAPHICS [*drucker*] [*profile*] [/**B**] [/**R**] [/**LCD**] [/**Printbox:***id*]

- *drucker*: Gibt den Druckertyp an. Möglich sind:

COLOR1	IBM-Farbdrucker mit schwarz druckendem Farbband (druckt 19 verschiedene Grautöne).
COLOR4	IBM-Farbdrucker mit rot, grün, blau und schwarz druckendem RGB-Farbband.
COLOR8	IBM-Farbdrucker mit cyanblau, purpur, gelb und schwarz druckendem YMC-Farbband.
HPDEFAULT	Beliebiger Hewlett-Packard (HP) PCL-Drucker.
DESKJET	HP Deskjet.
GRAPHICS	IBM-Grafikdrucker, IBM-ProPrinter, IBM-Thermodrucker oder kompatibler Drucker.
GRAPHICS-GRAPHICSWIDE	IBM-Thermodrucker, PC-Grafik-IBM-Personal-Grafikdrucker mit 11 Zoll-Wagen
LASERJET	HP Laserjet
LASERJETII	HP Laserjet II
PAINTJET	HP Paintjet
QUIETJET	HP Quietjet
QUIETJETPLUS	HP Quietjet Plus
RUGGEDWRITER	HP RuggedWriter
RUGGEDWRITERWIDE	HP RuggedWriterwide
THERMAL	IBM-PC-konvertible Drucker
THINKJET	HP Thinkjet

- *profile*: Gibt eine Datei an, die Angaben zum verwendeten Drucker enthält. Standard ist die Datei GRAPHICS.PRO.
- **/B**: Erzeugt einen farbigen Hintergrund. Diese Option gilt nur für die Druckerarten COLOR4 und COLOR8.
- **/R**: Erzeugt eine invertierte Ausgabe des Bildschirminhalts auf dem Drucker. Standardmäßig wird das, was auf dem Bildschirm hell ist, schwarz gedruckt und umgekehrt.
- **/LCD**: Druckt unter Verwendung des LCD-Seitenverhältnisses. Der Parameter hat die gleiche Funktion wie **/PB:LCD**.
- **/PrintBox:***id*: Druckt die Bildschirmanzeige nach der mit *id* angegebenen Printboxgröße. Die Angabe muß mit dem ersten Operanden in der Printbox-Anweisung im Druckerprofil übereinstimmen. Anstelle von **PRINTBOX** kann auch **PB** angegeben werden.

Mögliche Werte von PB sind:

STD	Standardprintbox für einen Bildschirm mit normaler Größe
LCD	Printbox für einen LCD-Bildschirm, bei der das Ergebnis wie die LCD-Anzeige aussehen soll.

Anmerkungen

- **GRAPHICS** muß nur einmal aufgerufen werden.
- Der Bildschirminhalt wird danach durch Betätigen der Taste `Druck` ausgedruckt.
- Es werden die Bildschirmtypen CGA, EGA, VGA unterstützt.
- Wenn der Computer im Farbgrafikmodus mit 320 x 200 Bildpunkten arbeitet und die Druckerart COLOR1 oder GRAPHICS gewählt wurde, wird der Bildschirminhalt mit bis zu 4 Graustufen gedruckt.
- Arbeitet er dagegen im Grafikmodus mit 640 x 200 Bildpunkten, wird der Bildschirminhalt im Querformat auf das Papier gebracht.
- Wenn keine Druckeroption angegeben wird, wählt **GRAPHICS** selbst den standardmäßigen Drucker.
- Nach dem Aufruf von **GRAPHICS** erhöht sich der Umfang des arbeitsspeicherresidenten Teils von DOS.

■ Um auf einem Grafikbildschirm alle grafik- und landesspezifischen Zeichen zu erhalten, müssen diese mit **GRAFTABL** geladen werden (siehe voriger Befehl).

Aufbau Grafikprofil — GRAPHICS.PRO
Profildatei

Über die Profildatei kann weitestgehend Einfluß auf die Installation von **GRAPHICS** genommen und eine individuelle Druckeranpassung vorgenommen werden.

Für eigene Anpassungen kann eine neue Profildatei angelegt werden. Standardmäßig wird die Datei GRAPHICS.PRO geladen.

Die Profildatei gliedert sich in die Steueranweisungen PRINTER und DISPLAYMODE, die wiederum in Anweisungen zur Druckerbeschreibung sowie zur Funktionsauswahl unterteilt sind.

In den Anweisungen sind Escape-Zeichenfolgen einzutragen, über die die Druckausgabe gesteuert wird. Da diese sehr druckerspezifisch sind, müssen sie dem jeweiligen Druckerhandbuch entnommen werden. Escape-Zeichenfolgen sind dezimale Angaben im Bereich von 0 bis 255. Häufig wird auch der Begriff Steuersequenz verwendet.

PRINTER   Druckertypbeschreibung
  ■ COLORSELECT   Farbbandauswahl
  ■ COLORPRINT   RGB-Werte für Farbmischung
  ■ DARKADJUST   Ausgleich von Helligkeitsunterschieden

DISPLAYMODE   Druckereigenschaften
  ■ SETUP   Druckerinitialisierung
  ■ RESTORE   Druckerrückschaltung
  ■ GRAPHICS   Steuersequenz zum Drucken einer Zeile
                       mit Grafikangaben
  ■ PRINTBOX   Festlegung der Druckerbildpunkte

PRINTER

Leitet die Druckertypbeschreibung ein.

PINTER *typ#1,....,typ#n*

- *typ#n* definiert den Druckertyp.
- Die gesamte Anweisung darf 128 Byte inkl. führender Leerzeichen nicht überschreiten.
- Maximal 255 **PRINTER**-Anweisungen sind möglich.

COLORSELECT

Gibt die Escape-Zeichenfolge zum Auswählen eines bestimmten Farbbandes an.

COLORSELECT *bandid,byte#1,...,byte#n*

- *bandid* gibt einen Code an, mit dem das Band erkannt wird. Sinnvollerweise ist dies der Anfangsbuchstabe der jeweiligen Farbe.
- *byte#n* gibt die einzelnen Steuerzeichen in dezimaler Form an. Mögliche Werte sind von 0 bis 255

COLORPRINT

Hier werden die RGB-Werte für jede mögliche Druckfarbe angegeben.

COLORPRINT *rot,grün,blau,band id1,band id2,...band id#n*

- *rot*, *grün* und *blau* geben den Anteil an der zu mischenden Gesamtfarbe an. Es kann ein Wert von 0 bis 63 angegeben werden.
- *band id#* gibt an, welche Farbbänder an der Farbmischung beteiligt sind. Der größte mögliche Wert ist 8.
- Maximal 255 **COLORPRINT**-Anweisungen können angegeben werden.
- Werden mehrere Anweisungen angegeben, müssen diese unmittelbar nacheinander stehen.

DARKADJUST

Steuert die Helligkeit bei Schwarzweißdruck.

DARKADJUST *wert*

- *wert* kann von –63 (sehr dunkel) bis +63 (sehr hell) angegeben werden.
- Die Anweisung muß vor **DISPLAYMODE** stehen.
- Pro Druckertyp darf nur eine Anweisung **DARKADJUST** angegeben werden.

DISPLAYMODE

Definiert den Grafikmodus des Bildschirmadapters.

DISPLAYMODE *modus#1,...,modus#n*

- *modus#* kann ein Wert von 0 bis 255 sein.
- Die gesamte Anweisung darf max. 128 Zeichen umfassen.
- Maximal 255 **DISPLAYMODE**-Anweisungen können angegeben werden.

SETUP

Gibt die Steuersequenz an, mit der der Drucker vor Beginn des Ausdrucks initialisiert wird.

SETUP *esc byte1,...,byte#n*

- *esc* ist das Escape-Zeichen 27.
- *byte#* sind Steuersequenzen, deren Wert von 0 bis 255 angegeben wird.
- Die gesamte Anweisung darf max. 128 Zeichen umfassen.
- Die **SETUP**-Anweisung kann in mehrere Zeilen aufgeteilt werden.

RESTORE

Setzt den Drucker nach dem Ausdruck in eine definierte Betriebsart zurück.

RESTORE *esc byte1,...,byte#n*

- *esc* ist das Escape-Zeichen 27.
- *byte#* sind Steuersequenzen, deren Wert von 0 bis 255 angegeben wird.
- Die gesamte Anweisung darf max. 128 Zeichen umfassen.
- Die **RESTORE**-Anweisung kann in mehrere Zeilen aufgeteilt werden.

GRAPHICS

Gibt die Steuersequenz an, die zum Drucken einer Zeile verwendet wird.

GRAPHICS *esc byte1,...,byte#n*

- *esc* ist das Escape-Zeichen 27.
- *byte#* sind Steuersequenzen, deren Wert von 0 bis 255 angegeben wird.
- Die gesamte Anweisung darf max. 128 Zeichen umfassen.

PRINTBOX

Gibt die Steuersequenz an, mit der die Anzahl der waagerechten und senkrechten Druckbildpunkte dargestellt wird.

PRINTBOX *id*,*waagerechte größe*, *senkrechte größe*, [**ROTATE**]

- *id* gibt die Auflösung an. Es muß mindestens die Standardauflösung *id*=**STD** angegeben werden. Mögliche Werte für horizontal sind 2 bis 4, für vertikal 1 bis (horizontal −1).
- **ROTATE** gibt den Ausdruck im Querformat aus.

6.9 Standardeingabegerät ändern

Ein Computer kann alternativ über ein Terminal bedient werden, das an eine serielle Schnittstelle angeschlossen ist.

Standardeingabegerät ändern — CTTY *intern*

Mit **CTTY** kann man von der Standardein- und -ausgabe (Tastatur und Bildschirm, von dem gerade Befehle eingegeben werden) auf ein anderes Gerät umschalten.

CTTY *gerät*

gerät: Ist das Gerät (das Terminal), von dem Befehle an DOS eingegeben werden sollen. CON stellt wieder die Standardein- und -ausgabe ein

Anmerkungen

CTTY ist vor allem dann nützlich, wenn das momentan benutzte Terminal gewechselt werden soll.

Das angegebene Gerät muß Ein- und Ausgabeoperationen durchführen können. Deshalb kann ein Drucker nicht angegeben werden.

CTTY ist nur für Programme wirksam, die mit DOS-Funktionsaufrufen arbeiten. Ausgaben von Programmen, die direkt in den Bildschirmspeicher schreiben, erscheinen weiterhin auf dem Gerätebildschirm.

Beispiele

```
CTTY AUX
```
überträgt alle Befehlsein-/ausgaben vom derzeitigen Gerät (Terminal) auf den AUX-Anschluß.
```
CTTY CON
```
macht den Wechsel wieder rückgängig. DOS führt seine Operationen wieder über Bildschirm und Tastatur aus.

6.9

Kapitel 7:

SYSTEMVERWALTUNG

7.1 Ein- und Ausgabeeinstellungen

In diesem Kapitel werden folgende Funktionen beschrieben:
- Löschen des Bildschirms
- Einstellen der DOS-Eingabeaufforderung, die der Benutzer am Bildschirm erhält.
- Einstellen der Abbruchmöglichkeit mit der Taste [Strg]+[C] oder [Strg]+[Untbr].

Bildschirm löschen — CLS — intern

CLS löscht den Bildschirminhalt und zeigt die DOS-Eingabeaufforderung an.

CLS

Anmerkungen

- Die DOS-Eingabeaufforderung erscheint normalerweise in der ersten Bildschirmzeile (siehe 1.1).
- Falls Bildschirmattribute eingestellt sind, bleiben diese nach dem Löschen des Bildschirms unverändert.

Eingabeaufforderung ändern — PROMPT — intern

PROMPT ändert die DOS-Eingabeaufforderung, die standardmäßig in der Form A> bzw. C> erscheint. Danach erscheint die Eingabeaufforderung in der neuen Form. Damit können wichtige Informationen automatisch bei der Eingabeaufforderung angezeigt werden.

PROMPT [[*text*][$*zeichen*]...]

- *text*: Gibt einen Text an, der als Eingabeaufforderung erscheinen soll.
- $*zeichen*: Gibt ein Zeichen für besondere Eingabeaufforderungen an. Mögliche Zeichen:

Zeichen	Eingabeaufforderung
$$	Das Dollarzeichen
$T	Die Uhrzeit
$D	Das Datum
$P	Das momentane Laufwerk/ Verzeichnis im Standardlaufwerk
$V	Die DOS-Version
$N	Momentanes Standardlaufwerk
$G	Das Zeichen >
$L	Das Zeichen <
$B	Das Zeichen |
$Q	Das Zeichen =
$_	Wagenrücklauf und Zeilenschaltung (CR/LF)
$E	Der ASCII-Code ESC, Code 27 bzw. 1B hex
$H	Backspace (Rückschritt zum Löschen eines Zeichens, das in die Eingabeaufforderungszeile geschrieben wurde)

Anmerkungen

▪ *text* und *$zeichen* können beliebig gemischt werden. Jedes angegebene Zeichen, außer den in der Liste aufgeführten, erscheint in der eingegebenen Form.

▪ Wird *$P* verwendet, muß beim Umschalten auf ein Diskettenlaufwerk das Laufwerk betriebsbereit sein, da sonst ein Lesefehler erzeugt wird.

▪ Bei der Textangabe können ANSI-Steuerzeichen zur Bildschirm- und Cursorsteuerung verwendet werden (siehe 8.4).

PROMPT
(ohne Parameter) ändert die Eingabeaufforderung wieder in ihren Standardwert. Hier wird der Name des Standardlaufwerks angegeben:
    C>

Beispiele

PROMPT $P
zeigt Laufwerk und momentanes Verzeichnis.

```
PROMPT ZEIT  = $T$_DATUM = $D
```
Mit diesem Befehl wird eine zweizeilige Eingabeaufforderung mit folgendem Inhalt eingestellt:
```
ZEIT  = (momentane Uhrzeit)
DATUM = (heutiges Datum)
```

```
PROMPT $e[s$e[24A$p $t $v $_$e[u-
```
zeigt in der ersten Bildschirmzeile die Angaben: Laufwerk, Verzeichnis, Zeit, DOS-Version 5. In der aktuellen Zeile erscheint als Eingabeaufforderung ein Strich.

```
C:\SU\DOS 16:08:24,08 MS-DOS Version 5.00

-
```

Voraussetzung ist, daß in CONFIG.SYS der Gerätetreiber ANSI.SYS geladen wurde (siehe 8.4).
Die einzelnen Zeichen haben folgende Bedeutungen:

$e[s	Cursorposition retten
$e[24A	Cursor um maximal 24 Zeilen nach oben setzen, damit erscheint er in der ersten Zeile
$p	Laufwerk:Verzeichnis, dahinter Leerstelle
$t	Zeit, dahinter Leerstelle
$v	DOS-Version, dahinter Leerstelle
$_	Zeilenschaltung
$e[u	Gerettete Cursorposition wiederherstellen
-	Strich in der aktuellen Zeile

Verweis

Gerätetreiber **8.3**.

Strg-C-Prüfung ein-/ausschalten — BREAK
intern

BREAK schaltet die Möglichkeit zum Befehlsabbruch mit der Tastenkombination [Strg]+[C] oder [Strg]+[Untbr] ein oder aus.

BREAK [ON/OFF]

Beschreibung

BREAK OFF
DOS prüft nur beim Zugriff auf ein zeichenorientiertes Gerät (Bildschirm, Drucker, Hilfsport), ob [Strg]+[Untbr] betätigt wurde.

BREAK ON
DOS prüft zusätzlich bei jedem Schreib- und Lesezugriff, ob die Tastenkombination [Strg]+[Untbr] betätigt wurde und unterbricht bei Bedarf.

BREAK (ohne Parameter)
Zeigt den aktuellen Zustand an.

Anmerkungen

▪ Es hängt vom gerade ausgeführten Programm ab, welche Vorgänge mit [Strg]+[C] oder [Strg]+[Untbr] abgebrochen werden können (zum Beispiel das Sortieren einer Datei).

▪ Normalerweise reagiert DOS auf die Tastenkombination [Strg]+[C] nur, wenn es Eingaben über die Tastatur entgegennimmt bzw. Daten an den Bildschirm oder den Drucker ausgibt. Durch Einschalten der [Strg]+[C]-Prüfung mit **BREAK ON** können jedoch zum Beispiel auch Disketten- und Festplatten-Lese- und Schreibvorgänge abgebrochen werden.

▪ Einige Programme reagieren immer auf die Eingabe von [Strg]+[C]. **BREAK** beeinflußt diese Programme nicht.

7.1

7.2 Betriebsmodi von Geräten mit MODE

Übersicht

MODE legt die Betriebsart von Geräten fest. Dazu gehören

- Zeilenlänge und Zeilenabstand für Paralleldrucker einstellen
- Übertragungsparameter von seriellen Schnittstellen für asynchrone Datenübertragung einstellen
- Ausgabewege umleiten
- Betriebsarten der Bildschirmanzeige einstellen und Bildschirmanzeige justieren
- Betriebsarten für Gerätecodeseiten (Zeichensatztabellen)

Übersicht   **MODE**
extern/teilweise resident

Betriebsart Paralleldrucker:

    MODE LPTn[:] [*zeichen*][,[*zeilen*][,*retry*]]
    oder
    MODE LPTn [[**cols=**c] **lines=**l **retry=**r

Betriebsart für asynchrone Datenübertragung:

    MODE COMm[:]*baudrate* [,[*parität*],[*datenbits*], [*stoppbits*], *retry*]]]]

Neubestimmung des Ausgabeziels für einen Paralleldrucker:

    MODE LPTn[:]=**COM**m[:]

Betriebsarten der Bildschirmanzeige:

    MODE *bildschirm*
    oder
    MODE [*bildschirm*], *verschieben*[,**T**]
    oder
    MODE CON COLS=m **LINES=**n

Betriebsart für die Tastatur:

MODE CON RATE=r **DELAY=**d

Betriebsarten für Gerätecodeseiten (Details siehe auch 8.6)

MODE *Gerät* **CODEPAGE PREPARE=**[[*yyy*]
[*laufwerk:*][*pfad*]*dateiname*]
und
MODE *Gerät* **CODEPAGE SELECT=***yyy*
MODE *Gerät* **CODEPAGE REFRESH**
MODE *Gerät* **CODEPAGE [/STATUS]**

Statusabfragen

MODE *Gerät* **/Status**

Die Einstellmöglichkeiten sind auf den folgenden Seiten detailliert beschrieben.

Paralleldrucker einstellen — MODE LPTn

MODE LPTn stellt die Betriebsart eines Standarddruckers an einer parallelen Schnittstelle ein.

MODE LPTn[**:**] [*zeichen*][,[*zeilen*],[*retry*]]
oder
MODE LPTn [[**cols=***zeichen*] **lines=***zeilen*] **retry=***retry*

Parameter
- **LPT**n: n gibt die Nummer des Druckeranschlusses an. Möglich sind 1, 2 und 3. LPT1 ist gleichbedeutend mit PRN.
- *zeichen*: Bestimmt die Anzahl der Zeichen pro Zeile: entweder 80 oder 132.
- *zeilen*: Legt den Zeilenabstand fest. Eingegeben wird die Anzahl der Zeilen pro Zoll, entweder 6 oder 8.
- *retry*: Legt fest, wie sich MODE nach einer Statusprüfung verhalten soll.

E   gibt »Fehler« nach einer Statusprüfung eines aktiven Anschlusses zurück.

B gibt »Belegt« nach einer Statusprüfung eines aktiven Anschlusses zurück.

R gibt »Bereit« nach einer Statusprüfung eines aktiven Anschlusses zurück.

P Unendliche Wiederholung, bis der Drucker die Ausgabe annimmt.

N, keiner Kein Wiederholungsvorgang verfügbar (Standard).

Standardeinstellungen sind LPT1, 80 Zeichen und 6 Zeilen/Zoll.

Anmerkungen

▪ Ein Standarddrucker ist ein Drucker, der sich bei den Einstellmöglichkeiten für Zeichen pro Zeile und Zeilenabstand wie ein PC-Grafikdrucker oder ein Epson-Drucker verhält.

▪ Falls für *zeichen* und *zeilen* ungültige Werte eingegeben werden, bleiben die bisherigen unverändert.

▪ Mit der Tastenkombination [Strg]+[C] kann eine Zeitüberschreitungsschleife wieder verlassen werden.

▪ Wurde **retry = B** angegeben und soll die laufende Wiederholung bei Zeitüberschreitung abgebrochen werden, muß **MODE** nochmals ohne diesen Zusatz angegeben werden.

▪ Bei Druckern im Netzwerk sollte **retry = B** nicht angegeben werden.

▪ **RETRY=B** hat die gleiche Funktion wie **P** in früheren DOS-Versionen.

Asynchrone Datenübertragung — MODE COMn

MODE COMn legt die Übertragungsparameter für eine asynchrone Schnittstelle zur asynchronen Datenübertragung fest.

MODE COMm[:]baudrate],[parität] ,[datenbits], [stoppbits],retry]]]]
oder
MODE COMm[:] **BAUD**=baudrate **DATA**=datenbits **STOP**=stoppbits **PARITY**=parität **RETRY**=retry

▪ **COM**m: *m* gibt die Nummer der asynchronen Datenübertragungsschnittstelle (COM) an: 1, 2, 3 oder 4.

- *baudrate*: Legt die Übertragungsrate fest, die 110, 150, 300, 600, 1200, 2400, 4800, 9600 oder 19200 Baud betragen kann. Mindestens die ersten beiden Ziffern des gewünschten Werts müssen eingegeben werden (96 = 9600, 19 = 19200).
- *parität*: Legt die Parität fest:

N für none = keine,
O für odd = ungerade,
E für even = gerade.
M für mark = Paritätsbit=1
S für space = Paritätsbit=0
Der Standardwert ist E (gerade).

- *datenbits*: Gibt die Zahl der Datenbits an: 5,6,7 oder 8.
- *stoppbits*: Legt die Zahl der Stoppbits fest: 1;1,5 oder 2. Für 110 Baud ist der Standardwert 2; ansonsten ist der Standardwert 1.
- *retry*: legt fest, wie sich MODE nach einer Statusprüfung verhalten soll.

E	gibt »Fehler« nach einer Statusprüfung eines aktiven Anschlusses zurück.
B	gibt »Belegt« nach einer Statusprüfung eines aktiven Anschlusses zurück. entspricht dem Parameter **P** früherer DOS-Versionen.
R	gibt »Bereit« nach einer Statusprüfung eines aktiven Anschlusses zurück.
P	Unendliche Wiederholung, bis der Drucker die Ausgabe annimmt.

N, keiner kein Wiederholungsvorgang verfügbar (Standard).
Die Standardeinstellungen sind COM1, gerade Parität, 7 Datenbits, 1 Stoppbit (bzw. 2 Stoppbits bei 110 Baud).

Anmerkungen

- Details zu *retry* siehe bei Paralleldrucker.
- Die Baudrate 19200 wird nicht von allen Systemen unterstützt.

Druckerausgabe umleiten   MODE LPTn=COMm

Diese Variante leitet die Ausgabe, die normalerweise zu einem Paralleldrucker gehen würde, zu einer seriellen Schnittstelle um.

MODE LPTn[:]=**COM**m[:]
oder
MODE LPTn[:]

▪ **LPT**n: n gibt die Nummer des Druckeranschlusses an, der umgeleitet werden soll. Möglich sind 1, 2 und 3.
▪ **COM**m: m gibt die Nummer der asynchronen Datenübertragungsschnittstelle (COM) an, auf der die Ausgabe erfolgen soll: 1, 2, 3 oder 4.

Anmerkung

▪ Vor der Verwendung dieses Befehls muß der serielle Anschluß mit **MODE COM**m... konfiguriert werden. Um also die Druckerausgabe an einen seriellen Drucker senden zu können, muß **MODE** zweimal verwendet werden.
MODE LPTn
hebt eine Umleitung für diesen Parallelanschluß wieder auf.

Beispiele

MODE COM1:96,E,,,P
stellt auf eine Übertragungsrate von 9600 Baud, gerade Parität und unendliche Wiederholung ein. Der Drucker ist über die Schnittstelle COM1 angeschlossen.

MODE LPT1:=COM1:
konfiguriert die serielle Schnittstelle und leitet dann die Parallelausgabe an diese Schnittstelle um.

MODE LPT1:
macht die Umleitung wieder rückgängig. Danach werden die Ausgaben wieder auf der Parallelschnittstelle ausgegeben.

Betriebsart für den Bildschirm — MODE

Diese Form stellt die Konfiguration der Bildschirmanzeige ein und bietet die Möglichkeit, den Bildschirm zu justieren.

MODE *bildschirm*
oder
MODE [*bildschirm*], *verschieben*[,**T**]
oder
MODE CON COLS=*m* **LINES=***n*

- *bildschirm*: Gibt die Bildschirmkonfiguration an. Möglich sind: Farb-/Grafikadapter...

40 ...40 Zeichen pro Zeile
80 ...80 Zeichen pro Zeile
BW40 ...40 Zeichen/Zeile und Monochromdarstellung
BW80 ...80 Zeichen/Zeile und Monochromdarstellung
CO40 ...40 Zeichen/Zeile und Farbdarstellung
CO80 ...80 Zeichen/Zeile und Farbdarstellung
MONO ...Monochromadapter (immer 80 Zeichen/Zeile)

- *verschieben*: Legt die Richtung fest, in der die Bildschirmanzeige verschoben werden soll. Nicht möglich bei Monochrombildschirmen.

R (für »rechts«) und **L** (für »links«)

- **CON**: Gibt an, daß die nachfolgenden Parameter nur für den Bildschirm gelten.
- **COLS=***m*: Gibt die Anzahl der Zeichen pro Zeile an, wobei für *m* die Worte 40 und 80 verwendet werden können.
- **LINES=***n*: Gibt die Anzahl der Zeilen auf dem Bildschirm an, wobei für *n* die Werte 25 (Standard), 43 (EGA) und 50 (VGA) möglich sind.
- **T**: Gibt ein Prüfmuster zur Kontrolle der Bildschirmeinstellung aus. Dann erscheint die Abfrage, ob die Ausrichtung korrekt ist.

[J] beendet den Befehl,
[N] verschiebt und bringt erneut die Abfrage.

Anmerkungen

- Die Anzeige wird um ein Zeichen (bei 40 Zeichen) bzw. zwei Zeichen (bei 80 Zeichen) verschoben.
- Beim Verschieben der Anzeige wird der gesamte residente Code von **MODE** in den Speicher geladen.
- DOS prüft nicht, ob der angewählte Bildschirm angeschlossen ist. Wird ein nicht vorhandener Bildschirmtyp gewählt, wird am Bildschirm nichts ausgegeben. Der richtige Befehl muß dann »blind« eingegeben werden.
- Die Parameter **COLS** und **LINES** können auch einzeln angegeben werden.

Betriebsart für die Tastatur — MODE CON...

Diese Möglichkeit bestimmt die Wiederholungshäufigkeit der Tastatur, wenn diese gedrückt gehalten wird.

MODE CON RATE=r **DELAY=**d

- **CON**: Gibt den Namen der Einheit an, für die die Tastaturparameter gesetzt werden.
- **RATE=**r: Angabe des Wiederholungsintervalls, wobei für r ein Wert von 1 bis 32 möglich ist.
  r = 1 entspricht einer Häufigkeit von 2.
  r = 32 entpricht einer Häufigkeit von 30.
- **DELAY=**d: Gibt die Zeitverzögerung bis zum Beginn der Dauerfunktion an, wobei für d ein Wert von 1 bis 4 möglich ist. 1 entspricht einer Verzögerung von $1/4$ Sekunden, 4 einer Verzögerung von 1 Sekunde.

Gerätecodeseiten — MODE ... CODEPAGE ... extern

MODE wird in dieser Variante dazu verwendet, um Codeseiten für Paralleldrucker oder für den Bildschirm einzustellen oder anzuzeigen. Folgende Formate sind dabei möglich:

MODE gerät **CODEPAGE PREPARE=**[[yyy] [laufwerk:][pfad]dateiname]
MODE gerät **CODEPAGE SELECT=**yyy

MODE *gerät* **CODEPAGE REFRESH**
MODE *gerät* **CODEPAGE [/STATUS]**

Hier werden die Parameter beschrieben, die für alle Formate gelten. Details zu den verschiedenen Funktionen siehe 8.7.

- *gerät*: Gibt das Ausgabegerät an, für das die Codeseite installiert werden soll. Gültige Geräte sind CON, LPT1, LPT2 und LPT3.
- *yyy*: Gibt eine Nummer einer Codeseite oder eine Liste mit Codeseiten an. Gültige Codeseiten sind 437, 850, 860, 863 und 865.
- *dateiname*: Gibt den Namen der Codeseiteninformationsdatei (.CPI) an, die DOS zur Vorbereitung einer Codeseite für das angegebene Gerät verwenden sollte.

Gerätestatus abfragen — MODE... /STATUS
extern

Diese Form fragt den Status von angeschlossenen Geräten ab.

MODE *gerät* /STATUS

- *gerät*: Der Status des Gerätes wird abgerufen.
- **/STATUS**: Gibt die aktuelle Einstellung aus.

Beispiel

7.2

Für das Gerät CON: wird eine Statusabfrage durchgeführt.

MODE CON: /Status

```
Status für Gerät CON:

Columns (Spalten)=80
Lines (Zeilen)=50
Es wurde keine Codeseite ausgewählt
Hardware-Codeseiten:
  Codeseite 437
Vorbereitete Codeseiten:
  Codeseite nicht vorbereitet
  Codeseite nicht vorbereitet
MODE Codeseite Status überprüfen: Funktion ausgeführt
```

7.3 Datum, Zeit

DOS führt ein Systemdatum und eine Systemzeit laufend mit. Diese werden unter anderem beim Speichern von Dateien im Verzeichnis abgelegt. Mit den beiden Befehlen **DATE** und **TIME** können Datum und Zeit angezeigt und geändert werden.

Datum anzeigen/eingeben — DATE intern

DATE ermöglicht die Eingabe und Änderung des vom System geführten Datums.

    DATE [*TT.MM.JJ*]

Beschreibung

■ Bei der Angabe des Datums sind nur Zahlen zulässig. Die folgenden Zahlen sind möglich:
```
TT = 1 - 31
MM = 1 - 12
JJ = 80 - 79 oder 1980 - 2079
```
■ Die einzelnen Einträge können mit Bindestrichen, Schrägstrichen oder Punkten voneinander getrennt werden.
■ DOS erkennt Monate und Jahre automatisch richtig, außerdem berücksichtigt es Schaltjahre.

DATE (ohne Parameter)
    Fragt das Datum ab:
    Gegenwärtiges Datum: Mo, 27.05.1991
    Neues Datum (TT.MM.JJ):
    ⏎ übernimmt das angezeigte Datum ohne Änderung.
    Datum ⏎ gibt ein neues Datum ein.

Anmerkungen

▫ **DATE** kann direkt eingegeben oder über eine Stapelverarbeitungsdatei aufgerufen werden (siehe 9.1).
▫ Bei Verwendung der Datei AUTOEXEC.BAT erscheint die Abfrage nach dem Datum nicht automatisch. Dazu sollte **DATE** eingefügt werden.
▫ Das aktuelle Systemdatum wird in Verzeichnissen bei jeder Anlage oder Änderung einer Datei aktualisiert und ist deshalb sehr hilfreich.
▫ Bei Computern mit eingebauter batteriegepufferter Uhr wird normalerweise das Datum richtig mitgeführt; hier erübrigt sich die Eingabe über die Datei AUTOEXEC.BAT.
▫ Bei anderen Systemen erscheint nach jedem neuen Einschalten das Datum 1.1.1980.
▫ Das Format für das Datum kann über den Ländercode im Konfigurationsbefehl **COUNTRY** in der Datei CONFIG.SYS geändert werden (siehe 8.3).

Verweise

Die Konfigurationsdatei CONFIG.SYS **8.2**, Stapelverarbeitung – Übersicht und Aufruf **9.1**.

Zeit anzeigen/eingeben — TIME intern — 7.3

TIME dient dazu, die Uhrzeit anzuzeigen und zu ändern.

TIME [*stunden*:*minuten*[:*sekunden* [.*hundertstel*]]]

▫ *stunden*: 0–23
▫ *minuten*: 0–59
▫ *sekunden*: 0–59
▫ *hundertstel*: 0–99

Beschreibung

▪ Die einzelnen Elemente müssen durch ein in der länderabhängigen Informationsdatei definiertes Trennzeichen getrennt werden (siehe 8.5). Für die Bundesrepublik Deutschland kann ein Doppelpunkt oder Punkt verwendet werden.

▪ Sekunden und Hundertstel werden durch Komma oder Punkt voneinander getrennt (je nach Dezimaltrennzeichen).

TIME (ohne Parameter)

Fragt die aktuelle Zeit ab:

```
Gegenwärtige Uhrzeit: 19.06.16,49
Neue Uhrzeit:_
```

⏎ übernimmt die angezeigte Zeit ohne Änderung.

Zeit ⏎ setzt eine neue Zeitangabe.

Anmerkungen

▪ DOS zählt die Uhrzeit im 24-Stunden-Format.

▪ Die aktuelle Systemzeit wird in Verzeichnissen bei jeder Anlage oder Änderung einer Datei aktualisiert und ist deshalb sehr hilfreich.

▪ Mit **COUNTRY** in der Datei CONFIG.SYS kann das Format, in dem die Zeit angezeigt und eingegeben wird, geändert werden (siehe 8.3).

▪ **TIME** stellt unter Umständen nicht die interne Hardwareuhr eines Computers ein. In diesem Fall muß dies mit einem mitgelieferten Systemprogramm geschehen.

Verweise

Die Konfigurationsdatei CONFIG.SYS **8.2**, Landeseinstellungen und Codeseiten **8.4**.

7.4 Dateizugriffe

Schreibprüfung einstellen — VERIFY
intern

VERIFY schaltet eine Fehlerprüfung nach jedem Schreiben auf eine Diskette/Festplatte ein oder aus.

VERIFY [on/OFF]

Beschreibung

VERIFY ON
   DOS überprüft nach jedem Schreibzugriff, ob die aufgezeichneten Daten fehlerfrei gelesen werden können. Diese Einstellung bleibt so lange aktiv, bis sie mit **VERIFY OFF** oder von einem Programm ausgeschaltet wird.

VERIFY OFF (Standardeinstellung)
   Die Prüfung ist ausgeschaltet.

VERIFY
   Zeigt die aktuelle Einstellung an.

Anmerkungen

▪ Mit **VERIFY** kann sichergestellt werden, daß Dateien ordnungsgemäß auf eine Diskette/Festplatte geschrieben werden.

▪ Ist die Prüffunktion eingeschaltet, erfolgen Schreiboperationen aufgrund der zusätzlichen Prüfung langsamer.

▪ **VERIFY** bewirkt nicht, daß die gespeicherten Daten noch mal mit dem Original verglichen wird, sondern prüft nur die fehlerfreie Speicherung.

▪ Nur wenn eine fehlerfreie Speicherung der Daten auf die Diskette/Festplatte nicht möglich war, erscheint eine Fehlermeldung.

▪ **VERIFY** hat den gleichen Zweck wie der Befehlszusatz **/V** im Befehl **COPY** (siehe 5.2).

▪ **VERIFY** wird nicht unterstützt, wenn Daten auf ein Netzwerklaufwerk geschrieben werden.

Verweis

Dateien kopieren und zusammenfügen **5.2**.

Dateien gemeinsam nutzen — SHARE
extern/resident

SHARE bewirkt, daß Dateien im Netz gemeinsam benutzt und gesperrt werden können. Dieser Befehl wird hauptsächlich im Netzbetrieb benötigt. Zusätzlich bewirkt er einige Verbesserungen bei der Dateibehandlung durch das Betriebssystem. Deshalb benötigen manche Anwendungsprogramme diesen Befehl.

SHARE [/**F:**speicherplatz] [/**L:**dateisperren]

▪ /**F:**speicherplatz: Weist die Größe (in Bytes) für den DOS-Speicherbereich zu, der zur Aufzeichnung von Daten über gemeinsame Dateienbenutzung verwendet wird. Die Standardeinstellung ist 2048. Jede geöffnete Datei benötigt Speicherplatz für den vollen Dateinamen und noch weitere 11 Byte, da Pfadnamen durchschnittlich 20 Byte lang sind.

▪ /**L:**dateisperren: Legt die Anzahl der zulässigen Sperren fest. Die Standardeinstellung ist 20.

Anmerkungen

▪ Wenn **SHARE** geladen ist, wird bei allen Schreib- und Leseanforderungen anhand des Codes für gemeinsamen Dateizugriff geprüft, ob diese zulässig sind.

Wird z.B. während eines Schreib-/Lesevorgangs die Diskette gewechselt, erscheint die Meldung

Ungültiger Diskettenwechsel Laufwerk *X:*
Datenträger *xxxxxxxxxx* mit der Nummer *hhhh-hhhh* einlegen.
A(bbruch), W(iederholen), U(ebergehen)?

▪ Der Befehl **SHARE** kann über den Installationsbefehl **INSTALL** über die CONFIG.SYS geladen werden.

▪ Um Dateien in einem Netz für den gleichzeitigen Zugriff durch mehrere Teilnehmer zur Verfügung zu stellen, sollte **SHARE** in der Datei AUTOEXEC.BAT eingefügt werden.

▪ Ist **SHARE** geladen, wird der Wert des Eintrags **FCBS** in der Datei CONFIG.SYS auf 16,8 angepaßt.

7.5 Umgebungsvariablen

In der Umgebung des Befehlsprozessors (Environment) können Zeichenfolgen mit Bezeichnungen abgelegt werden. Kopien sämtlicher Zeichenfolgen in der Umgebung stehen allen Befehlen und Anwendungsprogrammen zur Verfügung.

Umgebungsvariable definieren — SET intern

SET dient dazu, eine Zeichenfolge in der DOS-Umgebung einer anderen Zeichenfolge gleichzusetzen, um sie später in Programmen einsetzen zu können.

SET [*name*=[*zeichenfolge*]]

■ *name*: Ist die Bezeichnung der Variablen in der Systemumgebung. Der Name wird in Großbuchstaben umgesetzt.
■ *zeichenfolge*: Ist der Inhalt der mit *name* angelegten Variablen. Groß-/Kleinschreibung wird berücksichtigt.

Beschreibung

Sobald DOS auf einen **SET**-Befehl stößt, lädt es die betreffende Zeichenfolge und den zugeordneten Wert in den für die DOS-Umgebung vorgesehenen Bereich des Arbeitsspeichers. Wenn der Zeichenfolge in der Umgebung bereits ein Wert zugeordnet ist, wird dieser durch den neu zugeordneten Wert ersetzt.

SET *name*=
   Wird nur die erste Zeichenfolge angegeben, wird jede bisherige Zuordnung für diese Zeichenfolge in der Umgebung aufgehoben.

SET (ohne Parameter)
   DOS zeigt die momentan in der Umgebung gültigen Zuordnungen.

Anmerkungen

▪ Die Standardgröße der Systemumgebung ist 160 Byte. Diese kann über den Parameter /**E:***xxxx* im Befehl **COMMAND.COM** verändert (siehe 7.6) oder muß mit Hilfe des Konfigurationsbefehls **SHELL=** in der Datei CONFIG.SYS vorgenommen werden (siehe 8.3).

▪ In Stapelverarbeitungsdateien können mit Hilfe des Befehls **SET** Variable über Namen statt über Zahlen festgelegt werden (siehe 9.2).
Beispiel: Eine Stapelverarbeitungsdatei enthält folgende Anweisung:
TYPE %DATEI%
Dieser Variablen kann nun ein Name zugeordnet werden, den DOS dann anstelle von %DATEI% benutzen wird.
SET DATEI=STEUERN.86
ersetzt die Variable %DATEI% durch den Dateinamen STEUERN.86.

▪ Um den Namen eines benannten Parameters zu ändern, müssen bei Verwendung von Umgebungsvariablen nicht alle Stapelverarbeitungsdateien einzeln geändert werden.

▪ **SET** eignet sich vor allem als Bestandteil der Datei AUTO-EXEC.BAT, weil mit seiner Hilfe Zeichenfolgen oder Parameter beim Start von DOS automatisch gesetzt werden können (siehe 8.2).

▪ Falls mit **COMMAND** ein zusätzlicher Kommandoprozessor geladen ist und hier eine Umgebungsvariable definiert wird, gilt diese nur, solange dieser Befehlsprozessor aktiv ist. Nach Verlassen mit **EXIT** ist auch die Umgebungsvariable nicht mehr vorhanden.

▪ Manche Anwendungsprogramme benötigen spezielle Umgebungsvariablen, die beim Start oder während des Ablaufs abgefragt werden.

▪ In der Systemumgebung werden auch die Parameter des **PROMPT** und **PATH**-Befehls abgelegt, dazu wird aber nicht **SET** benötigt (siehe 7.1, 4.7).

7.6 Der Befehlsprozessor COMMAND

DOS lädt beim Starten seinen Befehlsprozessor, der alle internen Befehle enthält, in den Speicher. Der Befehlsprozessor ist die eigentliche Schnittstelle zwischen dem Anwender und dem Betriebssystem.
Oft ist es notwendig, einen Befehlsprozessor zusätzlich zu laden. Dies ermöglicht einen zeitweisen Ausstieg aus dem Programm und das Arbeiten mit DOS. Nach Verlassen des Befehlsprozessors geht die Steuerung wieder an das Anwendungsprogramm zurück.

Befehlsprozessor aufrufen extern — COMMAND

COMMAND startet einen neuen sekundären Befehlsprozessor (das DOS-Programm, das alle internen Befehle enthält).

COMMAND [*lw:*][*pfad*][*gerät*][/**E:***nnnnn*][/**P**][/**MSG**][/**C** *befehle*]

- *lw:* Ist das Laufwerk mit dem Befehlsprozessor.
- *pfad*: Ist der Pfad mit dem Befehlsprozessor. Falls er hier nicht gefunden wird, sucht DOS den durch **PATH** (siehe 4.7) angegebenen Suchpfad durch. Der temporäre Teil wird aus dem Pfad nachgeladen, der durch **COMSPEC=** angegeben ist.
- *gerät*: Gibt das Gerät für die Befehlseingaben und -ausgaben an (siehe 6.9).
- /**E:** *nnnnn*: Legt die Größe des Umgebungsbereichs in Bytes fest; möglich sind 160 bis 32768 Byte. DOS rundet diese Zahl auf die nächste logische Paragraphengrenze auf. Die Standardgröße ist 160 Byte.
- /**P**: Behält den sekundären Befehlsprozessor im Arbeitsspeicher und kehrt nicht automatisch zum Hauptbefehlsprozessor zurück. Um den sekundären Befehlsprozessor wieder zu entfernen, muß DOS neu gestartet werden.
- /**MSG**: Bei Verwendung dieses Parameters werden alle Fehlernachrichten im Hauptspeicher gespeichert. Ohne diesen

Parameter werden diese von der Diskette/Festplatte nachgeladen. Der Parameter kann nur in Verbindung mit dem Parameter /**P** verwendet werden.

▪ /**C** *befehle*: Weist den Befehlsprozessor an, den oder die Befehle auszuführen, und dann automatisch zum Hauptbefehlsprozessor zurückzukehren.

Anmerkungen

▪ Mit dem Starten eines neuen Befehlsprozessors wird gleichzeitig eine neue Umgebung (Environment) angelegt. Sie ist eine Kopie der ursprünglichen (übergeordneten) Umgebung und kann ohne Auswirkungen auf die alte Umgebung geändert werden.

▪ Der Befehlsprozessor wird in zwei Teilen in den Arbeitsspeicher geladen: einem *temporären* und einem fest gespeicherten, *residenten* Teil. Einige Anwendungsprogramme überschreiben bei ihrer Ausführung den temporären Teil des Befehlsprozessors COMMAND.COM. Wenn dies geschehen ist und das Anwendungsprogramm beendet wird, sucht der residente Teil die Datei COMMAND.COM auf der Diskette/Festplatte und lädt den temporären Teil des Befehlsprozessors wieder in den Arbeitsspeicher.

▪ Die Option **CTTY** *gerät* ermöglicht es, ein anderes Gerät (zum Beispiel AUX) für die Ein- und Ausgabe festzulegen. Details siehe 6.9.

▪ Ist *nnnnn* kleiner als 160 Byte, verwendet DOS den Standardwert von 160 Byte und zeigt die Meldung :

    Parameterwert nicht im erlaubten Rahmen

Ist *nnnnn* dagegen größer als 32768 Byte, reduziert DOS die Größe auf 32768 Byte und zeigt dieselbe Meldung an.

▪ /**C** muß als letzter Parameter angegeben werden.
▪ Werden /**P** und /**C** gemeinsam angegeben, wird /**C** ignoriert.
▪ Bei Aufruf ohne Parameter kehrt **EXIT** zum primären Befehlsprozessor zurück.
▪ Mit **COMMAND** können in DOS-Versionen bis 3.2 Stapelverarbeitungsdateien als Unterprogramme aufgerufen werden (siehe 9.6). Dies ist ab DOS 3.3 nicht mehr notwendig. Hier kann der Stapelbefehl **CALL** verwendet werden.

Die Umgebungsvariable **COMSPEC** gibt an, wo DOS den temporären Teil von COMMAND.COM finden kann, wenn er nachgeladen werden muß. Falls dies nicht das Stammverzeichnis oder ein Verzeichnis aus dem mit **PATH** eingestellten Suchpfad ist (siehe 4.7), sollte sie in AUTOEXEC.BAT zugewiesen werden (siehe 8.2).

```
SET COMSPEC=C:\MSDOS\COMMAND.COM
```
gibt an, daß der Befehlsprozessor COMMAND.COM im Verzeichnis \MSDOS zu finden ist.

Beispiel

```
COMMAND /E:512 /C CHKDSK B:
```
Dieser Befehl bewirkt folgendes:

▪ Der neue Befehlsprozessor wird unter dem momentan ablaufenden Programm gestartet.

▪ Es werden 512 Bytes für das Environment zur Verfügung gestellt.

▪ **CHKDSK B:** wird ausgeführt.

▪ DOS kehrt automatisch zum ersten Befehlsprozessor zurück.

Verweise

Suchpfade **4.7**, Standardeingabegerät ändern **6.9**, Automatische Startdatei AUTOEXEC.BAT **9.3**, Stapeldateien aufrufen **9.7**.

Befehlsprozessor verlassen   EXIT
                                      intern

EXIT dient zum Verlassen des Programms COMMAND.COM (eines sekundären Befehlsprozessors) und zur Rückkehr in die übergeordnete Ebene (falls vorhanden).

EXIT

Anmerkungen

Bei vielen Anwendungsprogrammen ist es möglich, zeitweise mit DOS zu arbeiten. Auch hier wird dann mit **EXIT** anschließend wieder zum Anwendungsprogramm zurückgekehrt.

EXIT hat keine Auswirkung, falls kein zweiter Befehlsprozessor geladen ist oder ein zweiter Befehlsprozessor mit dem Zusatz /**P** geladen wurde.

7.7 Speicherverwaltung

Speicherbelegung anzeigen — MEM (extern)

MEM zeigt an, wieviel Speicherplatz belegt bzw. frei ist. Zusätzlich können alle geladenen Programme angezeigt werden.

MEM [/**P**(ROGRAM)] [/**D**(EBUG)] [/**C**(LASSIFY)]

Beschreibung

MEM (ohne Zusatz)
Gibt eine Übersicht über den belegten Systemspeicher aus. Extensionspeicher wird nur angezeigt, wenn Hauptspeicher über 1 Mbyte installiert ist.
Expansionspeicher wird nur angezeigt, wenn dafür ein Einheitentreiber installiert ist.

MEM /P
Zeigt zusätzlich alle geladenen Programme sowie den belegten Platz an.

MEM /D
Gibt eine vollständige Übersicht aller geladenen Programme aus. Zusätzlich werden alle Systemeinheitentreiber und Installationseinheitentreiber ausgegeben.

MEM /C
Gibt eine Übersicht über die im konventionellen Speicher und im HMA-Speicher geladenen Programme. Es wird die Speicherbeanspruchung der Programme, sowie der größte freie Block im HMA angezeigt.

Anmerkungen

▪ Die Befehlsparameter können auf den Anfangsbuchstaben abgekürzt werden.

▪ Expanded Memory wird nur angezeigt, wenn die Version 4.0 des EMS-Treibers verwendet wird.

XMS-Speicher ist der Teil des Extended Memory, der vom XMS-Treiber (HIMEM.SYS) zur Verfügung gestellt wird.

Beispiele

Anzeige des Speicherplatzes
MEM ⏎

```
 655360 Byte konventioneller Speicher insgesamt
 655360 Byte für MS-DOS verfügbar
 616704 Byte max. Größe für ausführbares Programm

 917504 Byte EMS-Speicher insgesamt
 524288 Byte EMS-Speicher frei

7340032 Byte fortlaufender Erweiterungsspeicher insgesamt
      0 Byte fortlaufender Erweiterungsspeicher verfügbar
3915776 Byte XMS-Speicher verfügbar
        MS-DOS resident im oberen Speicherbereich (High Memory Area)
```

Anzeige der geladenen Programme im Arbeitsspeicher und im oberen Speicherbereich.
MEM /C ⏎

Konventioneller Speicher:

Name	Größe (dezimal)		Größe (Hex)
MSDOS	16912	(16.5KB)	4210
HIMEM	1184	(1.2KB)	4A0
EMM386	8896	(8.7KB)	22C0
COMMAND	4800	(4.7KB)	12C0
KEYB	6208	(6.1KB)	1840
FREI	64	(0.1KB)	40
FREI	64	(0.1KB)	40
FREI	616992	(602.5KB)	96A20
Insgesamt FREI:	617120	(602.7KB)	

Hoher Speicher (Upper Memory)

276 SYSTEMVERWALTUNG

Name	Größe (dezimal)		Größe (Hex)
SYSTEM	213056	(208.1KB)	34040
NLSFUNC	2784	(2.7KB)	AE0
MODE	464	(0.5KB)	1D0
MIRROR	6512	(6.4KB)	1970
FASTOPEN	12800	(12.5KB)	3200
SMARTDRV	23808	(23.3KB)	5D00
MOUSE	18208	(17.8KB)	4720
RAMDRIVE	1184	(1.2KB)	4A0
ANSI	4192	(4.1KB)	1060
SETVER	448	(0.4KB)	1C0
DOSKEY	4656	(4.5KB)	1230
FREI	64	(0.1KB)	40
FREI	80	(0.1KB)	50
FREI	9904	(9.7KB)	26B0
FREI	16320	(15.9KB)	3FC0
FREI	12896	(12.6KB)	3260

Insgesamt FREI: 39264   (38.3KB)

Insg. verfüg. Arbeitsspeicher (Konventioneller+hoher): 656384   (641.0KB)
Maximale Größe für ausführbares Programm: 616704   (602.3KB)
Größter freier Block im hohen Speicher (Upper Memory): 16320   (15.9KB)

```
 917504 Byte EMS-Speicher insgesamt
 524288 Byte EMS-Speicher frei

7340032 Byte fortlaufender Erweiterungsspeicher insgesamt
      0 Byte fortlaufender Erweiterungsspeicher verfügbar
3915776 Byte XMS-Speicher verfügbar
        MS-DOS resident im oberen Speicherbereich (High Memory Area)
```

Anzeige des Speicherplatzes sowie der geladenen Programme
MEM /P ⏎

Anzeige des Speicherplatzes sowie aller System- und Installationseinheitentreiber.
MEM /D ⏎

SPEICHERVERWALTUNG

Adresse	Name	Größe	Art
000000		000400	Interrupt-Vektor
000400		000100	ROM-Übertragungsbereich
000500		000200	DOS-Übertragungsbereich
000700	IO	000AC0	Systemdaten
	CON		System-Gerätetreiber
	AUX		System-Gerätetreiber
	PRN		System-Gerätetreiber
	CLOCK$		System-Gerätetreiber
	A: – D:		System-Gerätetreiber
	COM1		System-Gerätetreiber
	LPT1		System-Gerätetreiber
	LPT2		System-Gerätetreiber
	LPT3		System-Gerätetreiber
	COM2		System-Gerätetreiber
	COM3		System-Gerätetreiber
	COM4		System-Gerätetreiber
0011C0	MSDOS	0013F0	Systemdaten
0025B0	IO	0043E0	Systemdaten
	HIMEM	0004A0	DEVICE=
	XMSXXXX0		Installierter Gerätetreiber
	EMM386	0022C0	DEVICE=
	EMMXXXX0		Installierter Gerätetreiber
		000820	FILES=
		0003C0	FCBS=
		000200	BUFFERS=
		0006F0	LASTDRIVE=
		000750	STACKS=
0069A0	MSDOS	000040	Systemprogramm
0069F0	COMMAND	000AC0	Programm
0074C0	MSDOS	000040	— Frei —
007510	COMMAND	000800	Umgebung
007D20	MSDOS	000040	— Frei —
007D70	KEYB	001840	Programm
0095C0	COMMAND	000040	Daten
009610	WORD	000110	Umgebung
009730	WORD	048690	Programm
051DD0	COMMAND	000120	Daten
051F00	COMMAND	000AC0	Programm

7.7

```
0529D0   COMMAND    000100   Umgebung
052AE0   MEM        000110   Umgebung
052C00   MEM        0176F0   Programm
06A300   MSDOS      035CE0   — Frei —
09FFF0   SYSTEM     010010   Systemprogramm
0B0010   MSDOS      000040   — Frei —
0B0060   NLSFUNC    000AE0   Programm
0B0B50   MODE       0001D0   Programm
0B0D30   MIRROR     001970   Programm
0B26B0   MSDOS      000050   — Frei —
0B2710   FASTOPEN   003200   Programm
0B5920   MSDOS      0026B0   — Frei —
0B7FE0   SYSTEM     010020   Systemprogramm
0C8010   MSDOS      003FC0   — Frei —
0CBFE0   SYSTEM     014020   Systemprogramm
0E0010   IO         00BB30   Systemdaten
         SMARTDRV   005D00   DEVICE=
           SMARTAAR          Installierter Gerätetreiber
         MOUSE      004720   DEVICE=
           MS$MOUSE          Installierter Gerätetreiber
         RAMDRIVE   0004A0   DEVICE=
           E:                Installierter Gerätetreiber
         ANSI       001060   DEVICE=
           CON               Installierter Gerätetreiber
         SETVER     0001C0   DEVICE=
           SETVERXX          Installierter Gerätetreiber
0EBB50   DOSKEY     001230   Programm
0ECD90   MSDOS      003260   — Frei —
```

655360 Byte konventioneller Speicher insgesamt
655360 Byte für MS-DOS verfügbar
316384 Byte max. Größe für ausführbares Programm

Nummer	EMS-Name	Größe
0		060000
1		040000

917504 Byte EMS-Speicher insgesamt
262144 Byte EMS-Speicher frei

```
7340032 Byte fortlaufender Erweiterungsspeicher insgesamt
      0 Byte fortlaufender Erweiterungsspeicher verfügbar
3915776 Byte XMS-Speicher verfügbar
        MS-DOS resident im oberen Speicherbereich (High Memory Area)
```

Unterstützung Expanded Memory — EMM386 extern

Wird der Befehl von der DOS-Ebene aufgerufen, wird damit die Unterstützung für Expanded Memory aktiviert bzw. deaktiviert. Zusätzlich kann auch die Unterstützung für einen WEITEK-Koprozessor aktiviert werden.

EMM386 [ON/OFF/AUTO] [W=ON/W=OFF]

ON: Aktiviert die Unterstützung für Expanded Memory. Der Treiber ist die ganze Zeit aktiv.
OFF: Deaktiviert die Unterstützung für Expanded Memory. Jeder Aufruf für eine Speicheranforderung aus einem Anwendungsprogramm mißlingt.
AUTO: Der Treiber ist solange inaktiv, bis ein Aufruf für eine Speicheranforderung erfolgt. Nach der Freigabe des Speichers geht der Treiber wieder in den Wartezustand (=Standardeinstellung).
W=ON: Aktiviert die WEITEK-Koprozessorunterstützung.
W=OFF: Deaktiviert die WEITEK-Koprozessorunterstützung (=Standardeinstellung).

Anmerkung

EMM386 übernimmt auch die Unterstützung des oberen Speicherbereichs (Upper Memory Area, UMA) sowie die Verwaltung der UMB's. Hierfür muß das Programm in der CONFIG.SYS als Einheitentreiber installiert werden.

Verweise

Grundbegriffe **1.1**, Konfiguration/Gerätetreiber **8.3**

7.8 Programme ausführen

Unter DOS 5.0 gibt es mehrere Möglichkeiten Programme zu laden. Durch die erweiterte Speicherwaltung besteht die Möglichkeit residente Programme wie DOSKEY in den oberen Speicherbereich (UMA) zu verlagern.
Verlangen Programme eine bestimmte Versionsnummer, kann diese mit SETVER für ein angegebenes Programm bestimmt werden.

Übersicht

LH / LOADHIGH
 Das Programm wird in den oberen Speicherbereich (UMA) geladen und Speicherblöcke (UMB's) zugewiesen.
LOADFIX
 Das Programm wird oberhalb der ersten 64KB des Arbeitsspeichers geladen.

Programm in UMA laden   LH/LOADHIGH
extern

LOADHIGH lädt speicherresidente Programme in den oberen Speicherbereich (UMA). Stehen nicht genügend Speicherblöcke (UMB's) zur Verfügung, wird das Programm in den konventionellen Arbeitsspeicher geladen und ausgeführt.

LH / LOADHIGH <*programm*>

▪ *programm*: Ist das Programm, das geladen und ausgeführt werden soll.

Anmerkungen

▪ Kann das Programm nicht in den UMA-Bereich geladen werden, bzw. stehen nicht genügend Speicherblöcke zur Verfügung, wird keine Fehlermeldung ausgegeben.

▪ Wo das Programm tatsächlich geladen ist und wieviele der UMB's verbraucht wurden, kann über **MEM /C** angezeigt werden.

▪ Damit der UMA-Bereich für speicherresidente Programme verwendet werden kann, muß EMM386.EXE als Einheitentreiber über die CONFIG.SYS geladen werden.

▪ Gerätetreiber werden mit dem Befehl DEVICEHIGH in der CONFIG.SYS in den UMA-Bereich geladen.

Verweise

Grundbegriffe **1.1**, Speicherverwaltung **7.7**, Konfiguration/Gerätetreiber **8.3**

Spezielle Laderoutine — LOADFIX
extern

Normalerweise werden Programme zur Ausführung vom DOS-Prompt durch Eingabe des Programmnamens gestartet. Wird hierbei die Fehlermeldung
`Gepackte Datei ist fehlerhaft`
ausgegeben, muß zum Laden das Programm LOADFIX verwendet werden.

LOADFIX <*programm*>

▪ *programm*: Ist das Programm, das geladen und ausgeführt werden soll.

Anmerkung

▪ Das Programm wird oberhalb der ersten 64KB des Arbeitsspeichers geladen und ausgeführt.

7.9 DOS-Version bestimmen

DOS-Version anzeigen   VER
intern

VER gibt die Versionsnummer der verwendeten DOS-Version am Bildschirm aus.

VER

Beschreibung

Nach der Befehlseingabe erscheint die Versionsnummer auf dem Bildschirm. Diese besteht aus einer einstelligen Hauptversionsnummer sowie einer zweistelligen Unterversionsnummer.
MS DOS Version 5.00

Versionstabelle anzeigen/ändern   SETVER
extern

DOS 5.0 kann Programmen eine andere Versionsnummer vorgeben, wenn diese beim Starten eine bestimmte Version voraussetzen und diese auch prüfen.

SETVER [*laufwerk:\verzeichnis*] **dateiname x.xx**

SETVER [*laufwerk:\verzeichnis*] **dateiname /delete /quiet**

SETVER

▧ *laufwerk:\verzeichnis*: Laufwerk und Verzeichnis der Datei SETVER.EXE, wenn sich diese nicht im Zugriffspfad befindet.
▧ **dateiname**: Name der Datei, dem eine andere DOS-Version vorgegeben wird.
▧ x.xx: DOS-Versionsnummer, die für das Programm vorgegeben wird.
▧ */delete*: Die vorgegebene Version wird aus der Versionstabelle entfernt.
▧ */quit*: Es werden keine Meldungen ausgegeben.

Anwendung

Für das Programm NET4.COM soll die Versionsnummer 4.01 vorgegeben werden.
```
SETVER NET4.COM 4.01
```
Die definierte Versionstabelle soll angezeigt werden.
```
SETVER
```

```
WIN200.BIN      3.40
WIN100.BIN      3.40
WINWORD.EXE     4.10
EXCEL.EXE       4.10
    .
    .
    .
    .
NET4.COM        4.01
```
Die gesetzte Versionsnummer für NET4.COM soll wieder aus der Tabelle entfernt werden.
```
SETVER NET4.COM /delete
```

Anmerkungen

▪ SETVER wird sowohl als Befehl und als Einheitentreiber verwendet.

▪ SETVER ohne Parameter gibt eine Tabelle mit den Programmen und Versionsnummern aus, die dem Betriebssystem bis dahin bekannt sind.

▪ Damit SETVER arbeiten kann, muß in der CONFIG.SYS folgender Eintrag aufgenommen werden.
```
DEVICE=C:\DOS\SETVER.EXE
```

▪ Die Versionstabelle wird direkt in der Datei SETVER.EXE gepflegt, die über die CONFIG.SYS geladen wird. Der Rechner muß daher nach einer Änderung neu gebootet werden, damit die Änderung wirksam wird.

▪ Es gibt keine Garantie dafür, daß Programme, denen eine andere Versionsnummer vorgegeben wird, auch ordnungsgemäß ausgeführt werden.

▪ In der Versionstabelle sind bei der Installation von DOS 5.0 bereits verschiedene Dateinamen eingetragen.

Auf Rechnern, die für HMA konfiguriert wurden, kann auch **DEVICEHIGH** verwendet werden.

Beendigungscodes

Code Funktion

Code	Funktion
0	SETVER wurde erfolgreich ausgeführt.
1	Eine Befehlsoption ist ungültig.
2	Der angegebene Dateiname ist ungültig.
3	Es ist nicht genügend Arbeitsspeicher verfügbar, um SETVER auszuführen.
4	Die Versionsnummer hat ein ungültiges Format.
5	SETVER konnte den angegebenen Eintrag in der Tabelle nicht finden.
6	SETVER konnte SETVER.EXE nicht finden.
7	Es wurde eine ungültige Laufwerksbezeichnung angegeben.
8	In der Befehlszeile sind zuviele Parameter.
9	In der Befehlszeile fehlen Parameter.
10	SETVER hat einen Fehler beim Lesen von SETVER.EXE entdeckt.
11	SETVER.EXE ist unbrauchbar oder beschädigt.
12	Die angegebene Datei SETVER.EXE unterstützt keine Versionstabelle.
13	In der Versionstabelle ist kein Platz mehr für neue Einträge.
14	SETVER hat einen Fehler beim Schreiben von SETVER.EXE entdeckt.

Verweis

Konfiguration / Gerätetreiber **8.3**

Kapitel 8:

KONFIGURATION, LÄNDEREINSTELLUNGEN

8.1 CONFIG.SYS und AUTOEXEC.BAT

Die Dateien CONFIG.SYS und AUTOEXEC.BAT haben beim Starten und beim Einstellen der Konfiguration sehr wichtige Funktionen. DOS kann zwar auch ohne diese Dateien verwendet werden, jedoch kann man dann viele Funktionen nicht sehr effektiv einsetzen.

Übersicht und Vergleich

Die Datei CONFIG.SYS

▨ Beim Start sucht DOS automatisch nach einer Datei mit der Bezeichnung CONFIG.SYS auf der Systemdiskette. Diese Datei enthält Anweisungen, mit denen DOS zur Verwendung von Geräten oder Anwendungsprogrammen vorbereitet (konfiguriert) werden kann.

▨ CONFIG.SYS kann mit **EDIT** oder **EDLIN** erstellt werden, falls sie noch nicht vorhanden ist (siehe 10).

▨ Falls vorhanden, kann sie mit **TYPE** angezeigt werden (siehe 6.7).

▨ Details zu CONFIG.SYS siehe 8.3.

Die Datei AUTOEXEC.BAT

▨ Nach dem Starten sucht DOS nach einer Datei mit dem Namen AUTOEXEC.BAT. In dieser sollten alle Befehle stehen, die normalerweise beim Starten von DOS benötigt werden. Diese Befehle werden dann automatisch ausgeführt.

▨ AUTOEXEC.BAT kann mit **EDIT** oder **EDLIN** erstellt werden, falls sie noch nicht vorhanden ist (siehe 10).

▨ Falls vorhanden, kann sie mit **TYPE** angezeigt werden (siehe 6.7).

▨ Details zu AUTOEXEC.BAT siehe 9.3.

Unterschiede zwischen beiden Dateien

▨ Beide Dateien werden von DOS in verschiedener Weise benutzt, da sie auch verschiedene Aufgaben ausführen.

▨ CONFIG.SYS kann eine bestimmte Anzahl von Konfigurationsbefehlen enthalten, die DOS beim Starten in bestimmter Weise konfigurieren.

Erläuterungen:
- **DATE** und **TIME** zur Eingabe von Datum und Zeit.
- **PATH** bestimmt das Stammverzeichnis als Suchpfad, damit DOS hier nach Befehlen sucht.
- **KEYB** startet die nationale Tastaturanpassung.
- **DIR** zeigt das Verzeichnis der Diskette an.

Computer mit Festplattenlaufwerk

Hier könnte eine typische AUTOEXEC.BAT-Datei die folgenden Zeilen enthalten:

Beispiel einer AUTOEXEC.BAT-Datei

Eine typische Startdatei könnte wie folgt aussehen:

```
@SET COMSPEC=C:\DOS\COMMAND.COM
C:\DOS\KEYB.COM GR,437,C:\DOS\KEYBOARD.SYS
LOADHIGH C:\DOS\MODE LPT1:,,B
LOADHIGH C:\DOS\MODE CON RATE=32 DELAY=2 LINES=50
LOADHIGH C:\DOS\MIRROR C: /1/TC-500
LOADHIGH C:\DOS\FASTOPEN C:=(200,80)
LOADHIGH C:\DOS\DOSKEY /BUFSIZE=1024 /INSERT
\DOS\DOSKEY FHD=FORMAT A:/Q/F:1440
\DOS\DOSKEY FDD=SF A:/Q/F:720
\DOS\DOSKEY LN=C:\DOS\MODE CON LINES=$1
C:\DOS\SUBST T: C:\DATEN\TEXTE
C:\DOS\SUBST S: C:\DATEN\SU
@PATH=C:\ED;C:\BAT;C:\DOS;C:\UTTI;C:\PSFONTS
@SET DIRCMD=/P
@SET TEMP=C:\SCRATCH
@PROMPT [$p]$
```

Erläuterungen:
- **COMPSPEC** zeigt, wo sich COMMAND.COM befindet.
- **PATH** bestimmt, daß DOS nach Befehlen, die nicht im momentanen Verzeichnis stehen, zuerst im Stammverzeichnis der Festplatte C, dann im Unterverzeichnis \DOS auf der Festplatte sucht.
- **KEYB** startet die nationale Tastaturanpassung.
- **LOADHIGH** lädt die angegebenen Programme in den UMA-Bereich
- **MODE** dient als Unterstützung der Druckerschnittstelle und des Bildschirms.

FASTOPEN richtet schnelleres Dateiöffnen ein.
MIRROR zeichnet gelöschte Dateien auf.
DOSKEY wird für die Tastatur- und Makrounterstützung geladen.
- **DOSKEY** definiert die Macros FHD, FDD und LN.
- **SUBST** richtet zwei virtuelle Laufwerke ein.
- **PATH** legt den Zugriffspfad für Programmdateien fest.
- **SET** legt das Verzeichnis für temporäre Dateien (SORT, MORE) und den standardmäßigen **DIR**-Befehl fest.
- **PROMPT** stellt die Eingabeaufforderung auf Ausgabe von Laufwerk und momentanem Verzeichnis ein.

Anmerkungen

Die Bedeutung der Parameter kann der jeweiligen Beschreibung der Befehle entnommen werden.

▧ CONFIG.SYS kann nur einmal beim Starten von DOS ausgeführt werden; zum nochmaligen Ausführen (zum Beispiel nach einer Änderung) muß DOS neu gestartet werden.
▧ AUTOEXEC.BAT kann jeden beliebigen Befehl oder Programmaufruf enthalten.
▧ AUTOEXEC.BAT kann jederzeit nach dem DOS-Start wieder aufgerufen werden durch die Eingabe
AUTOEXEC ⏎

Verweise

Dateiinhalte ausgeben **6.7**, Automatische Startdatei **8.2**, Die Konfigurationsdatei CONFIG.SYS **8.3**, Stapelverarbeitung **9**, EDIT Anwendungen und Funktion **10**

8.2 Automatische Startdatei AUTOEXEC.BAT

Übersicht

■ Beim Start des Computers wird als erstes DOS in den Speicher geladen. Als nächstes durchsucht DOS das Stammverzeichnis des Datenträgers nach der Stapeldatei AUTOEXEC.BAT. Sie enthält alle Befehle, die normalerweise bei jedem Start von DOS eingegeben werden würden.
■ Die Autostart-Stapeldatei **muß** AUTOEXEC.BAT genannt werden und sich im Stammverzeichnis des Datenträgers, von dem der Rechner gestartet wird, befinden.
■ Der Inhalt der AUTOEXEC.BAT-Datei muß mit den Regeln für die Erstellung von Stapeldateien übereinstimmen.
■ Wenn DOS die Datei findet, führt es die Befehle in der Datei aus. Wenn die Datei AUTOEXEC.BAT nicht gefunden wird, fragt DOS nach dem aktuellen Datum und der Zeit, so als ob die Befehle DATE und TIME eingegeben worden wären.
■ Die Datei AUTOEXEC.BAT kann in vielerlei Hinsicht bei der effizienteren Erledigung von Aufgaben unter DOS helfen. Unter anderem können Zeit- und Datumseingaben, Suchpfad, Tastaturanpassung und andere für die Arbeit notwendigen Optionen automatisch gleich beim Start von DOS festgelegt werden.

Beispiel

Computer mit zwei Diskettenlaufwerken
Hier könnte eine typische AUTOEXEC.BAT-Datei die folgenden Zeilen enthalten:
```
DATE
TIME
KEYB GR,437,COUNTRY.SYS
PATH=A:\
DIR
```

8.3 Die Konfigurationsdatei CONFIG.SYS

Übersicht

▪ Die Konfigurationsdatei CONFIG.SYS ist eine Datei, die Befehle enthält, welche für eine erweiterte Konfiguration von DOS verwendet werden. Beim DOS-Start durchsucht das Betriebssystem jedesmal das Stammverzeichnis der Diskette oder Festplatte (kein anderes Verzeichnis), von der es gestartet wurde, nach der Datei mit dem Namen CONFIG.SYS.

▪ Die DOS-Konfigurationsdatei ermöglicht, ein System mit geringstmöglichem Aufwand zu konfigurieren, d.h. an persönliche Bedürfnisse und Hard- und Softwareanforderungen anzupassen. Zum Beispiel können durch Verwendung besonderer Befehle in der Datei CONFIG.SYS installierbare Gerätetreiber in ein System integriert werden (siehe 8.4).

▪ Mit **DIR** kann festgestellt werden, ob die Datei CONFIG.SYS im Stammverzeichnis auf der Diskette/Festplatte vorhanden ist. Ist dies der Fall, kann sie mit **TYPE** angezeigt werden.

▪ Ist die Datei CONFIG.SYS bereits vorhanden, können weitere Befehle in die Datei eingefügt werden. DOS kann mit dieser Datei für ein neues Gerät, wie z.B. eine Maus oder ein externes Laufwerk, konfiguriert werden.

▪ Falls die DOS-System-Diskette/Festplatte keine Datei CONFIG.SYS enthält, kann sie mit **EDIT**, **EDLIN** oder einem anderen Editorprogramm angelegt werden und bearbeitet werden (siehe 10.1).

▪ Nach jeder Änderung von CONFIG.SYS muß DOS neu gestartet werden, da diese nur beim Start gelesen und verarbeitet wird.

Mögliche Befehle in CONFIG.SYS

BREAK
Schaltet die Unterbrechungsfunktion (Tastenkombination [Strg]+[C] oder [Strg]+[Untbr]) ein bzw. aus.

BUFFERS
Legt die Anzahl der Disketten-/Plattenpufferbereiche fest.

COUNTRY
Ermöglicht die Wahl der für ein bestimmtes Land geltenden Zeit-, Datum- und Währungsformate bzw. -zeichen.

DEVICE
Installiert einen Gerätetreiber.

DEVICEHIGH
Installiert Gerätetreiber im UMA-Bereich.

DOS
Installiert DOS wahlweise in den HMA-Bereich oder in den konventionellen Speicher.

DRIVPARM
Legt Parameter für ein Blockgerät (z.B. ein Diskettenlaufwerk oder eine Festplatte) fest.

FCBS
Legt die Anzahl der Dateisteuerblöcke (FCB) fest, die gleichzeitig geöffnet werden können.

FILES
Legt die Maximalanzahl der geöffneten Dateien fest, auf die mit DOS-Systemaufrufen zugegriffen werden kann.

INSTALL
Ermöglicht, daß bestimmte DOS-Befehle bereits bei der Verarbeitung der Datei CONFIG.SYS geladen werden.

LASTDRIVE
Stellt die maximale Anzahl von zugreifbaren Laufwerken ein.

REM
Damit können Kommentarzeilen in CONFIG.SYS eingefügt werden.

SHELL
Verwendet als Hauptbefehlsprozessor eine bestimmte Datei (gewöhnlich die Datei COMMAND.COM).

STACKS
Definiert die Anzahl von Stacks, die für Hardware-Interrupts von DOS zur Verfügung gehalten werden.

SWITCHES
Ermöglicht die Verwendung einer konventionellen Tastatur, wenn eine MF-Tastatur installiert ist.

Beispiel einer CONFIG.SYS-Datei
Eine typische Konfigurationsdatei auf einem Rechner mit
80386-Prozessor könnte wie folgt aussehen:
```
DEVICE=C:\DOS\HIMEM.SYS
DOS=HIGH,UMB
DEVICE=C:\DOS\EMM386.EXE RAM 512 FRAME=D000 I=B000-B7FF
DEVICEHIGH=C:\DOS\SMARTDRV.SYS 1536 512
DEVICEHIGH=C:\DOS\MOUSE.SYS
DEVICEHIGH=C:\DOS\RAMDRIVE.SYS 1024 512 256 /e
DEVICEHIGH=C:\DOS\ANSI.SYS /L
DEVICEHIGH=C:\DOS\SETVER.EXE
COUNTRY=049,437,C:\DOS\COUNTRY.SYS
FILES=40
BUFFERS=10
FCBS=16
BREAK=ON
LASTDRIVE=T
SHELL=C:\DOS\COMMAND.COM C:\DOS\ /E:2048 /p
INSTALL=C:\DOS\SHARE.EXE /F:4096 /L:30
```
Detaillierte Beschreibungen der einzelnen Befehle auf den
folgenden Seiten in alphabetischer Anordnung.

Verweise

Gerätetreiber **8.4**, EDIT/EDLIN, Anwendungen und Funktion
10.1.

Strg-C-Prüfung ein-/ausschalten   BREAK
Konfiguration

BREAK schaltet die Möglichkeit zum Befehlsabbruch mit der
Tastenkombination [Strg]+[C] oder [Strg]+[Untbr] ein oder aus.

   BREAK=[ON/OFF]

Beschreibung

BREAK=OFF (Standardeinstellung)
DOS prüft nur beim Zugriff auf ein zeichenorientiertes Gerät
(Bildschirm, Drucker, Hilfsport), ob [Strg]+[Untbr] betätigt
wurde.

BREAK=ON
DOS prüft zusätzlich bei jedem Schreib- und Lesezugriff, ob die Tastenkombination [Strg]+[Untbr] betätigt wurde und unterbricht bei Bedarf.

Anmerkungen

▒ Es hängt vom gerade ausgeführten Programm ab, welche Vorgänge mit [Strg]+[C] oder [Strg]+[Untbr] abgebrochen werden können (zum Beispiel das Sortieren einer Datei).

▒ Normalerweise reagiert DOS auf die Tastenkombination [Strg]+[C] nur, wenn es Eingaben über die Tastatur entgegennimmt bzw. Daten an den Bildschirm oder den Drucker ausgibt. Durch Einschalten der [Strg]+[C]-Prüfung mit **BREAK=ON** können jedoch zum Beispiel auch Disketten- und Festplatten-Lese- und Schreibvorgänge abgebrochen werden.

▒ **BREAK=ON** ist zum Beispiel wichtig bei der Kompilierung von Programmen, um bei Auftreten eines Fehlers oder einer Endlosschleife abbrechen zu können.

▒ Dieser Konfigurationsbefehl hat die gleiche Funktion wie der interne Befehl **BREAK** (siehe 7.1).

Anzahl Diskettenpuffer einstellen — BUFFERS
Konfiguration

BUFFERS dient zum Einstellen der Anzahl von Disketten-/Plattenpufferbereichen, die DOS beim Starten im Arbeitsspeicher reserviert.

BUFFERS=n[,m]

▒ n: Ist die Anzahl der Puffer (1 bis 99). Wird **/X** angegeben, ist der größte Wert 10000.

▒ m: Anzahl der Sektoren, die bei Eingabeoperationen im voraus gelesen werden können. Es können Werte zwischen 1 und 8 angegeben werden.

▒ : Die Standardanzahl hängt vom verwendeten System ab:

Speichergröße   Puffer
Grundsystem   2
Disketten über 360 Kbyte   3

128 bis 255 Kbyte	5
256 bis 511 Kbyte	10
512 Kbyte oder mehr	15

Anmerkungen

▓ Ein Puffer ist ein Arbeitsspeicherbereich, den DOS verwendet, um Daten während des Lese- oder Schreibvorgangs zwischenzuspeichern.

▓ Bei Anwendungen wie Textverarbeitungsprogrammen wird die größte Leistung mit 10 bis 20 Disketten-/Plattenpufferbereichen erzielt.

▓ Wenn viele Unterverzeichnisse anzulegen sind, empfiehlt es sich, die Zahl der Pufferbereiche auf 20 bis 30 zu erhöhen.

▓ Jeder Puffer des Parameters *n* beansprucht 532 Byte, bei Parameter *m* 512 Byte Platz im Arbeitsspeicher; je mehr Puffer eingerichtet werden, desto weniger Speicherkapazität bleibt für Anwendungen übrig.

▓ Mit verschiedenen Puffereinstellungen sollte etwas experimentiert werden, um festzustellen, wie die verschiedenen Werte die Funktionsweise des Systems beeinflussen.

▓ Wird der Parameter *m* verwendet, läßt sich der Zugriff auf sequentielle Daten erhöhen. Dieser Puffer wird auch als Vorgriffspuffer bezeichnet.

▓ Wird das Cache-Programm **SMARTDRV.SYS** verwendet, sollte **BUFFERS** auf 10 gesetzt werden. Dieser Treiber ist zudem wesentlich leistungsfähiger.

Landesspezifische Werte einstellen — COUNTRY — Konfiguration — 8.3

COUNTRY ermöglicht die Anwendung von landesspezifischen Angaben hinsichtlich:
▓ Format für Datum und Uhrzeit
▓ Sortierfolge von Zeichen
▓ Großschreibung
▓ Zeichenumsetzung
▓ Währungssymbolen
▓ Dezimaltrennzeichen

COUNTRY=xxx[,[codepage][,[laufwerk:]dateiname]]

▪ *xxx*: Ist ein dreistelliger Ländercode, der der telefonischen Landesvorwahl entspricht (siehe 8.5).
▪ *codepage*: Gibt die Codeseite für das Land an, die DOS verwenden soll.
▪ *dateiname*: Ist der Name einer Datei, die landesspezifische Informationen enthält.

Standardeinstellungen: Einstellungen für die USA (001), Codeseite 437. Wird *dateiname* nicht angegeben, verwendet DOS die Datei COUNTRY.SYS für landesspezifische Informationen.

Anmerkungen

▪ **COUNTRY** bewirkt nicht, daß der Text der DOS-Meldungen in die entsprechende Landessprache übersetzt wird.
▪ Für jedes Land stehen zwei Codeseiten zur Verfügung.
▪ Verfügbare Codeseiten siehe 8.5.

Beispiel

```
COUNTRY=049,437,COUNTRY.SYS
```
bewirkt die Einstellung für Deutschland (Länderkennzahl 49) und die Verwendung der Codeseite 437. Die Informationen werden aus der Datei COUNTRY.SYS gelesen.

Gerätetreiber installieren	***DEVICE/DEVICEHIGH***
	Konfiguration

DEVICE installiert einen angegebenen Gerätetreiber in DOS.
DEVICEHIGH versucht, den Gerätetreiber im HMA-Bereich zu installieren.

DEVICE=[*laufwerk:*][*pfad*]*dateiname* [*argument*]

oder

DEVICEHIGH=[*size=***nnn**][*laufwerk:*][*pfad*]*dateiname* [*argument*]

▪ *laufwerk:* Ist das Laufwerk.
▪ *pfad*: Ist der Pfad.
▪ *dateiname*: Gibt die Gerätetreiberdatei an.

- *argument*: Befehlszusätze des Gerätetreibers.
- *size=nnn*: Legt die Speichergröße fest, die vorhanden sein muß, damit DEVICEHIGH versucht, den Gerätetreiber im UMA zu laden.

nnn ist hexadezimal in Bytes anzugeben.

Voraussetzungen für DEVICEHIGH

1. In der CONFIG.SYS muß die Anweisung DOS=UMB enthalten sein.
2. Zur Verwaltung der UMB's muß der Gerätetreiber HIMEM.SYS sowie das Programm zur Verwaltung der UMB's EMM386.EXE in der CONFIG.SYS installiert sein. Die eigentliche Verwaltung der UMB's erfolgt durch HIMEM.SYS, EMM386.EXE übernimmt die Speicherzuordnung innerhalb der UMA auf 80386/486-Rechnern.
3. Die Treiber müssen vor dem ersten DEVICEHIGH-Befehl stehen.

Anmerkungen

- *size* muß bei Programmen angegeben werden, die nach dem Starten noch zusätzlich Speicher anfordern. Normalerweise wird versucht, ein Programm in den größten Block zu laden. Reicht der Speicherblock nicht aus, hängt sich das System auf, wenn das Programm versucht, noch weiteren Speicher zu belegen. *size* kann ermittelt werden, wenn das Programm zunächst in den konventionellen Speicher geladen wird. Über **MEM /C** kann dann die aktuelle Speicherbelegung ermittelt werden.
- DOS lädt automatisch die Gerätetreiber für die Standardein- und -ausgabeeinheiten, Standarddrucker, Disketten- und Festplattenlaufwerke. Diese müssen nicht ausdrücklich angegeben werden.
- Für jeden zu installierenden Gerätetreiber muß ein **DEVICE**-Befehl angegeben werden.
- Mit DOS werden folgende Gerätetreiber geliefert (siehe 8.4):
  - ANSI.SYS für erweiterte Standardein- und -ausgabe, die ANSI-Bildschirmsteuerung.

> ▶ DISPLAY.SYS unterstützt Codeseitenumschaltung auf dem Bildschirm.
> ▶ DRIVER.SYS unterstützt externe Diskettenlaufwerke.
> ▶ EMM386.EXE wandelt Extended Memory in Expanded Memory um. Unterstützt die Ausführung von Programmen im UMA-Bereich.
> ▶ HIMEM.SYS steuert den Zugriff auf Extended Memory sowie den HMA-Bereich.
> ▶ PRINTER.SYS bietet Codeseitenunterstützung für PRN, LPT1, LPT2 und LPT3.
> ▶ RAMDRIVE.SYS unterstützt eine oder mehrere virtuelle Disketten.
> ▶ SMARTDRV.SYS ist ein Festplatten-Cache-Programm.

■ Die Gerätetreiber COUNTRY.SYS und KEYBOARD.SYS werden von DOS automatisch geladen, sofern sich diese im Hauptverzeichnis befinden. Sie dürfen nicht mit dem Befehl **DEVICE** geladen werden. Wird es trotzdem versucht, wird sich das System »aufhängen« (d.h. DOS wird nicht starten).

■ Beim Kauf eines neuen Gerätes, wie z.B. einer Maus oder einem Scanner, wird gewöhnlich ein Gerätetreiber mitgeliefert, der mit **DEVICE** installiert werden kann. Der Gerätetreiber muß sich in dem Verzeichnis befinden, das im **DEVICE**-Befehl angegeben ist.

■ Als UMB-Treiber und EMS-Emulator wird mit MS-DOS 5.0 das Programm EMM386.EXE mitgeliefert. Dieses ist allerdings nur auf Systemen mit 80386 oder 80486-Prozessor einsetzbar.

Beispiel

```
DEVICE=ANSI.SYS
```
bewirkt, daß alle Tastatureingabe- und Bildschirmausgabefunktionen von DOS über diesen Treiber erfolgen und bei der Ausgabe ANSI-Escapefolgen verwendet werden können.

Verweise

Gerätetreiber **8.3**, Speicherverwaltung **7.7**

DOS in HMA laden — DOS Konfiguration

Die Anweisung legt fest, ob sich DOS in den oberen Speicherbereich (HMA) laden soll. Weiterhin kann festgelegt werden, ob obere Speicherblöcke (UMB's) zum Laden für speicherresidente Programme eingerichtet werden sollen.

DOS=HIGH/LOW,[UMB/NOUMB]

▫ **HIGH**: DOS wird, soweit möglich, in den HMA-Bereich geladen.
▫ **LOW**: DOS wird in den konventionellen Speicher geladen, auch wenn ein HMA-Bereich zur Verfügung stehen würde.
▫ **UMB**: Die Unterstützung für UMB wird eingerichtet.
▫ **NOUMB**: Es stehen keine UMB's zur Verfügung. Residente Programme werden in den konventionellen Speicher geladen.

Anmerkungen

▫ Sollen speicherresidente Programm und DOS in den UMA-Bereich geladen werden, so sind die folgenden Anweisungen in der angegebenen Reihenfolge in der CONFIG.SYS einzutragen.

1. DEVICE=HIMEM.SYS
Lädt die Unterstützung für den Zugriff auf Extended Memory und die UMB's.
2. DOS=HIGH,UMB
Lädt DOS in den HMA Bereich und legt UMB's an.
3. DEVICE=EMM386.SYS
Emuliert Expanded Memory und regelt die Speicherzuordnung der UMB's.

▫ Sind die Schritte 1 bis 3 ausgeführt, können über die Befehle:

DEVICEHIGH=<gerätetreiber> (CONFIG.SYS)
LOADHIGH=<programmname> (AUTOEXEC.BAT)

Gerätetreiber, TSR-Programme oder sonstige Programme in den UMA-Bereich geladen werden.

Verweise

Grundlagen und Begriffe **1.1**, Speicherverwaltung **7.7**, Konfigurationsdatei CONFIG.SYS **8.2**, Startdatei AUTOEXEC.BAT **8.3**

Laufwerksparameter einstellen   DRIVPARM
Konfiguration

DRIVPARM legt beim Starten von DOS Parameter für Blockgeräte fest, die die ursprünglich eingestellten DOS-Gerätetreiber verändern.

DRIVPARM=/**D:**nummer [/**C**] [/**F:**faktor] [/**H:**köpfe] [/**I**] [/**N**] [/**S:**sektoren] [/**T:**spuren]

▪ /**D:**nummer: Physische Laufwerksnummer (0 bis 225). Dies bedeutet: Laufwerksnummer 0=A, 1=B, 2=C usw.

▪ /**C**: Zeigt an, daß Laufwerkverrieglungs-Unterstützung erforderlich ist, d.h., daß das Laufwerk feststellen kann, ob die Verriegelung des Laufwerks geöffnet oder geschlossen ist.

▪ /**F:**faktor: Gibt den Formfaktorindex an. Standard ist 2. Gültige Werte sind:

0 = 160/180/320/360 Kbyte
1 = 1,2 Mbyte
2 = 720 Kbyte (3$^1/_2$-Zoll-Diskette)
5 = Festplatte
6 = Magnetbandlaufwerk
7 = 1,44 Mbyte (3$^1/_2$-Zoll-Diskette)
8 = Optische Platten (Lesen/Schreiben)
9 = 2,88 Mbyte (3$^1/_2$-Zoll-Diskette)

Die Standardwerte der folgenden Parameter hängen vom faktor bei /**F:** ab. Wird /**F:** nicht angegeben, wird ein Standardwert von 720 Kbyte (3$^1/_2$-Zoll-Diskette) verwendet.

▪ /**H:**köpfe: Anzahl Schreib-/Leseköpfe (1 bis 99). Standardwert ist 2.

▪ /**I**: Wird verwendet, wenn ein 3$^1/_2$-Zoll-Diskettenlaufwerk installiert ist, das nicht vom BIOS unterstützt wird und am vorhandenen Diskettencontroller als Laufwerk A oder B angesprochen wird.

- **/N**: Gibt ein Blockgerät mit nicht austauschbarem Datenträger an.
- **/S**:*sektoren*: Anzahl der Sektoren pro Spur, (1 bis 99). Der Standardwert ist 9.
- **/T**:*spuren*: Anzahl der Spuren pro Seite des Datenträgers des Blockgeräts (1 bis 999).

Anmerkungen

DRIVPARM wird nur dann benötigt, wenn ein Disketten- oder Bandlaufwerk, das nicht dem Standard entspricht, in das System installiert wird.

/I muß verwendet werden, wenn das BIOS des Rechners keine 3½-Zoll-Diskettenlaufwerke unterstützt.

/C unterstützt DOS, indem das Laufwerk selbstständig mitteilt, ob die Laufwerksverriegelung geschlossen ist.

Beispiel

Ein Computer verfügt über ein internes Magnetbandlaufwerk als Laufwerk D, das beim Starten von DOS automatisch auf 20 Spuren mit je 40 Sektoren konfiguriert wird. Mit dem folgenden CONFIG.SYS-Befehl können aber 10 Spuren mit je 99 Sektoren geschrieben werden:

```
DRIVPARM=/D:3 /F:6 /H:1 /S:99 /T:10
```

Damit werden die bisherigen Einstellungen außer Kraft gesetzt und ein Magnetbandlaufwerk als Laufwerk D unterstützt (in diesem Fall sind die logischen und physischen Laufwerksbezeichnungen gleich). Das Magnetbandlaufwerk verfügt über einen Schreib-/Lesekopf und unterstützt ein Format mit 10 Spuren und 99 Sektoren pro Spur. (Dies setzt voraus, daß der Gerätetreiber des Magnetbandlaufwerks diese Spuren- und Sektorenkonfiguration unterstützt.) Mit diesem Verfahren kann ein Magnetbandlaufwerk so eingestellt werden, daß die darauf erstellten Bänder von einem anderen Magnetbandlaufwerk, das nur über dieses eine Bandformat verfügt, gelesen werden können.

Anzahl Dateisteuerblöcke einstellen FCBS
Konfiguration

FCBS legt die Anzahl der Dateisteuerblöcke (File Control Blocks = FCBs) fest, die gleichzeitig geöffnet sein können.

FCBS=x

▪ x: Ist die Anzahl der Dateien, welche die Dateisteuerblöcke gleichzeitig öffnen können. Standardwert ist 4, möglich sind 0 bis 255.

Anmerkungen

▪ Ein Dateisteuerblock ist eine Datenstruktur, die zur Steuerung offener Dateien verwendet wird.

▪ Die bevorzugte Methode, auf Dateien zuzugreifen, besteht darin, anstatt Dateisteuerblöcke Dateinummern (file handles) zu verwenden. Bei manchen älteren Anwendungen ist es jedoch erforderlich, in der Datei CONFIG.SYS den Befehl **FCBS** zu verwenden. **FCBS** sollte deshalb nur verwendet werden, wenn das von einem Anwendungsprogramm gefordert wird.

▪ Die Reaktion von DOS hängt davon ab, ob gemeinsamer Dateizugriff mit dem Programm **SHARE** geladen wurde.

▪ Ist gemeinsamer Dateizugriff geladen, schließt DOS den Dateisteuerblock, der am längsten nicht mehr verwendet wurde, wenn ein Programm versucht, mehr als x Dateien zu öffnen.

▪ Wird der Befehl in CONFIG.SYS aufgenommen, verringert sich der Arbeitsspeicher mit jedem Wert von x um ca. 64 Byte.

Anzahl zu öffnender Dateien FILES
Konfiguration

FILES legt die Maximalanzahl von geöffneten Dateien fest, auf die DOS-Systemaufrufe über Dateinummern (file handles) gleichzeitig zugreifen können.

FILES=x

▪ x: Ist die Anzahl Dateien, die gleichzeitig geöffnet sein können. Standardwert ist 8, möglich sind 8 bis 255.

Anmerkungen

Der Wert x umfaßt alle Dateien, unabhängig davon, ob sie im Vordergrund, von Hintergrundfunktionen oder im Netzwerk geöffnet werden.

Für jede über 8 hinausgehende Datei erhöht sich der residente Teil von DOS um 48 Byte.

Vor allem Datenbankprogramme benötigen oft eine größere Einstellung, denn sie müssen gleichzeitig viele Dateien bearbeiten können.

Programme über CONFIG.SYS laden — INSTALL
Konfiguration

Mit **INSTALL** können Befehle wie **FASTOPEN**, **KEYB**, **NLSFUNC**, **SHARE** ua. bereits über die Konfigurationsdatei CONFIG.SYS geladen werden.

INSTALL=[*laufwerk:*][*pfad*]*dateiname* [*argument*]

- *laufwerk:* Ist das Laufwerk.
- *pfad*: Ist der Pfad.
- *dateiname*: Gibt das Programm an, das geladen werden soll.
- *argument*: Sind alle Befehlszusätze, die vom Programm, das geladen wird, akzeptiert werden.

Anmerkung

Für jeden Dateinamen muß die Dateinamenserweiterung angegeben werden.

```
INSTALL=C:\DOS\KEYB.COM GR,437,C:\DOS\KEYBOARD.SYS
```

Anzahl Laufwerke einstellen — LASTDRIVE
Konfiguration

LASTDRIVE legt die Höchstanzahl von Laufwerken fest, auf die zugegriffen werden kann.

LASTDRIVE=*x*

- *x*: Gibt das letzte gültige Laufwerk an, das DOS als Laufwerksbuchstaben akzeptieren wird. Möglich sind Buchstaben von A bis Z. Standardwert ist E.

Anmerkungen

- Die Mindestanzahl von *x* entspricht der Anzahl von Laufwerken, die auf dem entsprechenden Computer installiert sind. Falls ein kleinerer Wert angegeben wird, ignoriert DOS den **LASTDRIVE**-Befehl.
- Beim Systemstart ist DOS auf maximal fünf Laufwerke eingestellt (E:). DOS weist jedem angegebenen Laufwerk eine Datenstruktur zu, die einen Speicherplatz von ca. 80 Byte benötigt; daher sollten nicht mehr Laufwerke als nötig angegeben werden.
- Wird Gebrauch von dem **SUBST**-Befehl oder auch von Netzwerklaufwerken gemacht, muß hier ein ausreichender Bereich an Laufwerksbuchstaben angegeben werden.

Kommentarzeilen einfügen — REM
Konfiguration

Mit **REM** können Kommentarzeilen in die CONFIG.SYS eingefügt werden.

REM *kommentar*

- *kommentar*: Zeichenkette bis zu 123 Zeichen

Befehlsprozessor angeben — SHELL
Konfiguration

SHELL bewirkt, daß der Hauptbefehlsprozessor aus der angegebenen Datei geladen wird. Anstatt den Standardbefehlsprozessor COMMAND.COM zu lesen, startet DOS den angegebenen Prozessor.

SHELL=[*laufwerk:*][*pfad*]*dateiname* [*parameter*]

- *laufwerk:* Ist das Laufwerk.
- *pfad*: Ist der Pfad.

- *dateiname*: Ist eine Datei mit einem Befehlsprozessor. Der Standardbefehlsprozessor für DOS ist COMMAND.COM.
- *parameter*: Sind optionale Parameter beim Aufruf des Befehlsprozessors. Im Befehlsprozessor COMMAND.COM können die nachfolgenden Parameter angegeben werden:

/P	Der Befehlsprozessor bleibt geladen und die Datei AUTOEXEC.BAT wird ausgeführt.
/E:xxxx	Setzt die Systemumgebung auf *xxxx* Bytes. Der Wert muß zwischen 160 und 32768 liegen.
/MSG	siehe 7.6

Anmerkungen

- Systemprogrammierer, die sich ihre Befehlsprozessoren selbst schreiben (und nicht mit COMMAND.COM von DOS arbeiten), können mit **SHELL** den Namen ihres eigenen Programms angeben.
- **SHELL** hat keine Auswirkung auf die Umgebungsvariable COMSPEC. Um sicherzustellen, daß beim Neuladen derselbe Befehlsprozessor verwendet wird, muß mit

   ```
   COMSPEC= ...
   ```

   dieser Pfad angegeben werden (siehe 7.6).
- Das Betriebssystem bedient sich der Umgebungsvariablen COMSPEC, um festzustellen, welche Datei beim Neuladen des temporären Teils des Befehlsprozessors zu verwenden ist.
- **SHELL** hat keine Auswirkungen auf den Basic-Befehl **SHELL**.
- Der **SHELL**-Befehl erwartet keine Befehlszusätze. Sind jedoch mit dem neuen Befehlsprozessor Betehlszusätze möglich, können diese Zusätze in dieser Syntax eingeschlossen werden.

Beispiel:

```
SHELL=NEUCMDP.COM
```

NEUCMDP.COM kann mit den Zusätzen /C, /P und /E verwendet werden. Jeder dieser Zusätze kann in der Befehlszeile SHELL eingeschlossen werden.

```
SHELL=NEUCMDP.COM /C/P/E
```

stellt dann einen gültigen Befehl dar.

Anzahl und Größe der Stapel einstellen
STACKS
Konfiguration

STACKS dient der Einstellung der Größe und Anzahl von Stacks (Stapelspeicher).

STACKS=_n,s_

▓ _n_: Ist die Anzahl der Stapelspeicher. Möglich sind 8 bis 64.
▓ _s_: Ist die Größe jedes Stapelspeichers. Möglich sind 32 bis 512.

Die Standardwerte hängen vom verwendeten System ab:

Stapel-speicher	Computer
0,0	für PC-PC, PC-XT, IBM Portable
9,128	für andere Computer

Beschreibung

▓ Bei einer Hardwareunterbrechung weist DOS einen Stapelspeicher aus der Anzahl der angegebenen Stapelspeicher zu.
▓ Ist **STACKS**=0,0, dann wird während einer Unterbrechung kein anderer Stapel verwendet.
▓ Die Standardeinstellung sollte nur verändert werden, wenn während des Betriebs Fehler auftreten.

Tastaturfunktion einstellen
SWITCHES
Konfiguration

Mit **SWITCHES** kann die Anwendung von herkömmlichen Tastaturfunktionen festgelegt werden, wenn eine Text-/Datentastatur (MF) installiert ist.

SWITCHES=/K

SWITCHES=/W

▓ **/K**: Erweiterte Tastaturfunktionen werden nicht unterstützt.
▓ **/W**: Die Datei WINA20.386 kann in ein anderes Verzeichnis als das Stammverzeichnis installiert werden.

Anmerkungen

▪ Wird der Gerätetreiber **ANSI.SYS** installiert, sollte diesem als Parameter **/K** mitgegeben werden. Die Anweisung **SWITCHES** in der CONFIG.SYS kann dann entfallen.

▪ Wird mit Windows 3.0 gearbeitet, installiert das MS-DOS Setup-Programm die Datei WINA20.286 im Stammverzeichnis. Soll diese Datei in ein anderes Verzeichnis verschoben werden, müssen folgende Schritte durchgeführt werden.

1. In der CONFIG.SYS muß nachfolgende Zeile eingefügt werden.
SWITCHES=/W
2. In der SYSTEM.INI-Datei im Windows-Verzeichnis muß folgende Zeile im Bereich [386Enh] eingefügt werden.
DEVICE=[laufwerk:][pfad]WINA20.386

Laufwerk/Pfad gibt die neue Position der Datei WINA20.286 an.

Die Schritte sind nur erforderlich, wenn Windows im erweiterten 386-Modus betrieben wird.

8.4 Gerätetreiber

Gerätetreiber sind Programme, welche dem Betriebssystem erlauben, Geräte zu erkennen, die nicht Teile des Computers sind. Beispiele dafür sind Modems, Drucker, Mäuse und externe Diskettenlaufwerke.
▪ Einige Gerätetreiber sind bereits fest in DOS installiert (Tastatur, Bildschirm, Drucker).
▪ Andere Treiber, sogenannte *installierbare Gerätetreiber*, sind optional und müssen nach Bedarf installiert werden.

Übersicht: Gerätetreiber

In diesem Abschnitt werden die mit DOS gelieferten, installierbaren Gerätetreiber beschrieben:
▪ **ANSI.SYS** lädt die Unterstützung für die ANSI-Bildschirmsteuerung.
▪ **DISPLAY.SYS** unterstützt Codeseitenumschaltung auf dem Bildschirm.
▪ **DRIVER.SYS** unterstützt externe Diskettenlaufwerke.
▪ **EGA.SYS** unterstützt die Programmumschaltung der DOS-Shell auf EGA-Monitoren.
▪ **EMM386.EXE** installiert Expanded Memory auf Systemen mit 80386-Prozessoren und übernimmt die Speicherzuordnung für das Laden und Ausführen von TSR-Programmen im UMA-Bereich.
▪ **HIMEM.SYS** verwaltet den Zugriff auf das Extended Memory und den UMA-Bereich.
▪ **PRINTER.SYS** bietet Codeseitenunterstützung für PRN, LPT1, LPT2 und LPT3.
▪ **RAMDRIVE.SYS** unterstützt eine oder mehrere virtuelle Disketten, sog. RAM-Disks (ab MS-DOS 3.2).
▪ **SETVER.EXE** lädt die Versionstabelle in den Arbeitsspeicher.
▪ **SMARTDRV.SYS** installiert ein Festplatten-Cache-Programm.

Zusätzliche installierbare Gerätetreiber werden mit **DEVICE=** in der Datei CONFIG.SYS installiert (siehe 8.3).

ANSI-Bildschirmsteuerung — ANSI.SYS Gerätetreiber

Mit dem Gerätetreiber ANSI.SYS können ANSI-Escapefolgen zur Bildschirmsteuerung (ANSI-Norm 3.64-1979) verwendet werden. Eine ANSI-Escapefolge ist eine Reihe von Zeichen, die mit dem Steuercode Escape eingeleitet wird und mit der in DOS der Bildschirm angesteuert werden kann, zum Beispiel um den Cursor zu bewegen oder an bestimmte Stellen zu setzen.

DEVICE=[*laufwerk:*][*pfad*]**ANSI.SYS** /**X** /**L** /**K**

▨ *laufwerk:\pfad*: Ist das Laufwerk/Pfad, in dem die Datei mit dem Gerätetreiber ANSI.SYS gespeichert ist.
▨ /**X**: Tasten können mit erweiterten Tastenwerten (niederwertiges Byte 00h) neu definiert werden.
▨ /**L**: Die mit **MODE** eingestellte Zeilenzahl soll gehalten werden, wenn diese von Programmen auf 25 zurück gesetzt wird (siehe 7.2).
▨ /**K**: Erweiterte Tastaturfunktionen werden aufgehoben (siehe **SWITCHES**).

Anmerkungen

▨ /**L** kann bei manchen Programmen zu Problemen führen. Der Parameter ist dann wegzulassen.
▨ Programme, die den Bildschirm über ANSI-Escapesequenzen ansteuern, laufen auf jedem MS-DOS-Rechner (nicht nur auf PC-Kompatiblen).
▨ Nur sehr wenige Programme verwenden die ANSI-Steuermöglichkeiten, da die Bildschirmausgabe auf PCs damit sehr langsam ist, sondern schreiben direkt in den Bildschirmspeicher. Dies ergibt einen sehr schnellen Bildschirmaufbau.
▨ ANSI.SYS untersucht alle Bildschirmausgaben, die über DOS erfolgen, und wird aktiv, wenn es den Code Escape (27, 1Bhex) entdeckt.

▨ Wenn das darauffolgende Zeichen eine eckige Klammer ([) ist, handelt es sich um eine Bildschirmsteuersequenz. Es folgen dann die für die jeweilige Escapesequenz notwendigen Parameter in ASCII- oder String-Schreibweise (in " oder ').

▨ Mehrere Parameter werden durch Semikolon getrennt. Nach den Parametern folgt ein klein oder groß geschriebener Buchstabe, der die Steuersequenz kennzeichnet.

▨ Escapesequenzen können nicht direkt über die Tastatur eingegeben werden, da die Taste [Esc] eine andere Funktion hat.

▨ Es gibt drei Möglichkeiten, um Escapesequenzen auszugeben, ohne ein Programm zu schreiben:
- ▶ Verwendung des Befehls **PROMPT** (siehe 7.1).
- ▶ Eingabe der Sequenzen in eine Datei (z.B. mit einem Editor) und anschließende Ausgabe mit
TYPE *dateiname* (siehe 6.7) oder
COPY *dateiname* **CON** (siehe 5.2).
- ▶ Ausgabe der Escapesequenz mit dem Stapelverarbeitungsbefehl **ECHO** (siehe 9.6).

▨ Escape wird bei **PROMPT** als $e angegeben. Bei Eingabe mit einem Editor muß meistens die Tastenkombination [Alt]+[2][7] verwendet werden.

▨ Das Escapezeichen erscheint auf dem Bildschirm entweder als ← oder als die Zeichenkombination ^[. Wenn ^[erscheint, muß die darauffolgende eckige Klammer aber trotzdem noch eingegeben werden (^[[).

▨ Wird der Befehl **MODE CON LINES=xx** verwendet, muß ANSI.SYS geladen werden.

8.4 Die ANSI-Escapesequenzen

Im folgenden werden gruppenweise alle verfügbaren ANSI-Escapesequenzen erläutert. Parameter sind durch das Zeichen # gekennzeichnet. Wird ein Parameter weggelassen, wird dafür 0 angenommen. Buchstaben in einer Escapesequenz müssen, wie angegeben, groß oder klein geschrieben werden.

Cursorpositionierung und -bewegung
Esc [#A   Cursor nach oben (CUU, cursor up)
          Der Cursor bewegt sich um die Zeilenanzahl nach oben (1–24); in Zeile 1 erfolgt keine Bewegung.

	Wird keine Zahl oder 0 angegeben, wird 1 angenommen.
Esc [#B	Cursor nach unten (CUD, cursor down)
	Der Cursor bewegt sich um die Zeilenanzahl nach unten (1–24); in Zeile 25 erfolgt keine Bewegung. Wird keine Zahl oder 0 angegeben, wird 1 angenommen.
Esc [#C	Cursor nach rechts (CUF, cursor forward)
	Der Cursor bewegt sich um die Anzahl Positionen nach rechts (1–79). Es wird nicht über das Zeilenende hinaus positioniert.
Esc [#D	Cursor nach links (CUB, cursor backward)
	Der Cursor bewegt sich um die Anzahl Positionen nach links (1–79). Es wird nicht über den Zeilenbeginn hinaus positioniert.
Esc [#;#H	Cursor positionieren (CUP, cursor position)
	oder
Esc [#;#f	Cursor positionieren (HVP, hor./vert. position)
	Der Cursor wird auf die angegebene Position bewegt.
	Erster Parameter: Zeilennummer (1–25).
	Zweiter Parameter: Spaltennummer (1–80).
Esc [s	Cursorposition merken (SCP, save cursor position)
	ANSI.SYS merkt sich die Cursorposition.
Esc [u	Cursor auf gemerkte Position setzen (RCP, restore cursor position)
	Der Cursor wird auf die mit Esc [s gemerkte Position gesetzt.

Statusabfrage

Esc [6n	Einheiten-Statusbericht (DSR, device status report)
	Der Treiber gibt eine Escapefolge in folgender Form aus: Esc [#;#R (CPR, cursor position report). Die Parameter geben die aktuelle Cursorposition an (Zeile/Spalte).

Bildschirmbereiche löschen

Esc [2J	Bildschirm löschen (ED, erase display)
	Der ganze Bildschirm wird gelöscht und der Cursor in die Home-Position (1,1) gebracht.

Esc [K   Zeilenende löschen (EL, erase line)
          Die Zeile wird von der aktuellen Position bis zum Zeilenende gelöscht.

Bildschirmattribute

Esc [#;#;...m
          Bildschirmattribute einstellen (SGR, set graphics rendition)
          Stellt das (die) von dem (den) Parameter(n) angegebene Zeichenattribut(e) ein. Mehrere Attribute werden durch Semikolon getrennt.
          Mögliche Attribute:

Parameter	Bedeutung
0	Normal, alle Attribute aus
1	Fettanzeige ein
4	Unterstreichen ein
5	Blinken ein
7	Revers ein
8	Unsichtbar ein

Bildschirmfarben

Parameter	Bedeutung
30	Vordergrund schwarz
31	Vordergrund rot
32	Vordergrund grün
33	Vordergrund gelb
34	Vordergrund blau
35	Vordergrund violett
36	Vordergrund kobaltblau
37	Vordergrund weiß
40	Hintergrund schwarz
41	Hintergrund rot
42	Hintergrund grün
43	Hintergrund gelb
44	Hintergrund blau
45	Hintergrund violett
46	Hintergrund kobaltblau
47	Hintergrund weiß

Die Werte 30 bis 47 entsprechen der ISO-Norm 6429. Nicht alle Werte werden von jedem Computer unterstützt.

Modus einstellen/rücksetzen

Esc [=#h   Modus einstellen (SM, set mode) oder
Esc [=h   oder
Esc [=0h   oder
Esc [?7h

> Stellt den vom Parameter angegebenen Bildschirmmodus oder die Ausgabeart ein. Das Fragezeichen kann weggelassen oder ein Gleichheitszeichen verwendet werden.
> Mögliche Parameter:

Parameter	Bedeutung
0	40 x 25 S/W, Text
1	40 x 25 Farbe, Text
2	80 x 25 S/W, Text
3	80 x 25 Farbe, Text
4	320 x 200 Farbe, Grafik
5	320 x 200 S/W, Grafik
6	640 x 200 S/W, Grafik
7	Zeilenüberlauf einschalten: Zeichen am Zeilenende werden in der folgenden Zeile ausgegeben.
14	640 x 200 Farbe
15	640 x 350 Monochrom
16	640 x 350 Farbe
17	640 x 480 Farbe
18	640 x 480 Farbe
19	320 x 200 Farbe

Esc [=#l   Modus rücksetzen (RM, reset mode) oder
Esc [=l   oder
Esc [=0l   oder
Esc [?7l

> Stellt den vom Parameter angegebenen Bildschirmmodus oder die Ausgabeart ein. Das Fragezeichen kann weggelassen oder ein Gleichheitszeichen verwendet werden. Die Parameter sind außer 7 identisch mit denen von Esc [?#h (Modus einstellen):

Parameter	Bedeutung
7	Zeilenüberlauf ausschalten: Zeichen am Zeilenende werden ignoriert.

Es gelten die gleichen Parameter wie bei der Definition des Bildschirmmodus.

Neuzuordnung der erweiterten Tastenwerte aktivieren/deaktivieren (nur PC-DOS)

Esc [0q   Neuzuordnung wird deaktiviert
Esc [1q   Neuzuordnung wird aktiviert.

Die gleiche Wirkung wird durch den Parameter /X bei der Installation von ANSI.SYS erreicht.

Neuzuweisung der Tastatur

Esc [#;#;...p   Tastatur umbelegen oder
Esc [#;"Folge"p   oder
Esc [#;"Folge";#;P

Der erste Parameter oder bei zweistelligem Tastencode die beiden ersten Parameter definieren, welche Taste neu belegt werden soll. Die restlichen Parameter sind die Zeichen, die bei Betätigung dieser Taste ausgegeben werden sollen. Die Parameter können auch Strings sein (in " oder ').
Tastaturcodes siehe in der folgenden Tabelle:

Die Tastaturcodes

Für die Tastendarstellung die eigentliche Darstellung von Tasten verwenden. Statt F1 besser [F1]

Taste	Code Allein	mit Shift	mit Strg	mit Alt
F1	0;59	0;84	0;94	0;104
F2	0;60	0;85	0;95	0;105
F3	0;61	0;86	0;96	0;106
F4	0;62	0;87	0;97	0;107
F5	0;63	0;88	0;98	0;108
F6	0;64	0;89	0;99	0;109
F7	0;65	0;90	0;100	0;110
F8	0;66	0;91	0;101	0;111
F9	0;67	0;92	0;102	0;112

	Allein	mit Shift	mit Strg	mit Alt
F10	0;68	0;93	0;103	0;113
F11	0;133	0;135	0;137	0;139
F11	0;134	0;136	0;138	0;140
<	60	62 (">")	28	--
1	49	33 ("!")	--	0;120
2	50	34 (""")	0;3	0;121
3	51	21 ("§")	--	0;122
4	52	36 ("$")	--	0;123
5	53	37 ("%")	--	0;124
6	54	38 ("&")	--	0;125
7	55	47 ("/")	--	0;126
8	56	40 ("(")	--	0;127
9	57	41 (")")	--	0;128
0	58	61 ("=")	--	0;129
ß	225	63 ("?")	--	--
'	39	96 ("`")	--	--
#	35	94 ("^")	--	--
Rücktaste	8	8	127	--
Tab	9	0;15	--	--
A	97	65	1	0;30
B	98	66	2	0;48
C	99	67	3	0;46
D	100	68	4	0;32
E	101	69	5	0;18
F	102	70	6	0;33
G	103	71	7	0;34
H	104	72	8	0;35
I	105	73	9	0;23
J	106	74	10	0;36
K	107	75	11	0;37
L	108	76	12	0;38
M	109	77	13	0;50
N	110	78	14	0;49
O	111	79	15	0;24
P	112	80	16	0;25
Q	113	81	17	0;16
R	114	82	18	0;19
S	115	83	19	0;31
T	116	84	20	0;20
U	117	85	21	0;22

	Allein	mit Shift	mit Strg	mit Alt
V	118	86	22	0;47
W	119	87	23	0;17
X	120	88	24	0;45
Y	121	89	25	0;21
Z	122	90	26	0;44
Ä	132	142	--	--
Ö	148	153	--	--
Ü	129	154	(27)	--
+	43	42 ("*")	29	--
-	45	95 ("_")	31	0;130
.	46	58 (":")	--	--
,	44	59 (";")	--	--
Esc (Eing Lösch)	(27)	(27)	(27)	--
Home (Pos1)	0;71	55 ("7")	0;119	--
Cursor oben	0;72	56 ("8")	--	--
PgUp (Bild)	0;73	57 ("9")	0;132	--
Cursor links	0;75	52 ("4")	0;115	--
Cursor rechts	0;77	54 ("6")	0;116	--
End	0;79	49 ("1")	0;117	--
Cursor unten	0;80	50 ("2")	--	--
PgDn (Bild)	0;81	51 ("3")	0;118	--
Ins (Einfg)	0;82	48 ("0")	--	--
Del (Lösch)	0;83	46 (".")	--	--
PrtSc (Druck)	--	--	0;114	--

Beispiele

PROMPT $e[33;44m
PROMPT pg

Bei einem Farbmonitor ist anschließend der Hintergrund blau (44) und die Schrift (Vordergrund) gelb (33).

PROMPT $e[37;40m
PROMPT pg

Auf normale Farben (weiß auf schwarz) zurückschalten.

PROMPT $e[0;68;"CLS";13p
PROMPT pg

Die Funktionstaste [F10] (0;68) erhält die Belegung CLS [↵]. Wird [F10] betätigt, wird **CLS** ausgeführt.

PROMPT $E[s$e[1;69Hte[upg
Die aktuelle Cursorposition wird gesichert ($e[s) und anschließend der Cursor in die Zeile 1 auf Position 69 positioniert ($e[1;69H). Dort wird die Zeit ausgegeben ($t) und dann die alte Cursorposition wiederhergestellt ($e[u). Darauf wird die Eingabeaufforderung mit Pfadangabe angezeigt (pg).

Esc[7;50HEsc[K
Der Cursor wird zur Zeile 7, Spalte 50 bewegt und der Rest der Zeile gelöscht.

Esc["$";"£"p
Die Taste [$] wird so umbelegt, daß sie ein Pfundzeichen liefert.

Esc["$";"$"p
Die Umbelegung des Dollarzeichens wird wieder rückgängig gemacht.

Esc[".";","pEsc[",";"."p
Die Belegung der Tasten [.] und [,] wird vertauscht.

Esc[".";"."pEsc[",";","p
Die Vertauschung der Tasten [.] und [,] wird wieder rückgängig gemacht.

Esc[0;113;"CLS";13;"DIR | SORT /+14";13p
Die Funktionstaste [Alt]+[F10] (0;113) wird mit der Zeichenfolge CLS mit anschließendem [↵] und dem angegebenen Befehl, ebenfalls gefolgt von [↵], belegt. Betätigen der Taste [Alt]+[F10] führt nun sofort diese Befehle aus und zeigt ein sortiertes Verzeichnis an.

Esc[0;113;0;113p
Die Umbelegung der Funktionstaste [Alt]+[F10] wird wieder rückgängig gemacht.

Codeseitenumschaltung für den Bildschirm	*DISPLAY.SYS Gerätetreiber*

DISPLAY.SYS ist ein installierbarer Gerätetreiber, der Codeseitenumschaltung für den Bildschirm unterstützt.

DEVICE = [*lw:*][*pfad*]**DISPLAY.SYS CON**[:]=[*typ*[,*hwcp*][,*n,m*]]

lw:	Ist das Laufwerk.
pfad	Ist der Pfad, in dem die Datei mit dem Gerätetreiber DISPLAY.SYS gespeichert ist.
typ	Ist der verwendete Bildschirmadapter. Gültige Werte sind MONO, CGA, EGA und LCD.
hwcp	Ist die von der Hardware unterstützte Codeseite. Die folgenden Werte sind zulässig: 437 USA 850 Mehrsprachig (Lateinisch I) 852 Slawisch (Lateinisch II) 860 Portugal 863 Franko-kanadisch 865 Norwegen
n	Ist die Anzahl der zusätzlichen Codeseiten, die unterstützt werden können. Die Anzahl hängt von der Hardware ab. Die zulässige Anzahl reicht von 0 bis 12. MONO und CGA unterstützen keine weiteren Codeseiten, daher muß *n* den Wert 0 haben. EGA kann den Wert 2 haben. LCD kann den Wert 1 haben.
m	Ist die Anzahl untergeordneter Schriftarten, die für jede Codeseite unterstützt werden. Diese sind für jeden Bildschirmadapter verschieden. Wird *m* nicht angegeben, gilt als Standard die maximal mögliche Anzahl von Schriftarten.

8.4 Anmerkungen

▓ Weitere Informationen zu Codeseiten siehe 8.5.

▓ Wird ANSI.SYS zusammen mit DISPLAY.SYS verwendet, muß folgende Reihenfolge eingehalten werden:

```
DEVICE=ANSI.SYS
DEVICE=DISPLAY.SYS
```

Verweis

Landeseinstellungen und Codeseiten **7.4**.

Blockgeräte installieren — DRIVER.SYS Gerätetreiber

DRIVER.SYS ist ein installierbarer Gerätetreiber, der externe Laufwerke unterstützt.

DEVICE = [*laufwerk:*][*pfad*]**DRIVER.SYS** /**D**:*nummer* [/**C**] [/**F**:*faktor*] [/**H**:*köpfe*] [/**S**:*sektoren*] [/**T**:*spuren*]

▪ *laufwerk:* Ist das Laufwerk.
▪ *pfad*: Ist der Pfad, in dem die Datei mit dem Gerätetreiber DRIVER.SYS gespeichert ist.
▪ /**D**:*nummer*: Ist die physische Laufwerksnummer. Möglich ist 0 bis 127. Die Numerierung von Diskettenlaufwerken beginnt bei 0, das von der DOS-Befehlszeile als Laufwerk A bezeichnet wird. Laufwerksnummer 1 ist das zweite physische Diskettenlaufwerk. Laufwerk 2 ist das dritte und muß ein externes Laufwerk sein.
▪ /**C** : Gibt an, daß das Laufwerk selbständig auf die Laufwerksverriegelung reagiert und diese Information an DOS weitergibt.
▪ /**F**:*faktor*: Gibt den Einheitentyp an. Der Standardwert ist 2. Die folgenden Werte sind gültig:
0 = 160/180 oder 320/360 Kbyte
1 = 1,2 Mbyte
2 = 720 Kbyte (3$^1/_2$-Zoll-Diskette)
7 = 1,44 Mbyte (3$^1/_2$-Zoll-Diskette)
8 = 2,88 Mbyte (3$^1/_2$-Zoll-Diskette)
▪ /**H**:*köpfe*: Ist die maximale Anzahl von Schreib-/Leseköpfen (1 bis 99). Der Standardwert ist 2.
▪ /**S**:*sektoren*: Legt die Anzahl der Sektoren pro Spur fest. (1 bis 99). Der Standardwert hängt von /**F**:*faktor* ab.

Faktor	Sektoren
/F:0	/S:9
/F:1	/S:15
/F:2	/S:9
/F:7	/S:18
/F:9	/S:36

/T:*spuren*
Legt die Anzahl der Spuren pro Seite des Datenträgers im Blockgerät fest (1 bis 999). Der Standardwert ist 80. Bei **/F:***0* ist der Standardwert 40

Anmerkungen

▪ Ein logisches Gerät wird mit dem Befehl **DRIVPARM** konfiguriert (siehe 8.3).

▪ Festplatten werden von DRIVER.SYS nicht unterstützt. Für logische Laufwerksbezeichnungen ist der Befehl **SUBST** zu verwenden.

▪ Werden die Parameter **/H**, **/S** und **/T** verwendet, kann der Parameter **/F** entfallen.

Beispiel

Um ein externes Diskettenlaufwerk D: mit 720 Kbyte Speicherkapazität in Betrieb zu nehmen, wird die folgende Befehlszeile in die Konfigurationsdatei CONFIG.SYS eingetragen:
```
DEVICE=DRIVER.SYS /D:3 /F:2
```

Verweis

Die Konfigurationsdatei CONFIG.SYS **8.3**.

Programmumschaltung — EGA.SYS Gerätetreiber

EGA.SYS stellt die Anzeige wieder her, wenn die Funktion Programmumschaltung der DOS-Shell auf EGA-Monitoren verwendet wird.

DEVICE=[*lw:*][*pfad*]**EGA.SYS**

▪ *lw:* Ist das Laufwerk.

▪ *pfad*: Ist das Verzeichnis, in dem die Datei mit dem Gerätetreiber PRINTER.SYS gespeichert ist.

Anmerkungen

▪ Wird eine Maus verwendet, kann Speicherplatz gespart werden, wenn EGA.SYS vor dem Maustreiber installiert wird.

■ Der Treiber muß installiert werden, wenn die Programmumschaltung der DOS-Shell auf einem System mit EGA-Bildschirm verwendet wird.

Speicherverwaltung für Expanded	**EMM386.EXE**
Memory und UMB's	Gerätetreiber

Der Gerätetreiber hat eigentlich 3 Aufgaben:
1. Füllt die Lücken im UMA-Bereich mit RAM oberhalb 1 MB.
2. Erweitert den DOS-Lader, damit Programme und Treiber im UMA und HMA laufen.
3. Emuliert Expanded Memory nach LIM 4.0 aus dem XMS-Bereich auf 80386/486-Rechnern.

DEVICE=[*lw:*][*pfad*]**EMM386.EXE** [**NOEMS**] [*größe*] [**RAM**]
[**FRAME=***xxxx* /**M***x* /**P***xxxx* /**FRAME=NONE**] [**P***n=mmmm*]
[**I=***xxxx-xxxx*] [**X=***mmmm-nnnn*] [**B=***mmmm*] [**L=***n*] [**A=***n*]
[**H=***nnn*] [**D=***nnn*]

■ *lw:* Ist das Laufwerk.
■ *pfad*: Ist das Verzeichnis, in dem die Datei EMM386.EXE gespeichert ist.
■ **NOEMS**: Die EMS-Emulation wird abgeschaltet, der durch die Page Frame belegte Speicherplatz wird für die UMB's verwendet.
■ *größe*: Gibt die Größe des Speichers an, den EMM386 für Expanded Memory zur Verfügung stellen soll. Möglich ist ein Wert von 16 bis 32786 KB. Der angegebenen Wert wird auf ein Vielfaches von 16 abgerundet.
■ **RAM**: Es wird ein Page Frame für Expanded Memory nach LIM 4.0 angelegt. Die restlichen Pages (Seiten) werden für UMB's verwendet.
■ **FRAME=***xxxx*: Der Parameter bestimmt die Anfangs-
■ **M***x*: Segment-Adresse des EMS-Fensters. Es
■ /**P***xxxx*: muß gewährleistet sein, daß vier
zusammenhängende Seiten angelegt werden können (=64KB). Die Adresse muß hexadezimal angegeben werden. EMM386 such von E000h bis C000h nach einer geeigneten Adresse. Die

Parameter **FRAME=**, **M**x oder **/P**xxxx sind gleichbedeutend und können alternativ verwendet werden.

- : **M**x verwendet vordefinierte Adressen:

M1 = C000h	M8 = DC00h
M2 = C400h	M9 = E000h
M3 = C800h	M10= 8000h
M4 = CC00h	M11= 8400h
M5 = D000h	M12= 8800h
M6 = D400h	M13= 8C00h
M7 = CD80h	M14= 9000h

- xxxx gibt bei **/P** die gleichen Adressen an, wie bei M. Die Möglichen Adressen können in Schritten von 400h Bytes verwendet werden.

- **FRAME=NONE**: Es wird kein Seitenrahmen nach LIM 3.2 angelegt. Backfilled Page Frame zur Nutzung von Expanded Memory nach LIM 4.0 wird angelegt.

- **P**n=mmmm: Bestimmt, daß eine bestimmte Seite n auf die angegebene Adresse mmmm gelegt wird.

- **I**=xxxx-xxxx: Gibt einen Speicherbereich an, der für UMB's verwendet werden kann.

- **X**=mmmm-nnnn: Verhindert, daß ein Speicherbereich für UMB's verwendet wird.

- **B**=mmmm: Gibt die unterste Segmentadresse an, die genutzt werden kann.

- **L**=n: Reserviert die angegebene Größe n für Expanded Memory. Dieser Bereich steht immer zur Verfügung.

- **A**=n: Gibt die Anzahl von Wechselregistersätzen an, die für Multitasking verwendet werden. Erlaubt sind Werte von 0 bis 254. Standard ist 7. Jeder Werte erhöht den beanspruchten Speicherplatz von EMM386 um 200 Byte.

- **H**=nnn: Gibt die Anzahl der Zugriffsnummern (Handles) an, die EMM386 zur Verfügung stehen. Erlaubt sind Werte von 2 bis 255. Standard ist 64.

- **D**=nnn: Gibt den Speicherplatz an, der für gepufferten Direktspeicherzugriff (DMA) zur Verfügung steht. Mögliche Werte sind 16 bis 256. Standard ist 16.

Anmerkungen

▨ Soll EMM386 für UMB's eingerichtet werden, muß HIMEM.SYS in die CONFIG.SYS aufgenommen werden.

▨ Wird die Installation von EMM386 so vorgenommen, daß sowohl UMB's als auch LIM 4.0 genutzt werden kann, steht für speicherresidente Programme nur ein kleiner Bereich zur Verfügung. Programme werden dann in den konventionellen Speicher geladen.

▨ EMM386 kann nur auf Rechnern mit den Prozessoren 80386 oder 80486 eingesetzt werden.

▨ EMM386 wandelt Extended Memory durch Softwareemulation in Expanded Memory um.

▨ EMM386 nimmt als Anfangssegment die Startadresse, die einen zusammenhängenden Page Frame (Seitenrahmen) von 64KB ergibt. Es ist möglich, daß unterhalb dieser Adresse noch Speicher zur Verfügung steht. Dieser kann mit dem **I**-Parameter verfügbar gemacht werden.

▨ Werden zusätzliche Adapter (Netzwerk-, Fax-/Modem-/Streamer-Karten etc.) verwendet, müssen deren Speicherbereiche über den **X**-Parameter ausgeblendet werden.

▨ Die Angabe des Seitenrahmen kann über 3 unterschiedliche Parameter vorgenommen werden. Die folgenden Angaben sind daher gleichbedeutend.

```
FRAME=D000
```
oder
```
/M5
```
oder
```
/PD000
```

▨ Ob die in den Beispielen aufgeführten Parameter funktionieren, muß bei jedem Rechner individuell festgestellt werden. Insbesondere bei der Verwendung Netzwerkadapter, FAX-karten u.a. kann es hier zu Abweichungen kommen.

Beispiele

Vom vorhandenen Speicher soll 1024KB für Expanded Memory zur Verfügung gestellt werden. Als Seitenrahmen wird die Adresse D000h verwendet. Es soll sowohl LIM 3.2 als auch LIM 4.0 möglich sein.

```
DEVICE=EMM386.EXE 1024 RAM FRAME=D000
```

Der gesamte verfügbare Speicher soll für UMB's verwendet werden.
```
DEVICE=EMM386.EXE NOEMS
```

Der Bereich des Mono-Bildschirmspeichers, der unterhalb des Segments D000h liegt, soll ebenfalls zur Verfügung gestellt werden.
```
DEVICE=EMM386.EXE 1024 RAM FRAME=D000 I=B000-B7FF
```

Es werden mehrere Speicherblöcke des Adaptersegments zur Verfügung gestellt. Sowohl UMA als auch EMS nach LIM 4.0 soll möglich sein.
```
DEVICE=C:\DOS\EMM386.EXE RAM 512 FRAME=D000 I=B000-B7FF
I=C800-CBFF I=D000-EFFF
```

Beim Starten des Rechners werden vom EMM386-Treiber folgende Nachrichten ausgegeben.
```
MICROSOFT Expansionsspeicher-Manager 386 Version 4.20.06X
(C) Copyright Microsoft Corporation 1986,1991

EMM 386 erfolgreich installiert
    Verfügbarer Expansionsspeicher  . . . . . . . . . . 512 KB
    LIM/EMS Version  . . . . . . . . . . . . . . . .      4.0
    Gesamtanzahl Expansionsspeicher-Seiten  . . . . .      56
    Verfügbare Espansionsspeicher-Seiten  . . . . . .      32
    Gesamtanzahl Zugriffsnummern  . . . . . . . . . .      64
    Aktive Zugriffsnummer  . . . . . . . . . . . . .        1
    Seitenrahmensegment  . . . . . . . . . . . . . . D000 H

    Verfügbarer hoher Speicherbereich (Upper Memory)  111 KB
    Größter, verfügbarer Block im hohen Speicher . .   63 KB
    Startadresse des hohen Speicherbereich  . . . . . B000 H
EMM386 aktiv
```

Eine Auflistung der Speicherbelegung mit dem MEM-Befehl zeigt, daß noch nicht der gesamte UMA-Speicherbereich durch Programme belegt ist.

Konventioneller Speicher:

Name	Größe (dezimal)		Größe (Hex)
MSDOS	16912	(16.5KB)	4210
HIMEM	1184	(1.2KB)	4A0

EMM386	8896	(8.7KB)	22C0
COMMAND	4800	(4.7KB)	12C0
KEYB	6208	(6.1KB)	1840
FREI	64	(0.1KB)	40
FREI	64	(0.1KB)	40
FREI	616992	(602.5KB)	96A20

Insgesamt FREI: 617120   (602.7KB)

Hoher Speicher (Upper Memory)

Name	Größe (dezimal)		Größe (Hex)
SYSTEM	213056	(208.1KB)	34040
NLSFUNC	2784	(2.7KB)	AE0
MODE	464	(0.5KB)	1D0
MIRROR	6512	(6.4KB)	1970
FASTOPEN	12800	(12.5KB)	3200
SMARTDRV	23808	(23.3KB)	5D00
MOUSE	18208	(17.8KB)	4720
RAMDRIVE	1184	(1.2KB)	4A0
ANSI	4192	(4.1KB)	1060
SETVER	448	(0.4KB)	1C0
DOSKEY	4656	(4.5KB)	1230
FREI	64	(0.1KB)	40
FREI	80	(0.1KB)	50
FREI	9904	(9.7KB)	26B0
FREI	16320	(15.9KB)	3FC0
FREI	12896	(12.6KB)	3260

Insgesamt FREI: 39264   (38.3KB)

Insg. verfügbarer Arbeitsspeicher (Konventioneller+hoher):
656384   (641.0KB)
Maximale Größe für ausführbares Programm:
616736   (602.3KB)
Größter freier Block im hohen Speicher (Upper Memory):
16320   (15.9KB)

```
  917504 Byte EMS-Speicher insgesamt
  524288 Byte EMS-Speicher frei

 7340032 Byte fortlaufender Erweiterungsspeicher insgesamt
       0 Byte fortlaufender Erweiterungsspeicher verfügbar
 3454976 Byte XMS-Speicher verfügbar
         MS-DOS resident im oberen Speicherbereich (High
Memory Area)
```

Verweise

Grundbegriffe **1.1**, Speicherverwaltung **7.7**,

XMS-Verwaltung	**HIMEM.SYS**
	Gerätetreiber

Der Treiber regelt den Zugriff und die Verwaltung des Extended Memory (Erweiterungsspeicher) und des UMA-Bereichs. Hierbei wird sichergestellt, daß zwei Anwendungen nicht gleichzeitig den gleichen Speicherbereich nutzen und damit das System eventuell zum Absturz bringen.

DEVICE=[*lw:*][*pfad*]**HIMEM.SYS** [/**HMAMIN**=*m*]
[/**NUMHANDLES**=*n*] [/**SHADOWRAM**:*on*/*OFF*]
[/**MACHINE**:*name*] [/**INT15**=*n*] [**A20CONTROL**:=*ON*/*off*]
[/**CPUCLOCK**:*ON*/*OFF*]

▪ *lw:* Ist das Laufwerk.
▪ *pfad*: Ist das Verzeichnis, in dem die Datei HIMEM.SYS gespeichert ist.
▪ /**HMAMIN**=*m*: *m* gibt an, wieviel KB Speicher eine Anwendung im HMA-Bereich belegen muß, damit HIMEM die Benutzung ermöglicht. Gültige Werte sind von 0 bis 63, Standard ist 0.

Die nachfolgenden Parameter haben nur in Verbindung mit Windows 3.0 eine Bedeutung.

▪ /**NUMHANDLES**=*n*: *n* legt die maximale Anzahl von Anwendungen fest, die auf Extended Memory zugreifen können. Gültige Werte sind von 1 bis 128, Standard ist 32. Jeder zusätzliche Wert belegt 6 Byte Speicher.
▪ /**SHADOWRAM**:*on*/*OFF*: Gibt an, ob der Bereich, der durch Shadowram belegt wird, als zusätzlicher Speicher eingesetzt werden soll. Der Parameter ist nicht auf allen Systemen verfügbar und muß ev. getestet werden.
▪ /**MACHINE**:*name*: Klassifiziert den verwendeten Computertyp. Der Parameter ist nur nötig, wenn HIMEM.SYS den Computer nicht identifizieren kann, oder bei Systemen, die nicht zu 100% zum Standard kompatibel sind. Standard ist *at* oder *1*

Folgende Einträge sind möglich:

Code	Zahl	A20-Behandlungsroutine
at	1	IBM PC/AT
ps2	2	IBM PS/2
pt1cascade	3	Phoenix Cascade BIOS
hpvectra	4	HP Vectra (A und A+)
att6300plus	5	AT & T 6300 Plus
acer1100	6	Acer 1100
toshiba	7	Toshiba T1600 und T1200XE
wyse	8	Wyse 12,5 MHz 286
tulip	9	Tulip SX
zenith	10	Zenith ZBIOS
at1	11	IBM PC/AT
at2	12	IBM PC/AT (alternative Verzögerung)
ess	12	CSS Labs
at3	13	IBM PC/AT (alternative Verzögerung)
philips	13	Philips
fasthp	14	HP Vectra

▓ /**INT15**=*n*: Reserviert Extended Memory der dann über den Int15 Programmen zugewiesen werden kann. Der Parameter ist nur erforderlich, wenn Programme sogenannte VDISK-Köpfe erkennen können. Mögliche Werte sind 64 bis 65535. Standard ist 0.

▓ **A20CONTROL**:=*ON*/*off*: *ON* gibt an, daß HIMEM.SYS die Kontrolle über die A20-Adressleitung immer übernehmen soll, bei *OFF* wird die Kontrolle nur übernommen, wenn die Leitung beim Laden von HIMEM.SYS nicht aktiv ist.

▓ /**CPUCLOCK**:*on*/*OFF*: Zeigt HIMEM.SYS an, daß die Taktrate des Rechners während des Betriebs geändert werden kann. Ist *ON* gesetzt, kann HIMEM.SYS entsprechend reagieren, allerdings verlangsamt das die Ausführung von HIMEM.SYS.

Anmerkungen

▓ Der Treiber sollte als erste Zeile in der CONFIG.SYS stehen. Er muß vor allen anderen Eintragungen stehen, die auf die Speicherverwaltung zugreifen. (SMARTDRV.SYS, EMM386.EXE u.a.)

▪ Unter Windows 3.0 hat der Parameter /**HMAMIN** keine Bedeutung.

▪ HIMEM.SYS muß geladen sein, bevor MS-DOS durch den CONFIG.SYS-Eintrag DOS=HIGH in den oberen Speicherbereich geladen werden kann.

Verweise

Grundbegriffe **1.1**, Speicherverwaltung **7.7**.

Codeseitenumschaltung	PRINTER.SYS
für Drucker	Gerätetreiber

PRINTER.SYS ist ein installierbarer Gerätetreiber, der das Wechseln von Zeichensatztabellen (Codeseiten) für Parallelanschlüsse LPT1, LPT2 und LPT3 unterstützt. (PRN ist ein Ersatz für LPT1.)

DEVICE = [*lw:*][*pfad*]**PRINTER.SYS LPT***x* = [*typ* [*hwcp* [,...]] [,*n*]]

▪ *lw:* Ist das Laufwerk.

▪ *pfad*: Ist der Pfad, in dem die Datei mit dem Gerätetreiber PRINTER.SYS gespeichert ist.

▪ *typ*: Gibt den verwendeten Drucker an. Möglich sind
4201 PC-Grafikdrucker IBM 4201
   PC-Grafikdrucker II IBM 4201
   PC-Grafikdrucker II B IBM 4201
4208 Matrixdrucker IBM 4207-001
   Matrixdrucker IBM 4208-001
5202 Thermodrucker IBM 5202-001

▪ *hwcp*: Ist die vom Drucker unterstützte Codeseite. Die folgenden Werte sind zulässig:
437 (USA)
850 (Mehrsprachig)
860 (Portugal)
863 (Franko-Kanadisch)
865 (Norwegen)

n: Ist die Anzahl der zusätzlichen Codeseiten, die unterstützt werden können. Diese Anzahl hängt vom verwendeten Drucker ab. Maximal 12 Codeseiten können vorbereitet werden.

Anmerkungen

Bei Hardware-Zeichensatztabellen ist **MODE PREPARE** nicht erforderlich.

Während Daten gedruckt werden, darf der Befehl **MODE PREPARE** oder **MODE SELECT** nicht ausgeführt werden.

Verweise

Weitere Informationen zu Codeseiten siehe **8.5**.

RAM-Disk RAMDRIVE.SYS
Gerätetreiber

RAMDRIVE.SYS ist ein Gerätetreiber, der es ermöglicht, einen Teil des Arbeitsspeichers wie ein Diskettenlaufwerk zu verwenden. Dieser umfunktionierte Teil des Arbeitsspeichers wird als *RAM-Disk* oder *virtuelle Diskette* bezeichnet.

DEVICE=RAMDRIVE.SYS [*diskgröße*] [*sektorgröße*] [*einträge*] [/**E**] [/**A**]

diskgröße: Gibt die RAM-Diskgröße in Kbyte an. Die Standardgröße ist 64 Kbyte, möglich sind Werte von 16 bis 4096 Kbyte.

sektorgröße: Legt die Sektorengröße in Bytes fest. Die Standardsektorengröße ist 512 Byte. Die folgenden Größen sind zulässig: 128, 256, 512.

einträge: Legt die Anzahl der Stammverzeichniseinträge fest. Standardmäßig sind 64 Einträge vorgesehen. Möglich sind 2 bis 1024. Der Treiber paßt den Wert von *einträge* der nächsten Sektorengrenze an.

Beispiel: Bei Angabe von 25 und einer Sektorengröße von 512 Byte wird der Wert 25 zu 32 aufgerundet, da 32 das nächste Mehrfache von 16 ist (die 512 Byte enthalten 16 Verzeichniseinträge mit 32 Byte Umfang).

- **/E** : Ermöglicht, einen Teil des Extended Memory als RAM-Disk zu benutzen, falls ein solcher Speicher vorhanden ist.
- **/A** : Ermöglicht, einen bestimmten Teil einer Speichererweiterungskarte, die der Lotus/Intel/ Microsoft-Spezifikation für erweiterte Arbeitsspeicher (Lotus/Intel/Microsoft Expanded Memory Specification – LIM/EMS 4.0) entspricht, als RAM-Disk zu benutzen, falls eine solche Karte installiert ist oder softwaremäßig durch geeignete Treiber emuliert wird.

Anmerkungen

- Falls /E verwendet wird, steht der Befehlszusatz /A nicht mehr zur Verfügung.
- Bei Verwendung von /E oder /A bleibt der maximale Speicherumfang für Programme unverändert.
- Eine RAM-Disk ist sehr viel schneller als ein Disketten- oder Plattenspeicher, da Ein-/Ausgabeoperationen im Hauptspeicher schneller ablaufen.
- Falls der Computer über Extended Memory (Erweiterungsspeicher) oder über eine Speichererweiterungskarte verfügt, die der von Lotus, Intel und Microsoft festgelegten Spezifikation für Expanded Memory (erweiterter Arbeitsspeicher nach LIM 4.0) entspricht oder softwaremäßig emuliert wird, können eine oder mehrere virtuelle Disketten in diesem Speicher eingerichtet werden. Wenn nicht, legt der Gerätetreiber die virtuelle Diskette im normalen Arbeitsspeicher an.
- MS-DOS 5.0 emuliert Expanded Memory über den Treiber EMM386.EXE.
- **Achtung!** Sobald der Computer zurückgesetzt oder abgeschaltet wird, werden alle auf einer RAM-Disk gespeicherten Daten gelöscht.

Beispiele

```
DEVICE = RAMDRIVE.SYS 360 512 112 /A
```
legt eine virtuelle Diskette im Extended Memory an mit 360 Kbyte Kapazität, 512-Byte-Sektoren und 112 Verzeichniseinträgen.

Versionstabelle laden — SETVER.EXE
Gerätetreiber

Mit diesem Einheitentreiber wird die DOS-Versionstabelle geladen. Die Datei enthält eine Liste von Programmnamen mit zugehörigen DOS-Versionsnummern.

DEVICE=SETVER.EXE

Anmerkungen

▨ Damit können Programme ausgeführt werden, die nicht gestartet werden können, wenn die vorgegebene DOS-Version nicht vorhanden ist.

▨ Die korrekte Ausführung wird nicht kontrolliert, da nur die Versionsabfrage verändert wird.

Plattencache installieren — SMARTDRV.SYS
Gerätetreiber

Mit diesem Einheitentreiber wird ein Plattencache-Programm installiert, um die Schreib-/Lesezugriffszeiten zu erhöhen.

DEVICE=SMARTDRV.SYS [*größe*] [*mingröße*][/**A**]

▨ *größe*: gibt die Größe des Puffers in Kbyte an. Die optimale Größe muß durch Ausprobieren herausgefunden werden. Zu große oder zu kleine Werte verschlechtern das Zugriffsverhalten. Wird keine *größe* angegeben, werden 256 KB im Extendend Memory belegt. Mögliche Werte sind 128 bis 8192 KB.

▨ *mingröße*: gibt die Mindestgröße des Cache-Speichers an, der immer verwendet werden soll. Der Parameter ist nur bei Verwendung von Windows 3.0 sinnvoll da dieses den Cache bis auf 0 reduzieren kann.

▨ /**A**: Der Puffer wird im Expanded Memory angelegt.

Anmerkungen

- Standardmäßig wird Extended Memory verwendet.
- Auf Computern, die keinen Arbeitsspeicher oberhalb 1Mbyte haben, kann der Einheitentreiber nicht installiert werden.
- Wird SMARTDRV.SYS verwendet, ist der Wert von **BUFFERS** in CONFIG.SYS auf 10 zu setzen.
- Der Puffer wird ähnlich wie ein Ringpuffer verwaltet. Daten, die kurz zuvor bereits gelesen wurden, werden aus dem Puffer entnommen. Ein Zugriff auf einen Datenträger entfällt.
- SMARTDRV.SYS kann nicht zusammen mit anderen Cache-Programmen verwendet werden.

Beispiel

Im Extended Memory wird ein Cache von 1536 Byte eingerichtet. Als minimale Cache-Größe sollen auf jeden Fall 512 Kbyte vorhanden sein.

```
DEVICE=SMARTDRV.SYS 1536 512
```

Verweise

Grundlagen und Begriffe **1.1**, Speicherverwaltung **7.7**

8.5 Landeseinstellungen und Codeseiten

DOS bietet ab der Version 3.3 durch die Verwendung von sprachenspezifischen Codeseiten nationalsprachliche Unterstützung. Damit wird die Arbeit mit DOS in verschiedenen Ländern unterstützt. Beim Wechsel von einem Land in ein anderes kann durch Umschalten von Codeseiten ein anderer Zeichensatz eingestellt werden; damit stehen die landesspezifischen Sonderzeichen für dieses Land wieder zur Verfügung.

Allgemeines und Begriffe

Codeseite
   Eine Codeseite ist eine Tabelle, die den auf einem System verwendeten Zeichensatz definiert. Diese Bezeichnung wird in Dokumentationen und Meldungen von DOS verwendet.

Verfügbare Codeseiten
   DOS unterstützt sechs verschiedene Codeseiten:

437	USA
850	Mehrsprachig. Diese Codeseite enthält alle Zeichen für die meisten Länder Europas, Nordamerikas und Südamerikas.
852	Slawisch
860	Portugiesisch
863	Franko-Kanadisch
865	Nordisch. Diese Codeseite enthält alle Zeichen für die norwegische und dänische Sprache.

Zeichensatztabelle
   Codeseiten werden in Dokumentationen und Meldungen von DOS als Zeichensatztabellen bezeichnet.

Zeichensatz
   Ein Zeichensatz ist eine landes- oder sprachenspezifische Zeichengruppe, die von der Codeseitentabelle übersetzt und auf dem Bildschirm oder Drucker angezeigt wird. Jede Codeseite enthält 256 Zeichen.

Weitere Codes zur nationalsprachlichen Unterstützung

Außer den Codeseiten bietet DOS nationalsprachliche Unterstützung durch die Verwendung des Ländercodes und des Tastaturcodes.

Ländercode

Ein Ländercode (COUNTRY) definiert das gewünschte Land. DOS verwendet diesen Code zur Vorbereitung und Zuweisung von standardmäßigen Codeseiten für ein System. DOS kennt 19 verschiedene Ländercodes (siehe folgende Tabelle).

Tastaturcode

Ein Tastaturcode definiert die Art der verwendeten Tastatur. DOS kennt 23 verschiedene Tastaturcodes (siehe folgende Tabelle).

Codes für nationalsprachliche Unterstützung

In der folgenden Liste wird jedes von DOS-Version unterstützte Land (bzw. Sprache) aufgeführt. Die Liste zeigt ebenfalls verwandte Ländercodes, standardmäßige Codeseitenzuweisungen und dazugehörige Tastaturcodes an.

Land oder Sprache	Ländercode	Codeseiten	Tastaturcode
USA	001	437,850	US
Franko-Kanadisch	002	863,850	CF
Lateinamerika	003	437,850	LA
Niederlande	031	437,850	NL
Belgien	032	437,850	BE
Frankreich	033	437,850	FR
Spanien	034	437,850	SP
Ungarn	036	850,852	HU
Jugoslawien	038	850,852	YU
Italien	039	437,850	IT
Schweiz	041	437,850	SF, SG
Tschechoslowakei	042	850,852	SL, CZ
Großbritannien	044	437,850	UK
Dänemark	045	865,850	DK
Schweden	046	437,850	SV

Land	Code	Codeseiten	Kürzel
Norwegen	047	865,850	NO
Polen	048	850,852	PL
Deutschland	049	437,850	GR
Brasilien	055	437,850	BR
International (Englisch)	061	437,850	—
Portugal	351	860,850	PO
Finnland	358	437,850	SU
Arabische Länder	785	437	—
Israel	972	437	—
Japan	081	932,850,437	
Korea	082	934,850,437	
China	086	936,850,437	
Taiwan	088	938,850,437	

Anmerkungen

▪ Die angegebenen Codeseiten werden automatisch von DOS beim Laden des entsprechenden Ländercodes durch den Konfigurationsbefehl **COUNTRY** vorbereitet (siehe 8.3).

▪ Wird kein Ländercode angegeben, lädt DOS die standardmäßige Codeseite 437 für die USA.

▪ In der französischen wie in der deutschen Schweiz wird der Ländercode 041 angewandt.

▪ Codeseiten für arabische und hebräische Sprachen sind nicht verfügbar. Die Ländercodes 785 und 972 nehmen den Code für die Vereinigten Staaten, Codeseite 437, an. Sie enthalten jedoch landesspezifisches Datum und Uhrzeit.

▪ Die Zeichensatztabellen für Japan, Korea, China und Taiwan werden nur von der asiatischen Version von DOS, auf asiatischer Hardware unterstützt.

Befehle, die nationale Sprachen unterstützen

NLSFUNC Lädt die Datei mit der länderspezifischen Information (siehe 8.6).

CHCP Zeigt oder ändert die gegenwärtige Codeseite für das System und alle vorbereiteten Geräte (siehe 8.6).

KEYB Ermöglicht die Auswahl eines landesspezifischen Tastaturcodes für die verwendete Tastatur und einer Codeseite für den bevorzugten Zeichensatz (siehe 8.8). Ebenso kann eine alternative Tastaturdefinitionsdatei (unterschiedlich von der standardmäßigen KEYBOARD.SYS-Datei), falls eine solche vorhanden ist, mit diesem Befehl ausgewählt werden.

MODE Enthält einige Optionen für Codeseiten (siehe 7.2, 8.7):
- Vorbereitung einer Codeseite für ein Gerät.
- Auswahl einer Codeseite für ein Gerät.
- Anzeige der für ein Gerät vorbereiteten ausgewählten Codeseiten.
- Wiederherstellung von Codeseiten, die aufgrund eines Hardwarefehlers verlorengegangen sind.

8.5 Konfigurationsbefehle für nationale Sprachen

COUNTRY Identifiziert das Land, in dem gearbeitet wird. Dieser Befehl definiert auch die zu verwendenden landesspezifischen Schreibweisen, wie z.B. Datum- und Zeitformate und die Sortierfolge für den Zeichensatz.

DEVICE Installiert Gerätetreiber im System, einschließlich zweier installierbarer Gerätetreiber, die die Codeseitenumstellung unterstützen. Diese Gerätetreiber sind:

DISPLAY.SYS zur Installierung eines standardmäßigen Bildschirmgeräts mit Codeseitenunterstützung.
PRINTER.SYS zur Installierung eines standardmäßigen parallelen Druckers mit Codeseitenunterstützung.

Datum- und Zeitformate

Weitere DOS-Befehle (**DATE**, **BACKUP**, **RESTORE**, **TIME** und **XCOPY**) verwenden landesspezifische Datum- und Zeitschreibweisen, welche auf den gewählten Codeseiten beruhen. In der folgenden Liste sind die Datum- und Zeitformate für jedes Land (oder Sprachgruppe) aufgeführt:

Land/Ländercode oder Sprache	Datumsformat	Zeitformat
USA (001)	1-03-1991	17:35:00.00
Franko-Kanadisch (002)	1991-01-03	17:35:00,00
Lateinamerika (003)	03/01/1991	17:35:00,00
Niederlande (031)	03-01-1991	17:35:00,00
Belgien (032)	03/01/1991	17:35:00,00
Frankreich (033)	03/01/1991	17:35:00,00
Spanien (034)	03/01/1991	17:35:00,00
Ungarn (036)	1991-01-03	17:35:00,00
Jugoslawien (038)	1991-01-03	17:35:00,00
Italien (039)	03/01/1991	17:35:00,00
Schweiz (041)	03.01.1991	17,35,00,00
Tschechoslowakei (042)	1991-01-03	17:35:00,00
Großbritannien (044)	03-01-1991	17:35:00,00
Dänemark (045)	03/01/1991	17.35.00,00
Schweden (046)	1991-01-03	17.35.00,00
Norwegen (047)	03/01/1991	17.35.00,00
Polen (048)	1991-01-03	17.35.00,00
Deutschland (049)	03.01.1991	17,35,00,00
International (061)	03-01-1991	17:35:00.00
Portugal (351)	03/01/1991	17:35:00,00
Finnland (358)	03.01.1991	17.35.00,00
Arabische Länder (785)	03/01/1991	17:35:00,00

Israel (972)	03 01 1991	17:35:00.00
Japan (081)	1991-01-03	17:35:00.00
Korea (082)	1991-01-03	17:35:00.00
China (086)	1991-01-03	17:35:00.00
Taiwan (088)	01-03-1991	17:35:00.00

Anmerkungen

▪ Diese Formate werden durch den in der CONFIG.SYS-Datei eingestellten **COUNTRY**-Code bestimmt (siehe 8.3).

▪ Für jedes Land zeigt die Spalte »Datumsformat«, wie DOS das Datum 3. Januar 1991 anzeigen würde. Die Zeitformatspalte zeigt, wie DOS die amerikanische Zeit »5:35 p.m.(nachmittags)«, mit null Sekunden und null Hundertstel Sekunden, anzeigen würde.

Übersicht: Zeichensatz und Codeseite einstellen

Wenn nicht anders angegeben, nimmt DOS an, daß der Ländercode (Zeichensatz) für die Vereinigten Staaten (001) verwendet werden soll. Um ein System für die Unterstützung eines anderen Landes einzustellen, ist folgendes Vorgehen erforderlich:

Ländercode in CONFIG.SYS mit COUNTRY einstellen
Dieser Code gibt das Land an, in dem gearbeitet wird.

COUNTRY.SYS-Datei mit NLSFUNC laden
Diese Datei enthält die landesspezifischen Informationen für das gewünschte Land.

Systemcodeseite mit CHCP einstellen
Für die meisten Ländercodes bereitet DOS automatisch zwei Systemcodeseiten und wählt automatisch die primäre Codeseite. Eine andere Codeseite kann mit **CHCP** gewählt werden (siehe 8.6).

Tastaturcode mit KEYB einstellen
Siehe 8.8.
Nach einer Änderung von CONFIG.SYS muß DOS neu gestartet werden, damit die neuen Einstellungen wirksam werden.

Beispiel

Ein Computer soll in Quebec, Kanada, eingesetzt werden. Um den franko-kanadischen Zeichensatz für die Arbeit in Quebec, Kanada, mit einem System zu verwenden, müssen folgende Schritte durchgeführt werden:

1. In der CONFIG.SYS-Datei hinzufügen:
   ```
   COUNTRY=002
   ```
2. DOS neu starten, damit die überarbeitete CONFIG.SYS-Datei verwendet wird.
3. Die in der COUNTRY.SYS-Datei enthaltenen landesspezifischen Informationen auf das System laden:
   ```
   NLSFUNC
   ```

Hinweis: Ohne diesen Befehl **NLSFUNC** wird DOS die Angabe von Codeseiten oder Tastaturcodes nicht zulassen.

DOS wählt automatisch die Codeseite Franko-Kanadisch aus. Da der Ländercode 002 ist, hat DOS auch die Codeseite *Mehrsprachig* für das System vorbereitet.

5. Um den Systemcode zu ändern:
   ```
   CHCP 850
   ```
6. Franko-Kanadischen-Tastaturcode CF wählen:
   ```
   KEYB CF
   ```

Diese Befehle sollten in der Datei AUTOEXEC.BAT abgelegt werden. Dann werden sie automatisch bei jedem neuen Start ausgeführt (siehe 9.3).

```
NLSFUNC
CHCP 850
KEYB CF
```

Der Computer ist nun für Verwendung mit dem franko-kanadischen Zeichensatz vorbereitet. Da Konsol-Bildschirm und Drucker voneinander unabhängige Geräte sind, müssen sie auch für nationalsprachliche Unterstützung vorbereitet werden. Dies ist im nächsten Absatz erklärt.

Codeseiten für Geräte einstellen

Mit DOS-Version 5.0 können Codeseiten für Bildschirmgeräte und Drucker, die Codeseitenumstellung unterstützen, definiert werden. Falls nicht die Codeseite für die Vereinigten Staaten,

Codeseite 437, verwendet werden soll, sollte das Bildschirmgerät und der Drucker so eingerichtet werden, daß sie dieselbe Codeseite wie das restliche System verwenden.

Ausführung: Bildschirm einstellen

Mit DEVICE in CONFIG.SYS den Gerätetreiber DISPLAY.SYS laden (siehe 8.4)
> Beispiel: EGA-Bildschirmadapter und es soll der Mehrsprachencode, Seite 850, verwendet werden.
> Befehl in CONFIG.SYS:
> DEVICE=DISPLAY.SYS CON=(EGA,850,2)
> Die letzte Option, die Ziffer 2 in der obigen Zeile, erlaubt es, bis zu zwei Codeseiten für dieses Gerät vorzubereiten. Dies kann sich als nützlich erweisen, wenn zwischen diesen beiden Codeseiten hin und her gewechselt werden soll.

DOS neu starten
> Erst dann werden die Änderungen in der Datei CONFIG.SYS wirksam.

Ausführung: Drucker einstellen

Falls ein Paralleldrucker angeschlossen ist, sollen dafür dieselben Codeseiten wie für das restliche System verwendet werden.

Mit DEVICE in CONFIG.SYS den Gerätetreiber PRINTER.SYS laden (siehe 8.4)
> Beispiel: IBM ProPrinter, Modell 4201, mit Anschluß an LPT1. Befehl in CONFIG.SYS:
> DEVICE=PRINTER.SYS LPT1=(4201,850,2)
> Die letzte Variable, die Ziffer 2 in der obigen Zeile, ermöglicht es, bis zu zwei Codeseiten für diesen Drucker vorzubereiten.

DOS neu starten
> Erst dann werden die Änderungen in der Datei CONFIG.SYS wirksam.

Ausführung: Zwischen Codeseiten wechseln

Falls man in einer Umgebung arbeitet, in der mehr als eine Sprache verwendet wird, könnte es erforderlich sein, zwischen den Codeseiten zu wechseln. Das Beispiel wechselt auf die nordische Codeseite 865, um Informationen aus Oslo zu verarbeiten.

NLSFUNC muß eingegeben sein (siehe 8.6)
Dieser Befehl muß nur einmal eingegeben werden, um die landesspezifische Information aus der Datei **COUNTRY.SYS** zu laden.

Codeseite für jedes Gerät vorbereiten mit MODE (siehe 7.2)
Beispiel: Vorbereitung von Codeseite 865 für den an LPT2 angeschlossenen parallelen Drucker von Typ 5202:
```
MODE LPT2 CODEPAGE PREPARE=((865)C:\DOS\5202.CPI)
```
DOS bringt die Meldung:
```
MODE Codeseiten Vorbereiten: Funktion ausgeführt.
```
Codeseite 865 für das Konsolbildschirmgerät (CON) mit EGA/VGA-Monitor vorzubereiten:
```
MODE CON CODEPAGE PREPARE=((865)C:\DOS\EGA.CPI)
```

Codeseite für das System und alle vorbereiteten Geräte ändern mit CHCP (sieh 8.6)
```
CHCP 865
```
Die Bildschirmanzeige kann etwas flimmern, während DOS eine neue Codeseite für dieses Gerät lädt.

Mit SELECT in MODE kann für ein einzelnes vorbereitetes Gerät eine andere Codeseite geladen werden
Beispiel: Codeseite 850 für Drucker laden:
```
MODE LPT2 CODESEITE SELECT=865
```
DOS bringt die Meldung:
```
MODE Codeseiten Vorbereiten: Funktion ausgeführt.
```

Anmerkungen

Für das Beispiel wird angenommen, daß eine internationale Firma Büros in New York, London, Stockholm und Oslo unterhält. Hier sind zwei oder drei Codeseiten notwendig, um die Korrespondenz der anderen Büros zu lesen und zu bearbeiten.

8.6 Codeseiten laden und wechseln

In diesem Kapitel sind die Befehle zum Laden (**NLSFUNC**) und Wechseln (**CHCP**) von Codeseiten beschrieben. Eine Übersicht zur Arbeit mit Codeseiten siehe vorheriges Kapitel.

Landesspezifische Daten laden — NLSFUNC extern

NLSFUNC lädt landesspezifische Informationen.

NLSFUNC [[*laufwerk:*][*pfad*]*dateiname*] **[***Länderdateiname***]**

- *laufwerk:*: Ist das Laufwerk.
- *pfad*: Ist der Pfad.
- *dateiname*: Ist die Datei mit den landesspezifischen Informationen. Der Standardwert wird durch den Befehl **COUNTRY** in CONFIG.SYS bestimmt (siehe 8.3).
- *länderdateiname*: Andere Datei, sofern nicht COUNTRY.SYS verwendet wird. Die Angabe ist optional.

Beschreibung

- **NLSFUNC** unterstützt den Gebrauch der erweiterten landesspezifischen Informationen und die Codeseitenumstellung (siehe 8.5).
- Wird kein Dateiname angegeben, verwendet DOS für landesspezifische Informationen die Datei COUNTRY.SYS im Stammverzeichnis.
- **NLSFUNC** kann über den Konfigurationsbefehl **INSTALL=** über die Datei CONFIG.SYS gestartet werden. Hierbei muß dann die Dateinamenserweiterung .EXE angegeben werden.
- Wird beim Starten des Rechners die Datei COUNTRY.SYS nicht geladen, wird keine Fehlermeldung beim Laden von **NLSFUNC** ausgegeben. Soll jedoch über **CHCP** eine Codeseite gewechselt werden, wird eine Fehlermeldung angezeigt.

Beispiele

`NLSFUNC NEUDOK.SYS`
nimmt die landesspezifischen Informationen aus der Datei NEUDOK.SYS und nicht mehr aus COUNTRY.SYS.
`NLSFUNC`
verwendet wieder die standardmäßigen landesspezifischen Informationen der Datei COUNTRY.SYS.

Verweise

Die Konfigurationsdatei CONFIG.SYS **8.3**, Landeseinstellungen und Codeseiten **8.5**.

Codeseite ändern — CHCP
intern

CHCP (CHange CodePage) zeigt oder ändert die gegenwärtige Codeseite. Die Codeseiten müssen vorher mit **NLSFUNC** geladen worden sein.

   CHCP [*nnn*]

- *nnn*: Ist die gewünschte Codeseite. Möglich ist eine der vorbereiteten Codeseiten des Systems.

Anmerkungen

- **CHCP** (ohne Parameter) zeigt die aktive Codeseite an.
  `Aktive Codeseite: 850`
- Es kann eine beliebige der vorbereiteten Systemcodeseiten, die vom Befehl **COUNTRY** in CONFIG.SYS definiert wurden, verwendet werden.
- Werte für gültige Codeseiten siehe 8.5.

8.7 Gerätecodeseiten behandeln mit MODE

In diesem Kapitel werden die Funktionen des Befehls **MODE** zur Codeseitenbehandlung erläutert. Die sonstigen Funktionen zum Einstellen von Druckern, Schnittstellen und Bildschirm siehe 7.2.

Gerätecodeseiten   *MODE ... CODEPAGE ...*
extern

MODE wird in dieser Variante dazu verwendet, um Codeseiten für Paralleldrucker oder für den Bildschirm einzustellen oder anzuzeigen. Folgende Formate sind dabei möglich:

MODE *gerät* **CODEPAGE PREPARE**=[[*yyy*]
[*laufwerk:*][*pfad*]*dateiname*]
MODE *gerät* **CODEPAGE SELECT**=*yyy*
MODE *gerät* **CODEPAGE REFRESH**
MODE *gerät* **CODEPAGE** [/**STATUS**]

Hier werden die Parameter beschrieben, die für alle Formate gelten. Details zu den verschiedenen Funktionen siehe auf den folgenden Seiten.

  gerät: Gibt das Ausgabegerät an, für das die Codeseite installiert werden soll. Gültige Geräte sind CON, LPT1, LPT2 und LPT3.

  yyy: Gibt eine Codeseite an. Gültige Codeseiten sind 437, 850, 852, 860, 863 und 865 (siehe 8.5).

  dateiname: Gibt den Namen der Codeseiteninformationsdatei (.CPI) an, die DOS zur Vorbereitung einer Codeseite für das angegebene Gerät verwenden sollte.

Beschreibung

Es gibt vier Schlüsselwörter, die mit **MODE** *gerät* **CODEPAGE** verwendet werden können. Jedes Schlüsselwort veranlaßt den Befehl **MODE** zur Durchführung einer bestimmten Funktion.

Hier eine Übersicht über die einzelnen Schlüsselwörter. Details siehe auf den folgenden Seiten.

PREPARE
Weist DOS an, Codeseiten für ein bestimmtes Gerät vorzubereiten. Vor der Verwendung einer Codeseite für ein Gerät (**SELECT=**...) muß die Codeseite für dieses Gerät vorbereitet werden.

SELECT
Gibt an, welche Codeseite für ein bestimmtes Gerät verwendet werden soll. Eine Codeseite muß vor ihrer Auswahl vorbereitet werden (**PREPARE=**...).

REFRESH
Wenn die vorbereiteten Codeseiten für ein Gerät aufgrund eines Hardware- oder anderen Fehlers verlorengehen, setzt dieses Schlüsselwort die vorbereiteten Codeseiten wieder in Kraft.

/STATUS
Zeigt die derzeitigen vorbereiteten und/oder ausgewählten Codeseiten für ein Gerät.

Anmerkung

Folgende Abkürzungen für Codeseiten-Betriebsarten können verwendet werden:

Eingabe	statt
CP	CODEPAGE
/STA	/STATUS
PREP	PREPARE
SEL	SELECT
REF	REFRESH

Gerätecodeseiten vorbereiten

MODE ... PREPARE=...
extern

Diese Form weist DOS an, bestimmte Codeseiten für ein angegebenes Gerät vorzubereiten. Dies muß vor der Verwendung einer Codeseite mit **SELECT=** veranlaßt werden.

MODE *gerät* **CODEPAGE PREPARE=**[[*yyy*]
[*laufwerk:*][*pfad*]*dateiname*]

- *gerät*: Gibt das Ausgabegerät an, für das die Codeseite installiert werden soll. Gültige Geräte sind CON, LPT1, LPT2 und LPT3.
- *yyy*: Gibt eine oder mehrere Codeseiten an; mehrere werden durch Komma oder Leerzeichen getrennt. Gültige Codeseiten sind 437, 850, 852, 860, 863 und 865 (siehe 8.5).
- *laufwerk:*: Ist das Laufwerk.
- *pfad*: Ist der Pfad mit der Codeseiteninformationsdatei.
- *dateiname*: Gibt den Namen der Codeseiteninformationsdatei (.CPI) an, die DOS zur Vorbereitung einer Codeseite für das angegebene Gerät verwenden sollte.

Folgende CPI-Dateien sind auf der DOS-Diskette vorhanden:

4201.CPI	IBM-PC-Grafikdrucker II 4201
4208.CPI	IBM-Matrixdrucker 4207-001 und 4208-001
5202.CPI	IBM-Thermodrucker 5202-001
EGA.CPI	für EGA/VGA-Grafikadapter
LCD.CPI	für LCD-Bildschirm eines IBM Konvertible

Anmerkungen

- Werden steckbare Schriftelemente beim Thermodrucker 5202-001 verwendet, darf bei CODEPAGE PREPARE kein Dateiname angegeben werden.
- Wurde für den Thermodrucker IBM 5202-001 in CONFIG.SYS bereits eine Zeichensatztabelle definiert, muß diese nicht nochmals vorbereitet werden.

Beispiel

```
MODE CON CODEPAGE PREPARE=((437 850) C:\DOS\EGA.CPI)
MODE CON CP PREP=((437 850) C:\DOS\EGA.CPI)
```
bereitet die Codeseiten 437 und 850 für die Verwendung mit einem EGA-Bildschirm vor.
```
MODE LPT1 CP PREP=((437 850) C:\DOS\4201.CPI)
```
bereitet den Drucker IBM 4201 auf der ersten Druckerschnittstelle für die beiden Codeseiten 437 und 850 vor.

Verweis

Landeseinstellungen und Codeseiten **8.5**.

Gerätecodeseiten auswählen
MODE ... SELECT=...
extern

Diese Form gibt an, welche Codeseite für eine bestimmte Einheit verwendet werden soll. Eine Codeseite muß vor ihrer Auswahl mit **PREPARE=** vorbereitet werden.

MODE *gerät* **CODEPAGE SELECT=***yyy*

gerät: Gibt das Ausgabegerät an, für das die Codeseite installiert werden soll. Gültige Geräte sind CON, LPT1, LPT2 und LPT3.

yyy: Gibt die auszuwählende Codeseite an. Möglich sind 437, 850, 860, 863, 865 oder eine andere unterstützte Zeichentabelle, für die eine Datei mit entsprechenden Daten vorhanden ist (siehe 8.5).

Anmerkungen

Ist die angegebene Zeichensatztabelle sowohl als vorbereitete und als Hardware-Zeichensatztabelle vorhanden, ist die vorbereitete Tabelle auszuwählen.

Bei einem IBM-PC-Grafikdrucker 4201 wird beim Einschalten ein Puffer erstellt, in dem die Zeichendaten gespeichert werden, wenn im Befehl PRINTER.SYS der angegebene Wert für die Anzahl der unterstützten Codeseiten nicht gleich null ist.

Ertönt bei IBM-Thermodruckern 5202-001 nach Auswählen der Tabelle ein Signal, ist zu prüfen, ob das steckbare Schriftelement für die ausgewählte Tabelle verfügbar ist.

Beispiel

```
MODE CON CODEPAGE SELECT=850
```
wählt die Codeseite 850 für den Bildschirm aus.

Verweis

Landeseinstellungen und Codeseiten **8.5**.

Gerätecodeseiten reaktivieren — MODE ... REFRESH *extern*

Wenn die vorbereiteten Codeseiten für ein Gerät aufgrund eines Hardware- oder anderen Fehlers verlorengehen, setzt dieses Schlüsselwort die vorbereiteten Codeseiten wieder in Kraft.

MODE *gerät* **CODEPAGE REFRESH**

gerät: Gibt das Ausgabegerät an, für das die Codeseite installiert werden soll. Gültige Geräte sind CON, LPT1, LPT2 und LPT3.

Anmerkungen

Oft kann dieser Befehl notwendig werden, wenn ein Drucker zwischenzeitlich ausgeschaltet wurde. Nach Einschalten muß die Codeseite wieder in dessen Speicher geladen werden.

Bei einem IBM-Grafikdrucker 4201 werden die Zeichendaten in den Drucker geladen, wenn ein Puffer zum Speichern der Tabellen erstellt wurde.

Beispiel
```
MODE LPT1: CODEPAGE REFRESH
```
lädt die zuletzt ausgewählte Codeseite für den Drucker an der Schnittstelle LPT1 wieder in dessen Speicher.

Gerätecodeseiten abfragen — MODE ... /STATUS

Diese Form zeigt die derzeitigen vorbereiteten und/oder ausgewählten Codeseiten für ein Gerät.

MODE *gerät* **CODEPAGE [/STATUS]**

gerät: Gibt das Ausgabegerät an, für das die Codeseite installiert werden soll. Gültige Geräte sind CON, LPT1, LPT2 und LPT3.

Anmerkungen

▓ Die beiden folgenden Befehle bewirken das gleiche Ergebnis:
```
MODE CON CODEPAGE
MODE CON CODEPAGE /STATUS
```
▓ Hardware-Zeichensätze werden über die Befehle DEVICE=DISPLAY.SYS bzw. DEVICE=PRINTER.SYS über CONFIG.SYS definiert.
▓ Vorbereitete Zeichensatztabellen werden über den MODE-Befehl vorbereitet.

Beispiel

Der Bildschirm wird für die Codeseiten 437 und 850 vorbereitet.
```
MODE CON CP PREP=((850,437) C:\DOS\EGA.CPI)
```
Der Status des Bildschirms wird abgerufen
```
MODE CON /STATUS

Status für Gerät CON:
───────────────────────

Columns (Spalten)=80
Lines (Zeilen)=50

Aktive Codeseite für Gerät CON ist 865
Hardware-Codeseiten:
  Codeseite 437
Vorbereitete Codeseiten:
  Codeseite 865
  Codeseite nicht vorbereitet

MODE Codeseite Status überprüfen: Funktion ausgeführt
```

8.8 Tastaturunterstützung

Tastaturbelegung laden — KEYB (extern)

KEYB lädt eine neue Tastaturbelegung.

KEYB [xx[,[yyy],[[laufwerk:][pfad]dateiname]]][/ID:zzz]

- xx: Ist ein Zweibuchstaben-Ländercode. Mögliche Codes siehe untere Liste.
- yyy: Ist die Codeseite, die den Zeichensatz definiert.
- laufwerk: Ist das Laufwerk.
- pfad: Ist der Pfad.
- dateiname: Ist der Name der Tastaturdefinitionsdatei. Wird nichts angegeben, nimmt **KEYB** die Datei KEYBOARD.SYS im Stammverzeichnis des aktuellen Laufwerks.
- /**ID**:zzz: Über den Code zzz kann eine spezifische Tastaturbelegung ausgewählt werden.

Wird der Parameter nicht angegeben, setzt DOS automatisch den Standardwert ein.

xx ist einer der folgenden aus zwei Buchstaben bestehenden Codes, zzz einer der numerischen Tastaturkenncodes (ID).

Code	ID	Zeichensatz	Befehl
BE	120	Belgien	**KEYB BE**
BR		Brasilien	**KEYB BR**
DK	159	Dänemark	**KEYB DK**
GR	129	Deutschland	**KEYB GR**
SU	153	Finnland	**KEYB SU**
FR	120,189	Frankreich	**KEYB FR**
IT	141,142	Italien	**KEYB IT**
YU		Jugoslawien	**KEYB YU**
CF	058	Kanada (franz.)	**KEYB CF**
LA	171	Lateinamerika	**KEYB LA**
NL	143	Niederlande	**KEYB NL**
NO	155	Norwegen	**KEYB NO**
PL		Polen	**KEYB PL**

PO	163	Portugal	**KEYB PO**
SV	153	Schweden	**KEYB SV**
SG	000	Schweiz-Deutsch	**KEYB SG**
SF	150	Schweiz-Franz.	**KEYB SF**
SP	172	Spanien	**KEYB SP**
SL		Tschechoslowakei (slawisch)	**KEYB SL**
CZ		Tschechoslowakei (Tschechisch)	**KEYB CZ**
HU		Ungarn	**KEYB HU**
US	103	USA	**KEYB US** (Standard)
UK	168,166	Großbritannien	**KEYB UK**

Beschreibung

KEYB (ohne Parameter)

Zeigt eine Nachricht mit dem momentanen Zeichensatz und der damit verbundenen Codeseite sowie die derzeit vom Bildschirm verwendete Codeseite:

Aktueller Tastaturcode: GR Codeseite: 437
Aktuelles Tastaturkennzeichen: 129
Aktuelle Codeseite für CON: 865

Der Status wird nur angezeigt, wenn der Einheitentreiber DISPLAY.SYS über die Datei CONFIG.SYS geladen wurde. Das Tastaturkennzeichen wird nur angezeigt, wenn mit **/ID:**zzz ein Tastaturkenncode beim Laden angegeben wurde.

Anmerkungen

▓ Folgende Tastenkombinationen schalten die Tastaturbelegung um:

[Strg]+[Alt]+[F1] Schaltet von dem mit **KEYB** geladenen Zeichensatz zur US-Tastaturbelegung um.
[Strg]+[Alt]+[F2] Schaltet wieder in die speicherresidente Tastaturbelegung um.

▓ Die auf dem Bildschirm erscheinenden Zeichen, die mit einer Standard-Tastatur eingegeben wurden, stimmen nicht unbedingt mit der Tastenbezeichnung überein.

▓ Einige Zeichen können mit der nicht amerikanischen Tastatur durch Betätigen von [Strg]+[Alt] gemeinsam mit der entsprechenden Zeichentaste erreicht werden.

▪ Um Zeichen mit Akzenten (und Umlauten) zu schreiben, werden die sogenannten »toten Tasten« betätigt. Diese Tasten ergeben – allein betätigt – keine Anzeige; wenn danach jedoch ein sinnvoller Buchstabe eingetippt wird, wird dieser Buchstabe mit dem Akzent angezeigt. Um nur dieses Zeichen zu erhalten, wird danach die Leertaste betätigt.

▪ **KEYB** kann mit dem Konfigurationsbefehl **INSTALL**= auch über CONFIG.SYS installiert werden. Es muß dann die Dateinamenserweiterung .COM angegeben werden.

```
INSTALL=C:\DOS\KEYB GR,437,C:\DOS\KEYBOARD.SYS /ID:129
```

▪ **KEYB** kann auch wahlweise in der Datei AUTOEXEC.BAT eingefügt werden (siehe 9.3), um die Tastatur beim Systemstart automatisch anzupassen.

▪ Die Tastaturbelegung kann ohne Warmstart mit **KEYB** mehrmals durchgeführt werden.

▪ Zum Wechseln auf eine andere Zeichensatztabelle muß die neue Tastatur mindestens eine der für den Bildschirm vorbereiteten Zeichensatztabellen unterstützen.

▪ Bei Abweichungen in der Anpassung zwischen Bildschirm und Tastatur werden unter Umständen andere Zeichen am Bildschirm angezeigt, als von der Tastatur eingegeben wurden.

▪ Wurde vor dem Laden von **KEYB** eine Zeichensatztabelle ausgewählt und bei **KEYB** keine angegeben, wird versucht, die zuvor gewählte Tabelle zu aktivieren.

▪ **KEYB** kann nicht mit dem Befehl **LOADHIGH** in den oberen Speicherbereich (HMA) geladen werden, da die Tabellendefinitionen der Datei **KEYBOARD.SYS** hier nicht geladen werden können.

Beendigungscodes

Code	Funktion
0	Befehl erfolgreich abgeschlossen
1	Ungültige Sprache, Codeseite oder Syntax
2	Falsche oder fehlende Datei zur Tastaturdefinition
4	Fehler bei der Kommunikation mit CON
5	Angeforderte Codeseite ist nicht vorbereitet

Der von **KEYB** übergebene Beendigungscode kann als
Eingabe für den Stapelverarbeitungsbefehl **IF ERRORLEVEL...**
verwendet werden (siehe 9.8).

Beispiel

```
KEYB GR
```
stellt die deutsche Tastaturbelegung ein. Dieser Befehl
entspricht
```
KEYB GR,,KEYBOARD.SYS
```

Erweiterte Tastaturunterstützung   DOSKEY
extern

DOSKEY lädt eine erweiterte Tastaturunterstützung. Die
eingegebenen Befehle werden gespeichert und können
wiederholt und bearbeitet werden. Weiterhin besteht die
Möglichkeit Tastaturmakros zu erstellen.

   DOSKEY [/**REINSTALL**] [/**BUFSIZE:***nnn*] [/**M**[ACROS]]
     [/**H**[ISTORY]] [/**INSERT** | /**OVERSTRIKE**]
   DOSKEY macro=*anweisung*

▓ /**REINSTALL**: Installiert eine neue Kopie von DOSKEY.
Zusätzlich wird der Puffer geleert.
▓ /**BUFSIZE**=*nnn*: *nnn* gibt die Puffergröße für die
gesspeicherten Befehle und Makros an. Standard ist 512 Byte.
Die Mindestgröße muß 265 Byte betragen.
▓ /**M**[ACROS]: Zeigt die definierten Makros an.
▓ /**H**[ISTORY]: Zeigt eine Liste der bisher gespeicherten
Befehle.
▓ /**INSERT**: Legt fest, daß bei der Bearbeitung in den
Einfügemodus geschaltet wird.
▓ /**OVERSTRIKE**: Legt fest, daß bei der Bearbeitung in den
Überschreibmodus geschaltet wird.
▓ **macro**=*anweisung*: **macro** ist der Name, unter dem die
anweisungen aufgerufen werden können.

Anmerkungen

▪ Der Puffer wird als Ringpuffer verwaltet. Sobald ein Befehl eingegeben wurde, wird dieser an letzter Stelle gespeichert.
▪ Die Anzahl der gespeicherten Befehle und definierten Makros hängt von der Puffergröße ab.

Tastaturdefinitionen

Wiederholen von Befehlen

↑	Holt den vorletzten Befehl in die Befehlszeile.
↓	Holt den Befehl, der nach dem zuletzt angezeigten Befehl aufgerufen wurde.
Bild↑	Ruft den zuerst eingegebenen Befehl zurück.
Bild↓	Ruft den zuletzt eingegebenen Befehl zurück.

Bearbeiten von Befehlen

←	Bewegt den Cursor zeichenweise nach links.
→	Bewegt den Cursor zeichenweise nach rechts.
Strg ←	Bewegt den Cursor wortweise nach links.
Strg →	Bewegt den Cursor wortweise nach rechts.
Pos1	Geht an den Anfang der Befehlszeile.
Ende	Geht an das Ende der Befehlszeile.
Esc	Löscht den Befehl in der Befehlszeile.
F1	Kopiert ein Zeichen aus dem Zeilenspeicher in die Befehlszeile.
F2	Sucht im Zeilenspeicher vorwärts nach dem nächsten Auftreten des Zeichens, das nach F2 eingegeben wurde. Die aufgetretenen Zeichen werden in die Befehlszeile kopiert.
F3	Kopiert den Rest aus dem Zeilenspeicher in die Befehlszeile.
F4	Löscht Zeichen aus dem Zeilenspeicher ab der Position, bei der F4 und ein nachfolgendes Zeichen eingegeben wurde.
F5	Kopiert die aktuelle Zeile in den Zeilenspeicher und löscht die Befehlszeile.
F6	Setzt das Dateiendekennzeichen an das Ende der Befehlszeile.

[F7]	Zeigt alle gespeicherten Befehle an. Vor die Zeile wird eine Zeilennummer vorangestellt..
[Alt][F7]	Löscht alle gespeicherten Befehle.
[F8]	Sucht nach einem Befehl, der angezeigt werden soll. Dazu werden die ersten Zeichen eingegeben, die gesucht werden sollen. Anschließend wird die [F8]-Taste gedrückt. Wird [F8] wiederholt gedrückt, werden alle Befehle angezeigt, die dem Suchmuster entsprechen.
[F9]	Zeigt nach Aufforderung eine bestimmte Befehlsnummer an. Die Nummern können über [F7] angezeigt werden.
[Alt][F10]	Löscht alle Makrodefinitionen.

Makrofunktionen

Innerhalb von Makroanweisungen können verschiedene Funktionen eingesetzt werden.

Funktion	Beschreibung
$G	Ausgabe umleiten (entspricht >)
GG	Ausgabe anhängen (entspricht >>)
$L	Eingabe umleiten (entspricht <)
$B	Pipe-Zeichen (entspricht |)
$T	Dient zur Trennung von Befehlen
$$	Zeichen für gültigen Dateinamen
$*	Wird durch alle Zeichen ersetzt, die nach dem Makronamen eingegeben werden.
$l-$9	1. bis 9. Parameter (entspricht %1 bis %9 in Batch-Prozeduren)

Anwendung Makro erstellen

Zur schnellen Formatierung wird ein Makro QF eingerichtet.
```
DOSKEY QF=FORMAT $1 /Q /F:$2
```
Eine Diskette soll im Laufwerk B: mit 720KB formatiert werden. Folgende Anweisung ist erforderlich:
```
QF B: 720
```

Um eine Datei auf einem Datenträger über alle Verzeichnisse hinweg zu suchen, wird ein Makro WOIST eingerichtet.
```
DOSKEY WOIST=DIR $1 /S
```
Eine Datei DATEN89.WK1 wird gesucht.
```
WOIST DATEN89.WK1
```

Um den Bildschirm zwischen dem 25 und 50-Zeilenmodus umzuschalten wird das Makro ZL eingerichtet.
```
DOSKEY ZL=MODE CON LINES=$1
```
Die Anzahl der Bildschirmzeilen kann mit
```
ZL 25
```
und
```
ZL 50
```
gewechselt werden.

Es wird ein Makro MC zum Einrichten und anschließendem Wechsel in ein Verzeichnis benötigt.
```
DOSKEY MC=MD $1$TCD $1
```

Anmerkungen

▪ Das Makro wird aufgerufen, indem vor der DOS-Eingabeaufforderung der Makroname eingegeben wird.
▪ Makros können nicht innerhalb von Batch-Prozeduren verwendet werden.
▪ Einzelne Makros werden gelöscht, indem der Makroname ohne Anweisungstext eingegeben wird.
▪ Makros lassen sich nicht schachteln.

```
DOSKEY makroname=
```

Verweise

Grundbegriffe **1.1**, Tastatur und Eingaben unter DOS **3**

Kapitel 9:

STAPELVERARBEITUNG

9

9.1 Stapelverarbeitung – Übersicht und Aufruf

DOS bietet die Möglichkeit, Befehlsfolgen in Form einer Stapeldatei (Batch-Datei) zu speichern. Dies können zum Beispiel Befehle sein, die für häufig wiederkehrende Aufgaben immer wieder ausgeführt werden müssen.

Später wird diese Datei dann einfach durch Eingabe des Dateinamens aufgerufen. DOS führt dann diesen »Befehlsstapel« genauso aus, als ob er über die Tastatur eingegeben worden wäre.

Stapeldateien können jede beliebige Kombination aus internen (z.B. **DIR**, **COPY**) und externen DOS-Befehlen (z.B. **CHKDSK**, **BACKUP**), die Namen von Anwendungsprogrammen und Stapelbefehle (siehe 9.3) enthalten.

Möglichkeiten zum Erstellen

- Eine Stapeldatei enthält ASCII-Text.
- Stapeldateien können erstellt werden:
    - mit dem DOS-Kommando **COPY** (siehe 5.2).
    - mit dem DOS-Zeileneditor Edlin (siehe 10.1).
    - mit einem anderen Texteditor, der Texte im ASCII-Format speichern kann (z.B. Microsoft Word).

Stapeldateinamen

- Der Name einer Stapeldatei muß mit den DOS-Regeln für Dateinamen übereinstimmen und die Erweiterung .BAT haben.
- Der Name der Stapeldatei sollte nicht mit dem Namen einer Programmdatei (eine Datei mit der Erweiterung .COM oder .EXE) im aktuellen Verzeichnis identisch sein. Ansonsten ist beim Aufruf auch die Dateinamenserweiterung anzugeben.
- Er sollte auch nicht mit der Bezeichnung eines internen DOS-Befehls, wie etwa **COPY** oder **DATE**, übereinstimmen.

STAPELVERARBEITUNG – ÜBERSICHT UND AUFRUF 359

Stapeldatei aufrufen

Eine Stapeldatei wirkt für den Benutzer bei der Befehlseingabe wie ein DOS-Befehl und wird wie folgt aufgerufen:

stapeldateiname [*parameter1* [*parameter2* [...]]]

▨ *stapeldateiname*: Ist der Name der Stapeldatei, die ausgeführt werden soll; die Namenserweiterung .BAT muß nicht eingegeben werden.
Auf diesen Dateinamen selbst kann bei der Abarbeitung mit **%0** (siehe 9.2) zugegriffen werden.
▨ *parameter1*: Ist der Dateiname oder Parameter, auf den mit **%1** zugegriffen werden kann.
▨ *parameter2*: Ist der Dateiname oder Parameter, auf den mit **%2** zugegriffen werden kann.
▨ [...]: Es können so viele Parameter angegeben werden, wie in eine Befehlszeile passen.

Anmerkungen

▨ Um eine Stapeldatei aufzurufen, wird einfach der Name ohne Erweiterung angegeben.
   OFT ⏎
ruft die Stapeldatei OFT.BAT auf.
▨ Wenn sich die Stapeldatei nicht im aktuellen Verzeichnis des aktuellen Laufwerks befindet, durchsucht DOS das/die mit **PATH** (siehe 4.7) angegebenen Verzeichnis(se) nach der Stapeldatei bzw. nach einem entsprechenden Programm.
▨ DOS sucht in der Reihenfolge .COM, .EXE, .BAT nach einem Programm oder einer Stapeldatei mit diesem Namen. Wenn eine COM- oder EXE-Datei gefunden wird, wird sie geladen und ausgeführt.
▨ Ist eine Stapeldatei mit gleichem Namen vorhanden, muß beim Aufruf die Dateinamenserweiterung angegeben werden.

Ablauf einer Stapeldatei

▨ Wenn die Bildschirmausgabe nicht mit **ECHO OFF** ausgeschaltet wird (siehe 9.5), wird jeder Befehl bei der Ausführung angezeigt.

▓ Wenn **ECHO** ausgeschaltet ist (**OFF**), wird bis zum Ende der Stapeldatei kein Befehl mehr angezeigt. Mit **ECHO ON** wird die Ausgabe wieder eingeschaltet. Die Anzeige jedes Befehls (auch **ECHO OFF**) kann unterdrückt werden, indem vor den Befehl ein »Klammeraffe« (das Zeichen »@«) geschrieben wird.

Laufwerk und Verzeichnis

▓ Wenn in einer Stapeldatei das Verzeichnis oder das Laufwerk gewechselt werden, sind alle nachfolgenden Befehle in der Stapeldatei davon betroffen. Auch die Zuweisung von Umgebungsvariablen wirkt sich auf jeden nachfolgenden Befehl in der Stapeldatei aus.

▓ DOS merkt sich die Diskette und das Verzeichnis mit der Stapeldatei. Wird diese Diskette entfernt, reagiert DOS mit der Aufforderung:

    Stapeldatei fehlt!

Stapeldatei unterbrechen

▓ Wird beim Ablauf einer Stapeldatei die Tastenkombination `Strg`+`C` oder `Strg`+`Untbr` betätigt, erscheint die Frage:

    Stapelverarbeitung beenden? (J/N)

bzw.

    Stapeljob beenden (J/N)?

`J`: Die restlichen Befehle werden ignoriert und die DOS-Eingabeaufforderung erscheint wieder.

`N`: DOS fährt mit der Abarbeitung der weiteren Befehle in der Stapeldatei fort.

Weitere Stapeldatei aufrufen

▓ Über den Befehl **CALL** können andere Stapeldateien auch als Unterroutinen verwendet werden. DOS kehrt nach der Abarbeitung der aufgerufenen Stapeldatei in die aufrufende Datei zurück und führt den nächsten Befehl, der nach **CALL** in der Stapeldatei steht, aus.

Verweise

Suchpfade **4.7**, Dateien kopieren und zusammenfügen **5.2**, Stapelparameter und Umgebungsvariablen **9.2**, Stapelbefehle – Übersicht **9.3**, Textausgaben **9.5**, Stapeldateien aufrufen **9.6**, Edlin, Anwendungen und Funktion **10.1**.

9.2 Stapelparameter und Umgebungsvariablen

Mit Hilfe von Parametern und Variablen können Stapelverarbeitungsdateien allgemein erstellt und beim Aufruf individuell angepaßt werden.

Stapelparameter

▒ Stapeldateien können genau wie Programme, beim Aufruf mit Befehlszusätzen aufgerufen werden.

▒ Jedes Wort der Befehlszeile, das durch eine Leerstelle, ein Komma, einen Strichpunkt oder ein anderes Trennsymbol unterbrochen wird, ist ein Parameter. Der Name der aufgerufenen Stapeldatei ist dabei eingeschlossen.

▒ Der erste Parameter in der Befehlszeile ist der Name der Stapeldatei selbst. Es handelt sich um den Parameter 0. Das zweite Wort der Befehlszeile ist Parameter 1, das dritte Wort ist Parameter 2, usw.

▒ Die Stapelparameter in einer Stapeldatei sind Stellvertreter – oder Platzhalter – für die Parameter, die beim Aufruf einer Stapeldatei hinter dem Dateinamen angegeben wurden.

▒ Wenn in einer Stapeldatei ein Parameter angesprochen wird, der nicht eingegeben wurde, wird nichts an den Befehl übergeben.

▒ DOS erkennt höchstens zehn Parameter (0–9). Diese Einschränkung kann jedoch mit dem Stapelbefehl **SHIFT** umgangen werden (siehe 9.9).

▒ Die Stapelparameter werden in einer Stapeldatei mit den Namen **%0** bis **%9** gekennzeichnet. Auf den Dateinamen der Stapeldatei selbst kann mit **%0** zugegriffen werden.

▒ Prozentzeichen in Stapeldateien werden geschrieben, indem sie zweimal eingegeben werden:

```
ABC%.EXE
```
wird eingegeben als
```
ABC%%.EXE
```

Beispiel

Stapeldateien werden durch Stapelparameter wesentlich flexibler. Zum Beispiel kann die folgende Stapeldatei SORTIERE.BAT bestimmte Zeilen aus einer Datei herausfiltern und sie dann sortieren.

```
FIND "%1" <%2 >%3
SORT <%3 >PRN
DEL %3
```

Jedesmal beim Aufruf der Stapeldatei wird angegeben:
- die zu suchende Zeichenfolge (%1),
- in welcher Datei sie gesucht werden soll (%2),
- welche Zwischendatei zum Sortieren angelegt werden soll.

Die so entstehende Liste soll anschließend auf dem Drucker ausgegeben werden (>PRN).

Bei der Ausführung der Datei ersetzt DOS die Platzhalter %1, %2 und %3 durch die in der Befehlszeile angegebenen Werte.

```
SORTIERE München ADRESSEN.TXT TEMP.TXT
```

sucht die Zeichenfolge »München« in der Datei ADRESSEN.TXT und führt die Zwischensortierung in der Datei TEMP.TXT aus.

Umgebungsvariablen in Stapeldateien

- Die Umgebungsvariablen, die mit dem **SET**-Befehl eingerichtet wurden (siehe 7.5), können als besondere Art von Stapelparametern verwendet werden, indem ihr Name in der Form

    %name%

in einer Stapeldatei verwendet wird. Der Name der Umgebungsvariablen muß, in Prozentzeichen eingeschlossen angegeben werden.

- Mit den Umgebungsvariablen können Stapelparameter mit Namen und nicht über eine Zahl definiert werden.
- Umgebungsvariablen unterscheiden sich von Stapelparametern dadurch, daß ihre Werte nicht in der Befehlszeile festgelegt werden. Statt dessen ruft DOS den Wert aus der DOS-Umgebung ab.
- Der Wert einer Umgebungsvariablen kann mit dem Befehl **SET** (siehe 7.5) vor dem Ablauf einer Stapeldatei eingestellt

werden, der Befehl **SET** kann aber auch in der Stapeldatei
verwendet werden.

Die Verwendung von Umgebungsvariablen kann oft sinnvoller sein, als die von Stapelparametern, da in der Befehlszeile nicht so viele Informationen berücksichtigt werden müssen. Bei der Beispieldatei LOESCHE.BAT muß z.B. der Verzeichnisname nicht in der Befehlszeile geschrieben werden. Trotzdem kann der Verzeichnisname geändert werden, ohne die Stapeldatei bearbeiten zu müssen.

Beispiel

Eine Stapeldatei mit dem Namen LOESCHE.BAT soll eine zu löschende Datei vorher in ein anderes Verzeichnis kopieren, damit sie nicht ganz verlorengeht. Die Datei LOESCHE.BAT enthält die folgenden Zeilen:

```
@ECHO Vor Verwendung der Stapeldatei müssen Sie durch Eingabe
@ECHO des folgenden Befehls das Verzeichnis festlegen:
@ECHO SET DELDIR=Verzeichnis
@ECHO Zum Beenden [Strg][C] drücken, falls DELDIR
@ECHO nicht eingestellt ist oder wenn der Pfad
@ECHO %DELDIR% nicht existiert.
@PAUSE
@COPY %1 %DELDIR%
@DEL %1
@DIR /W %DELDIR%
@ECHO Befehle ausgeführt.
```

Damit die Datei LOESCHE.BAT ausgeführt werden kann, muß ein Verzeichnis erstellt werden, zum Beispiel mit dem Namen GELOESCH. Die folgende Befehlszeile stellt den Verzeichnisnamen auf GELOESCH um:

```
    SET DELDIR=\GELOESCH
```

Um die Datei BERICH23.JUN zum Verzeichnis GELOESCH zu kopieren und sie dann zu löschen, wird eingegeben:

```
    LOESCHE BERICH23.JUN
```

Die Stapeldatei ersetzt automatisch den Parameter %DELDIR% durch den Verzeichnisnamen \GELOESCH.

Verweise

Umgebungsvariablen **7.5**, Parameterbehandlung **9.9**.

9.3 Stapelbefehle – Übersicht

Mit Hilfe von Stapelbefehlen kann der Ablauf in einer Stapeldatei gesteuert werden. Abhängig von Bedingungen, die aufgrund vorher abgelaufener Befehle auftreten, können verschiedene Aktionen ausgeführt werden.

Übersicht

CALL
Ermöglicht es, andere Stapeldateien als Unterroutinen aufzurufen. Nach Beendigung der aufgerufenen Stapeldatei wird die Verarbeitung mit dem nächsten, nach **CALL** folgenden Befehl fortgesetzt (siehe 9.6).

ECHO
Schaltet die Bildschirmausgabe der Stapelbefehle ein oder aus und kann eine Meldung auf dem Bildschirm ausgeben (siehe 9.5).

FOR
Erlaubt die wiederholte Verwendung des gleichen Befehls für mehrere Dateien (siehe 9.8).

GOTO
Setzt die Abarbeitung der Stapeldatei an einer anderen Stelle fort (siehe 9.7).

IF
Führt einen Befehl aus, wenn eine angegebene Bedingung erfüllt ist (siehe 9.7).

PAUSE
Unterbricht die Ausführung einer Stapeldatei vorübergehend und gibt auf Wunsch eine Meldung aus. Nach Betätigen einer Taste wird die Ausführung fortgesetzt (siehe 9.4).

REM
Erlaubt das Einfügen von Kommentaren in Stapeldateien (siehe 9.5).

SHIFT
Verschiebt die Parameter in der Befehlszeile um einen Parameter nach links und ermöglicht so den Zugriff auf mehr als 10 Parameter (siehe 9.9).

Anmerkung

▪ Alle Stapelbefehle sind interne Befehle.

9.4 Ablaufsteuerung

Stapelverarbeitung anhalten — PAUSE
intern

PAUSE unterbricht die Abarbeitung einer Stapeldatei, bis eine Taste betätigt wird. Zusätzlich kann eine Meldung auf dem Bildschirm ausgegeben werden.

> **PAUSE** [*meldung*]

meldung: Ist ein beliebiger Text, der auf dem Bildschirm ausgegeben werden soll.

Beschreibung

PAUSE hält die Ausführung der Stapeldatei an und bringt die Meldung:

    Eine beliebige Taste drücken, um fortzusetzen

Eine beliebige Taste setzt die Ausführung fort.

Mit den Tastenkombinationen [Strg]+[C] oder [Strg]+[Untbr] kann die Ausführung der Stapeldatei beendet werden. Dann erscheint die Meldung:

    Stapelverarbeitung abbrechen? (J/N):

[J] bricht die Ausführung der Stapeldatei ab und geht zurück zum Betriebssystem.

[N] setzt die Ausführung fort.

PAUSE *meldung*

ermöglicht es, bei der Unterbrechung einen Hinweis auszugeben. Die Meldung ist abhängig von **ECHO**:

    PAUSE Legen Sie eine neue Diskette in das Laufwerk A ein.

Bei **ECHO OFF** (siehe 9.5) erscheint nur die Meldung, die Zeile mit dem Befehl **PAUSE** und der Meldung wird nicht angezeigt.

    Eine beliebige Taste drücken, um fortzusetzen

Bei **ECHO ON** wird diese Meldung noch vor der **PAUSE**-Meldung angezeigt.

    PAUSE Legen Sie eine neue Diskette in das Laufwerk A ein.
    Eine beliebige Taste drücken, um fortzusetzen

Anmerkungen

- Die Länge der *meldung* ist auf 121 Zeichen begrenzt.
- **PAUSE** bietet die Möglichkeit, eine Stapeldatei in mehrere Abschnitte zu unterteilen, an deren Ende jeweils die Ausführung der Datei angehalten bzw. abgebrochen werden kann.
- Während der Ausführung einer Stapeldatei kann es notwendig werden, Disketten zu wechseln oder andere Maßnahmen zu ergreifen, die eine Unterbrechung der Stapelausführung erforderlich machen.
- In der Meldung des **PAUSE**-Befehls sollten keine Umleitungssymbole stehen (**>**, **>>**) (siehe 6.2). Sie können dazu führen, daß der **PAUSE**-Hinweis nicht angezeigt wird.

Verweise

Datenumleitung **6.2**, Textausgaben **9.5**.

9.5 Textausgaben

Zur Steuerung von Textausgaben in Stapeldateien stehen folgende Befehle zur Verfügung: Mit **ECHO** kann eine Textzeile oder die Befehle selbst angezeigt werden. Mit @ werden die Ausgaben des nachfolgenden Befehls in einer Stapeldatei unterdrückt. **REM** ist ein Befehl zur Kommentierung von Stapeldateien, kann aber auch Textzeilen ausgeben.

Text anzeigen **ECHO**
intern

ECHO bestimmt, ob beim Ablaufen einer Stapeldatei die Stapelbefehle selbst auf dem Bildschirm angezeigt werden oder zeigt eine einzelne Meldung an.

ECHO [ON | OFF | *meldung*]

- **OFF**: Unterdrückt die Anzeige von Befehlen und Meldungen beim weiteren Ablauf der Stapeldatei.
- **ON**: Schaltet die Anzeige von Befehlen und Meldungen beim weiteren Ablauf der Stapeldatei ein. Standardeinstellung beim Start einer Stapeldatei.
- *meldung*: Ist der Text einer auszugebenden Meldung.

Beschreibung

ECHO ON (Standardeinstellung beim Start)
- Alle Befehle in der Stapeldatei werden während der Ausführung der einzelnen Zeilen auf dem Bildschirm ausgegeben.
- Sämtliche Meldungen von Stapelbefehlen werden angezeigt.
- Alle Befehle **ECHO** *meldung* werden doppelt ausgegeben, zuerst beim Befehlsaufruf mit **ECHO** und dann nur die Meldung ohne **ECHO**.

ECHO OFF
- Die Befehle in der Stapeldatei werden nicht angezeigt, während sie von DOS ausgeführt werden. Die Meldungen von

Stapelbefehlen (**REM**, **PAUSE**) werden ebenfalls nicht angezeigt.

▪ Ausnahmen von dieser Regel sind die »Weiter«-Meldung des Befehls **PAUSE** und Befehle der Art **ECHO** *meldung*.

ECHO *meldung*

Gibt Text aus, auch wenn **ECHO** ausgeschaltet ist.

ECHO (ohne Parameter)

Zeigt die aktuelle Einstellung an.

Anmerkungen

▪ Die Länge eines **ECHO**-Textes ist auf 122 Zeichen beschränkt.

▪ Ein **ECHO-OFF**-Befehl wirkt nur während der Abarbeitung einer Stapeldatei. Wenn eine Stapeldatei eine andere aufruft, schaltet DOS die Bildschirmanzeige wieder ein (**ECHO ON**), sobald die zweite Stapeldatei aufgerufen wird.

▪ Wenn mit **ECHO** *meldung* mehrere Zeilen ausgegeben werden sollen, muß am Anfang jeder Zeile der Befehl **ECHO** wiederholt werden.

▪ **ECHO** *meldung* ist nicht mit **REM** *meldung* identisch (siehe weiter hinten). **REM** wird von einem **ECHO-OFF**-Befehl beeinflußt. Die Meldung des **REM**-Befehls wird nicht angezeigt, wenn **ECHO** ausgeschaltet ist. Die Meldung von **ECHO** wird immer angezeigt.

▪ **ECHO** beeinflußt nur Ausgaben, die von Stapelbefehlen oder dem Befehlsaufruf bei der Stapelverarbeitung bewirkt werden. Es beeinflußt nicht die Meldungen anderer DOS-Befehle oder Programme.

▪ Leerzeilen können mit **ECHO** ausgegeben werden, indem unmittelbar nach ECHO ein Punkt ».« gesetzt wird.

▪ Die Anzeige von Stapelbefehlen kann durch Voranstellen des Zeichens »@« vor die Befehlszeile verhindert werden (siehe weiter hinten).

▪ Sollen die Umleitungsbefehle »>«, »>>« und »|« Bestandteil eines **ECHO**-Textes sein, müssen diese in Anführungszeichen »"« gesetzt werden.

Ausführung: Textausgabe in eine Datei

ECHO kann auch dazu verwendet werden, Text in eine Datei zu schreiben, indem die Meldung mit Hilfe der Ausgabeumleitung in eine Datei umgeleitet wird (siehe 6.2). Damit kann zum Beispiel eine weitere Stapeldatei aufgebaut werden.

```
ECHO Der Text steht hinterher in der Datei TEXT.TXT. >TEXT.TXT
ECHO Dies wird an die Datei angefügt. >> TEXT.TXT
```

Die Datei enthält dann folgenden Text:

```
Der Text steht hinterher in der Datei TEXT.TXT.
Dies wird an die Datei angefügt.
```

Wird in der **ECHO**-Meldung das Verkettungssymbol »|« verwendet, wird der zwischen diesem Zeichen und einem Umleitungssymbol »>« oder »>>« stehende Text nicht angezeigt.

```
ECHO DIR | SORT > WEITER.BAT
```

schreibt nur den Text »DIR« in die Datei, der Text »| SORT« wird ignoriert.

Ausgabe einer Befehlszeile unterdrücken @ intern

▨ Meldungen von Befehlen werden ausgegeben, unabhängig von der **ECHO**-Einstellung.

▨ @ als erstes Zeichen in einer Zeile unterdrückt die Ausgabe der Befehlszeile, auch wenn **ECHO ON** eingestellt ist. Somit kann auch die Ausgabe von **ECHO OFF** unterdrückt werden.

Beispiele

```
@ECHO OFF
```

Soll **ECHO** ausgeschaltet werden, dabei aber die Meldung selbst nicht angezeigt werden, verwendet man das Zeichen »@« vor der Befehlszeile.

```
ECHO Diskette in Laufwerk A einlegen
```

zeigt die Meldung

```
Diskette in Laufwerk A einlegen
```

an, selbst wenn **ECHO** ausgeschaltet ist.

```
ECHO DIR/W >WEITER.BAT
ECHO CHKDSK >>WEITER.BAT
ECHO PROMPT $p$g >>WEITER.BAT
```

WEITER.BAT
Hier wird mit drei Befehlen die Stapeldatei WEITER.BAT aufgebaut und anschließend aufgerufen.

Anmerkungen und Textanzeige — REM *intern*

REM dient dazu, Kommentare in Stapeldateien einzufügen oder während der Ausführung einer Stapeldatei den Text anzuzeigen, der in der REM-Zeile steht.

REM [*kommentar*]

- *kommentar*: ist beliebiger Text.

Anmerkungen

- Der *kommentar* kann eine Zeichenfolge von max. 123 Zeichen sein.
- Mit **REM** können Informationen als Hinweise für den Benutzer in eine Stapeldatei eingefügt werden.
- Als Trennzeichen sind im Kommentar nur Leerzeichen, Tabulatorzeichen und Kommas erlaubt. Ist **ECHO** ausgeschaltet, wird der Kommentar nicht gezeigt.

Beispiel

```
REM Diese Datei formatiert und prüft neue Disketten
REM Sie trägt den Namen NEU.BAT
PAUSE Bitte neue Diskette in Laufwerk B einlegen!
FORMAT B: /V
CHKDSK B:
```

In diesem Beispiel wurden mit **REM** sowohl Erläuterungen als auch Leerräume in eine Stapeldatei eingebaut.

9.6 Stapeldateien aufrufen

Stapeldateien können andere Stapeldateien aufrufen. Abhängig von der Art des Aufrufs, geht die Steuerung nach der Ausführung wieder an die aufrufende Stapeldatei zurück oder nicht.

Andere Stapeldatei aufrufen — DATEINAME

Ein Befehl in einer Stapeldatei, der den Namen einer anderen Stapeldatei angibt, bewirkt, daß diese weitere Datei aufgerufen und ausgeführt wird.

stapeldateiname

Anmerkungen

- Die Stapeldatei wird aufgerufen und ausgeführt.
- Nach der Ausführung der aufgerufenen Datei geht die Steuerung **nicht** an die aufrufende Datei zurück, sondern wird beendet.

Stapeldatei als Unterroutine — CALL
intern

Mit **CALL** können innerhalb einer Stapeldatei andere Stapeldateien als Unterroutinen aufgerufen und ausgeführt werden, ohne daß die aufrufende Stapeldatei beendet wird.

CALL [*laufwerk:*][*pfad*]*stapeldatei* [*argumente*]

- *laufwerk:*: Ist das Laufwerk.
- *pfad*: Ist der Pfad.
- *stapeldatei*: Ist die Stapeldatei, die aufgerufen werden soll. (Der Dateiname kann ohne .BAT-Erweiterung angegeben werden.)
- *argumente*: Sind die Argumente, die von der aufgerufenen Stapeldatei benötigt werden.

Beschreibung

CALL ermöglicht es, andere Stapeldateien als Unterroutinen aufzurufen. Wenn die aufgerufene Stapeldatei beendet ist, wird die Verarbeitung in der aufrufenden Stapeldatei hinter dem **CALL**-Befehl fortgesetzt.

Ein weiteres Einsatzgebiet ergibt sich in Verbindung mit **FOR** (siehe 9.8). Hier können dann in einer Schleife komplette Befehlsfolgen ausgeführt werden.

Anmerkungen

Wie auch sonst beim Aufrufen von Stapeldateien, dürfen bei **CALL** keine Befehlsverkettungs- und Umleitungssymbole verwendet werden (siehe 6.2).

Achtung! Eine Stapeldatei, die mit **CALL** aufgerufen wurde, kann wiederum andere Stapeldateien mit **CALL** aufrufen. Sie kann sogar die Stapeldatei ausführen, von der sie selbst aufgerufen wurde. Dabei ist jedoch auf korrekte Endebedingungen zu achten, damit keine Endlosschleife entsteht.

Beispiele

```
CALL NEU
```

Dieser Befehl kann in der ersten Stapeldatei zur Ausführung der Datei NEU.BAT verwendet werden.

In den folgenden Stapeldateien KOPIERE2.BAT und KOPIE2.BAT wird **CALL** dazu verwendet, alle Dateien mit der Erweiterung .TXT im aktuellen Verzeichnis bis auf die Dateien KOPF.TXT und FUSS.TXT sowohl auf Laufwerk A als auch auf Laufwerk B zu kopieren.

KOPIERE2.BAT:
```
FOR %%a IN (*.TXT) DO CALL KOPIE2 %%a
```

KOPIE2.BAT:
```
IF "%1" == "KOPF.TXT" GOTO ENDE
IF "%1" == "FUSS.TXT" GOTO ENDE
ECHO Die Datei %1 wird nach A und B kopiert.
COPY %1 A:
COPY %1 B:
:ENDE
```

Von der folgenden Stapeldatei wird für jeden Parameter, der in der Befehlszeile eingegeben wurde, die Stapeldatei UNTER.BAT aufgerufen.

```
:START
IF "%1" == "" GOTO ENDE
IF NOT EXIST %1 GOTO SHIFT
CALL UNTER
:SHIFT
GOTO START
:ENDE
```

9.7 Bedingungen und Sprünge

Der Stapelbefehl **IF** ermöglicht die bedingte Ausführung von weiteren Befehlen, mit **GOTO** kann die Ausführung an einer anderen Stelle in der Stapeldatei ausgeführt werden.

Befehle bedingt ausführen — IF (intern)

IF führt einen bestimmten Befehl aus, wenn die angegebene Bedingung erfüllt ist.

> **IF [NOT] ERRORLEVEL** *nummer befehl*
> oder
> **IF [NOT]** *zeichenfolge1* == *zeichenfolge2 befehl*
> oder
> **IF [NOT] EXIST** *dateiname befehl*

Beschreibung

- **IF** ermöglicht die von einer Bedingung abhängige Ausführung eines Befehls.
- Der *befehl* wird ausgeführt, wenn die vorhergehende Bedingung erfüllt ist, und übergangen, wenn die Bedingung nicht erfüllt ist.

Bedingungen

ERRORLEVEL *nummer*
> prüft den Beendigungscode eines zuvor ausgeführten Programms. Die Beendigungscodes von DOS-Befehlen sind bei den Befehlsbeschreibungen angegeben.
> Diese Bedingung ist nur dann wahr, wenn das zuvor ausgeführte Programm einen Beendigungscode mit dem angegebenen oder einem höheren Wert zurückgegeben hat. So können in Abhängigkeit vom Beendigungscode des vorher ausgeführten Programms, andere Aufgaben gesteuert werden.

zeichenfolge1 == zeichenfolge2
　Diese Bedingung ist nur dann wahr, wenn die *zeichenfolge1* und die *zeichenfolge2* gleich sind.
　Zu beachten ist:
　▷ In den Zeichenfolgen sind keine Trennzeichen, wie zum Beispiel Kommas, Strichpunkte, Gleichheitszeichen oder Leerzeichen, zulässig.
　▷ Die Groß-/Kleinschreibung wird beim Vergleich berücksichtigt.
　▷ Um zu vermeiden, daß eine Fehlermeldung ausgegeben wird, wenn eine Zeichenfolge nichts enthält, sollte bei beiden Zeichenfolgen das gleiche Zeichen zusätzlich vor oder hinter der Zeichenfolge angegeben werden.
　IF %1==*.* DIR*Fehler: Syntaxfehler*
　IF .%1==.*.* DIR*korrekte Ausführung*

EXIST *dateiname*
　Diese Bedingung ist nur dann wahr, wenn die Datei mit dem angegebenen Namen existiert.

NOT
　Überprüft das Gegenteil der Bedingung. Der Befehl wird also ausgeführt, wenn die Bedingung nicht erfüllt ist.

Anmerkungen

▪ Die Werte der Beendigungscodes sind bei den Befehlen angegeben, die Beendigungscodes liefern. Wichtige Befehle, die Beendigungscodes übergeben, sind
　BACKUP (siehe 5.9)
　FORMAT (siehe 3.2)
　REPLACE (siehe 5.9)
　RESTORE (siehe 5.9)
　XCOPY (siehe 5.2)

▪ **IF** kann in einer Stapeldatei und auch interaktiv verwendet werden.

▪ Die Anwendung von **IF** ist vor allem zusammen mit Stapelparametern (siehe 9.2) sehr leistungsfähig.

▪ Die Funktionen zur Ein-/Ausgabeumleitung »<« »>« und »|« sollten im IF-Befehl nicht verwendet werden.

Beispiele

```
IF NOT EXIST PRODUKT.DAT ECHO Datei nicht gefunden!
```
zeigt die Meldung »Datei nicht gefunden!«, wenn sich die Datei PRODUKT.DAT nicht auf der Diskette befindet.

```
IF EXIST C:\TMP\TMPDATEI.TXT DEL C:\TMP\TMPDATEI.TXT
```
löscht die Datei TMPDATEI.TXT im Verzeichnis TMP in Laufwerk C, falls sie existiert.

```
IF "%2" == "" GOTO NUREINER
```
prüft, ob beim Aufruf der Stapeldatei mehr als ein Parameter angegeben wurde. Ist dies nicht der Fall, wird zum Sprungziel :NUREINER verzweigt.

```
IF NOT EXIST A:%1 COPY %1 A:
```
prüft, ob die als Parameter 1 (%1) (siehe 9.2) angegebene Datei im Laufwerk A bereits vorhanden ist. Nur wenn sie noch nicht vorhanden ist, wird sie aus dem aktuellen Verzeichnis dorthin kopiert.

Verzweigen in Stapeldateien — GOTO
intern

Mit **GOTO** wird zu einem angegebenen Sprungziel in der Stapeldatei verzweigt und die Befehlsausführung mit dem Befehl hinter dem Namen fortgesetzt.

GOTO [:]*marke*

marke: Ist ein Sprungziel in der Stapeldatei in der Form :*marke*.
Die Sprungmarke muß am Anfang einer Zeile stehen und mit einem Doppelpunkt (:) beginnen.

9.7 Beschreibung

Bei der Ausführung des **GOTO**-Sprungbefehls springt DOS in die Zeile hinter der angegebenen Sprungmarke und setzt die Abarbeitung der Stapeldatei dort fort.

Die Sprungmarke selbst wird nicht ausgeführt, DOS benutzt den Namen nur als Sprungziel für die **GOTO**-Anweisung.

Anmerkungen

▪ **GOTO** wird häufig zusammen mit dem Befehl **IF** benutzt, um den Ablauf einer Stapeldatei zu steuern.
▪ Zeilen einer Stapeldatei, die mit einem Doppelpunkt beginnen, werden als Sprungmarken interpretiert und bei der Ausführung der Datei übergangen.
▪ Bei den Sprungmarken wird nicht zwischen Groß-/Kleinschreibung unterschieden.
▪ Es werden nur acht Zeichen des Namens der Sprungmarke verwendet. Der Name kann auch Leerzeichen enthalten, aber keine anderen Trennzeichen, wie zum Beispiel Strichpunkte oder Gleichheitszeichen. Die Leerzeichen werden für die maximale Länge von acht Zeichen nicht mitgezählt.
▪ **GOTO** kann nur innerhalb einer Stapeldatei verwendet werden.

Fehler

»Name nicht gefunden«
Es wurde versucht, mit einer **GOTO**-Anweisung zu einem nicht vorhandenen Sprungziel zu verzweigen. Die Abarbeitung der Stapeldatei wird unterbrochen.

Beispiele

In diesem Beispiel wird zur Marke ENDE verzweigt, falls bei der Formatierung der Diskette im Laufwerk A keine Fehler aufgetreten sind.

```
ECHO OFF
FORMAT A: /S
IF NOT ERRORLEVEL 1 GOTO ENDE
ECHO Bei der Formatierung ist ein Fehler aufgetreten.
:ENDE
ECHO Ende der Stapeldatei.
```

Folgende Stapeldatei prüft, ob die als Parameter beim Aufruf angegebene Datei (%1) vorhanden ist oder nicht.

Es wird mit **GOTO** entsprechend verzweigt und mit **ECHO** eine Meldung ausgegeben.

```
IF NOT EXIST %1 GOTO NICHTDA
ECHO Die Datei %1 ist vorhanden.
GOTO ENDE
:NICHTDA
ECHO Die Datei %1 ist nicht vorhanden.
:ENDE
```

Folgende Stapeldatei kann mit einer beliebigen Anzahl Dateinamen als Parameter aufgerufen werden. Jede Datei wird mit **BACKUP** auf die Diskette in Laufwerk A: gesichert, indem der Name mit **SHIFT** in den Stapelparameter %1 gebracht wird. Wenn **BACKUP** einen Fehlercode zurückgibt (1 oder größer) wird die Stapeldatei beendet.

```
ECHO OFF
:START
BACKUP %1 A: /A
IF ERRORLEVEL 1 GOTO ENDE
SHIFT
GOTO START
:ENDE
```

9.8 Wiederholungen

Befehl wiederholt ausführen — FOR
intern

FOR bewirkt, daß ein Befehl auf eine Reihe von Dateien oder Parametern angewendet wird. Damit kann ein Befehl oder ein Programm automatisch mehr als einmal ausgeführt werden.
In einer Stapeldatei:

FOR %%*variable* **IN (***liste***) DO** *befehl*

oder interaktiv:

FOR %*variable* **IN (***liste***) DO** *befehl*

▒ *variable*: Ist der Name einer Variablen, der aus einem einzelnen Zeichen besteht (außer den Ziffern 0–9, die für Stapelparameter benötigt werden und den Sonderzeichen <, >, >> und |). Einheitliche Groß-/Kleinschreibung muß beachtet werden.
▒ : *variable* wird mit Prozentzeichen gekennzeichnet: bei Stapelverarbeitung mit zwei (**%%**), bei interaktiver Verarbeitung mit einem (**%**).
▒ *liste*: Gibt eine oder mehrere Dateien an, Pfadangaben und Stellvertreterzeichen sind erlaubt. Mehrere Namen werden durch Leerzeichen voneinander getrennt.
▒ *befehl*: Ist der DOS-Betehl, der für jede Datei in der Liste ausgeführt wird. Der Variablenname (z.B. %%c bzw. %c) kann in dem Befehl verwendet werden.

Anmerkungen

▒ Bei der Abarbeitung von **FOR** wird die *%%variable* der Reihe nach durch jede sich aus der Liste ergebende Dateispezifikation ersetzt.
▒ Die Eingabe eines doppelten Prozentzeichens (%%) bei der Stapelverarbeitung ist erforderlich, damit nach der Verarbeitung der Stapelparameter (%0 bis %9) ein Prozentzeichen (%)

erhalten bleibt. Wenn nur ein Prozentzeichen (%) eingegeben würde (%F), würde der Stapelverarbeitungsprozessor das Prozentzeichen erkennen, das danach stehende Zeichen (F) prüfen und feststellen, daß F an dieser Stelle ein ungültiges Zeichen ist.

■ Steht **FOR** jedoch nicht in einer Stapeldatei, dann darf nur ein Prozentzeichen (%) verwendet werden.

■ *liste* kann auch Stapelparameter (%0 – %9) oder Umgebungsvariablen (z.B. %PATH%) enthalten.

■ Wenn ein Element der *liste* ein Stellvertreterzeichen (*, ?) enthält, dann werden der *variablen* nacheinander alle mit dem Muster übereinstimmenden Dateinamen auf der Diskette/Festplatte zugeordnet.

■ **FOR**-Befehle können nicht verschachtelt werden, d.h. zwei dieser Kommandos können nicht in der gleichen Zeile stehen. In Verbindung mit **FOR** können jedoch andere Stapelbefehle (z.B. **ECHO**) verwendet werden.

Beispiele

FOR %%c IN (*.PRT) DO find "Meier" %%c >prn

In einer Stapeldatei: Für jede Datei im aktuellen Verzeichnis, die mit .PRT endet, wird der Befehl **FIND** zur Suche nach dem Wort »Meier« durchgeführt (siehe 6.4). Der Buchstabe c wird als Variable verwendet. Die Ausgabe wird zum Drucker umgeleitet.

FOR %%c IN (*.TXT) DO echo %%c >>LISTE.TXT

In einer Stapeldatei: Für jede Datei im aktuellen Verzeichnis, die mit .TXT endet, wird der Dateiname an die Datei LISTE.TXT angehängt (siehe 6.2).

FOR %%f IN (%1 %2 %3) DO dir %%f

In einer Stapeldatei: Für jede der drei Dateinamen, die beim Aufruf der Stapeldatei als Parameter übergeben werden, wird ein Verzeichnis angezeigt.

FOR %c IN (BERICHT MEMO ADRESSE) DO del %c

Interaktiv: Weist der Variablen %%c nacheinander die Dateinamen BERICHT, MEMO und ADRESSE zu und löscht sie.

```
FOR %z IN (CONFIG.SYS AUTOEXEC.BAT) DO type %z
```
Interaktiv: Der Inhalt der Dateien CONFIG.SYS und AUTOEXEC.BAT wird nacheinander auf dem Bildschirm angezeigt.

```
FOR %%f IN (%INCLUDE% %LIB% %TMP%) DO dir %%f
```
In einer Stapeldatei: Es werden nacheinander die Verzeichnisse angezeigt, die durch die Umgebungsvariablen INCLUDE, LIB und TMP definiert sind.

Verweise

Datenumleitung **6.2**, Daten suchen **6.4**.

9.9 Parameterbehandlung

Zusammen mit dem Aufruf einer Stapeldatei können Parameter angegeben werden, die beim Ablauf Platzhalter in der Datei ersetzen (siehe 9.2).

Parameter zugänglich machen   **SHIFT**
intern

SHIFT dient dazu, die Werte von Stapelparametern in einer Stapeldatei um eine Stelle nach links zu verschieben und dadurch mehr als 10 Parameter (%0 – %9) zugänglich zu machen.

    SHIFT

Anmerkungen

▧ Normalerweise sind in Stapeldateien nur zehn Stapelparameter, also %0 bis %9, zulässig.

▧ Wenn eine Befehlszeile mehr als zehn Parameter enthält, werden die hinter dem zehnten (%9) stehenden Parameter nacheinander in die Position %9 (und die anderen entsprechend nach vorn) verschoben.

▧ Der erste Parameter (%0), der vor der Verschiebung noch existierte, kann nach der Ausführung von **SHIFT** nicht mehr wiederhergestellt werden.

▧ **SHIFT** kann jedoch auch verwendet werden, wenn weniger als zehn Parameter vorliegen.

▧ **SHIFT** ist nur in Stapeldateien sinnvoll.

▧ Die Wirkung von **SHIFT** kann nicht wieder rückgängig gemacht werden.

Beispiel

```
REM KOPIERE.BAT kopiert eine beliebige
REM Anzahl von Dateien in ein Verzeichnis.
REM Der Befehl lautet:
REM KOPIERE Verzeichnis Datei Datei ...
SET ZUVER = %1
:Eins
SHIFT
IF "%1"=="" GOTO Zwei
COPY %1 %ZUVER%
GOTO Eins
:Zwei
SET ZUVER=
ECHO Erledigt!
```

Diese Stapeldatei kann mit einer beliebigen Anzahl Dateinamen als Parameter aufgerufen werden. Jede Datei wird mit **COPY** in das angegebene Verzeichnis kopiert, indem der Name mit **SHIFT** in den Stapelparameter %1 gebracht wird.

Verweis

Stapelparameter und Umgebungsvariablen **9.2**.

Beispiel Stapelverarbeitung

In dem Beispiel wird eine Verzeichnisliste sortiert ausgegeben. Wahlweise kann die Sortierung angegeben und die Ausgabe auf den Bildschirm oder Drucker umgeleitet werden.
Innerhalb der Stapeldatei werden die Möglichkeiten der SET-Variablen sowie der Ein-/Ausgabeumleitung verwendet.
Werden fehlende oder falsche Parameter angegeben, wird eine Fehlermeldung ausgegeben.
Die Datei wird unter dem Namen KATALOG.BAT gespeichert und kann mit
KATALOG \DOS*.* SIZE CON:
aufgerufen werden, um z.B. ein nach der Größe der Dateien sortiertes Verzeichnis \DOS auszugeben.

```
:MAIN
   @CLS
   @SET AUSGABE=CON:
   @IF "==%2" GOTO MSG1
```

```
    @IF "==%1" GOTO MSG1
    @IF "==%3" GOTO START
    @SET AUSGABE=%3
    @IF %AUSGABE%==con: SET AUSGABE=CON:
    @IF %AUSGABE%==lst: SET AUSGABE=PRN:
    @IF %AUSGABE%==LST: SET AUSGABE=PRN:
    @IF %AUSGABE%==prn: SET AUSGABE=PRN:
:START
    @ECHO
    @ECHO ┌─────────────────────────────────────┐
    @ECHO │   Sortiertes Inhaltsverzeichnis     │
    @ECHO └─────────────────────────────────────┘
    @ECHO Verzeichnis.......: %1
    @ECHO Sortierkriterium..: %2
    @ECHO Ausgabe...........: %AUSGABE%
    @IF %AUSGABE%==CON: GOTO SORTCRIT
    @ECHO ┌─────────────────────────────────────┐  >  %AUSGABE%
    @ECHO │   Sortiertes Inhaltsverzeichnis     │  >> %AUSGABE%
    @ECHO └─────────────────────────────────────┘  >> %AUSGABE%
    @ECHO Verzeichnis.......: %1 >> %AUSGABE%
    @ECHO Sortierkriterium..: %2 >> %AUSGABE%
    @ECHO Ausgabe...........: %AUSGABE% >> %AUSGABE%
:SORTCRIT
    @IF %2==file SET CRIT=1
    @IF %2==ext  SET CRIT=10
    @IF %2==size SET CRIT=13
    @IF %2==date SET CRIT=27
    @IF %2==FILE SET CRIT=1
    @IF %2==EXT  SET CRIT=10
    @IF %2==SIZE SET CRIT=13
    @IF %2==DATE SET CRIT=27
    @IF %AUSGABE%==CON: GOTO TRM
    @DIR %1|\DOS\SORT/+%CRIT% >> %AUSGABE%
    @GOTO PURGE
:TRM
    @DIR %1|\DOS\SORT/+%CRIT%|\DOS\MORE >> %AUSGABE%
    @PAUSE
:PURGE
    @SET CRIT=
    @SET AUSGABE=
    @GOTO EXIT
:MSG1
    @ECHO.
```

```
@ECHO   ┌─────────────────────────────────────────────┐
@ECHO   │ FEHLER: Parameter 1 = Verzeichnis           │
@ECHO   │         Parameter 2 = Sortierkriterium      │
@ECHO   │                FILE = Dateiname             │
@ECHO   │                EXT  = Extension             │
@ECHO   │                SIZE = Dateigröße            │
@ECHO   │                DATE = Datum (MM.JJ)         │
@ECHO   │         Parameter 3 = Ausgabeeinheit        │
@ECHO   │                CON: = Bildschirm            │
@ECHO   │                PRN: = Standarddrucker       │
@ECHO   │                                             │
@ECHO   │ BEISPIEL: KATALOG \WORD\TEXTE FILE PRN:     │
@ECHO   │ ─────── Sortiertes Verzeichnis nach Dateiname │
@ECHO   └─────────────────────────────────────────────┘
:EXIT
```

9.9

Kapitel 10:

DER EDITOR

10.1 Anwendungen und Funktionen

Unter MS-DOS 5.0 werden zwei Editoren mitgeliefert. **EDIT** ist ein neuer seitenorientierter Editor der von der Bedienung her den SAA-Richtlinien entspricht. Das eingebaute Hilfesystem kann problembezogen aufgerufen werden.
EDLIN ist ein einfacher, zeilenorientierter Editor, mit dem neue Textdateien kleineren Umfangs angelegt und vorhandene bearbeitet werden können.

Anwendungen der Editoren

- Neue Textdateien anlegen und auf Diskette/Festplatte speichern.
- Vorhandene Textdateien bearbeiten und verändern und diese veränderten sowie die ursprünglichen Versionen wieder auf Diskette/Festplatte speichern.
- Textelemente in Dateien suchen, löschen oder durch andere ersetzen.
- Edlin ist zwar kein Textverarbeitungsprogramm, jedoch können damit auch Briefe, Berichte, Mitteilungen, Programme oder ähnliches erstellt und verändert werden.

Verweise

Dateien kopieren und zusammenfügen **5.2**, Dateiinhalte ausgeben **6.7**.

10.2 Möglichkeiten EDIT

- Die geladene Datei kann gesamtheitlich verarbeitet werden.
- Bei installierter Maus bietet **EDIT** die volle Mausunterstützung.
- Mit den Cursortasten oder der Maus kann Text gezielt ausgewählt und markiert werden.
- Die Menübedienung wird entsprechend der SAA-Richtlinien über Zeilen- und PullDown-Menüs vorgenommen.
- Die aktuelle Datei kann aus dem Editor heraus gedruckt werden.
- **EDIT** eignet sich auch zur Bearbeitung größerer Dateien.
- Der Editor ist der gleiche, der innerhalb der Entwicklungsumgebung **QBASIC** verwendet wird.
- Die Bedienung ist menüorientiert.
- Text kann markiert, kopiert und versetzt werden.
- zur leichten Bedienung ist ein umfassendes Hilfesystem eingebaut, mit dem sowohl eine Übersicht über den Editor angezeigt werden kann, als auch eine problemorientierte Hilfestellung angeboten wird.

10.3 Starten und Bedienung von EDIT

EDIT starten und beenden   EDIT

EDIT kann sowohl vom DOS-Prompt als auch von der DOS-Shell gestartet werden.

EDIT [[*lw:*][*pfad*]*dateiname*] [/**B**][/**G**][/**H**][/**NOHI**]

- *lw:* Ist das Laufwerk.
- *pfad*: Ist das Verzeichnis, in dem sich die Datei befindet.
- *dateiname*: Zu bearbeitende Datei.
- /**B**: Anzeige in S/W-Darstellung.
- /**G**: Unterdrückt »Schnee« bei älteren CGA-Grafikkarten.
- /**H**: Stellt die maximal mögliche Anzahl von Zeilen dar.
- /**NOHI**: Bei Verwendung eines Bildschirms der nicht die stärkere Intensität der Farben darstellt.

Es werden nur 8 statt 16 Farben angezeigt.

Anmerkungen

- Die Datei EDIT.COM muß sich im gleichen Verzeichnis wie QBASIC.EXE befinden. Wurde QBASIC.EXE gelöscht, kann EDIT nicht verwendet werden.
- EDIT ist bereits in der DOS-Shell vorinstalliert.
- Die Programmumschaltung der DOS-Shell wird unterstützt.

Bildschirm nach dem Starten von EDIT mit Dateiname

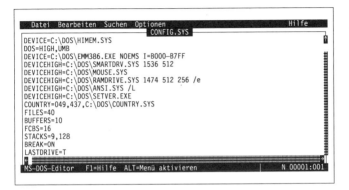

Die geladene Datei wird, soweit möglich, angezeigt und kann bearbeitet werden.

Bildschirm nach dem Starten ohne Dateiname

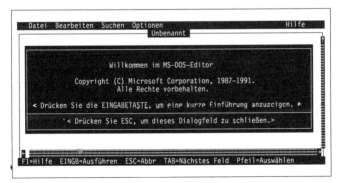

Taste	Funktion
⏎	ruft einen Hilfebildschirm mit Einführungshinweisen auf.
Esc	schließt den Startbildschirm. Anschließend kann eine Datei bearbeitet werden.

Ausführung: EDIT beenden

Mit `Alt` das Menü aufrufen.
Das Dateimenü wird als erste Menüoption automatisch ausgewählt.

Mit `↵` das PullDown-Menü der Option Datei öffnen

Mit `↓` die Option BEENDEN auswählen
Es kann auch ersatzweise die Taste `B` gedrückt werden.

Mit `↵` die Option bestätigen.
Wurde `B` gedrückt, entfällt diese Aktion, der Editor wird sofort verlassen.

Wurde eine Datei bearbeitet und diese verändert, wird der Anwender aufgefordert, diese abzuspeichern.

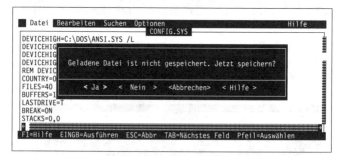

`J`a	speichert die Datei unter dem Namen, mit dem sie geöffnet wurde.
`N`ein	speichert die Datei nicht ab. Der Editor wird verlassen.
`A`bbrechen	Bricht die Aktion ab, die Datei kann weiter bearbeitet werden.
`H`ilfe	ruft einen Hilfebildschirm auf.

Ausführung: Hilfe einblenden

Die Hilfe kann auf unterschiedliche Weise angefordert werden. Jenachdem, von wo die Hilfe aufgerufen wurde, werden unterschiedliche Informationen angezeigt.

Aufruf vom Bearbeitungsmodus

Wurde die Hilfe vom Bearbeitungsmodus aufgerufen, werden allgemeine Hinweise zum Hilfesystem selber gegeben. Über dieses können weitere Hilfeinformationen angefordert werden. Werden Option ausgewählt, die zwischen den Zeichen »◄ ►« stehen, werden weitere Hilfebildschirme eingeblendet.

Aufruf aus einer Menüoption
In diesem Beispiel wurde die Option **SUCHEN/SUCHEN ...**
ausgewählt und dann mit [F1] Hilfestellung angefordert.

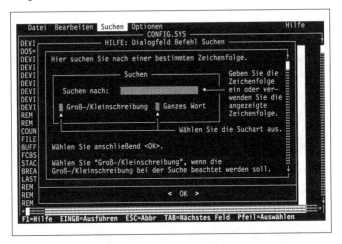

Der angezeigte Hilfebildschirm beschreibt den Aufbau des
ausgewählten Dialogfeldes, sowie die Funktion der Menüoption.
Es können keine weiteren Hilfebildschirme angezeigt werden.

Aufruf über die Option HILFE/ÜBERBLICK

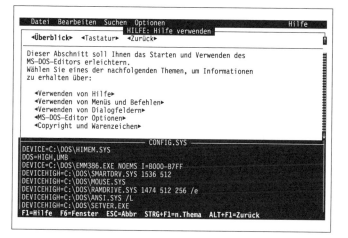

Im Hilfebildschirm werden weitere Optionen angeboten, über die eine detaillierte Hilfe angefordert werden kann.
Es handelt sich hierbei um Hinweise zu den Gruppen:

- Hilfe über das Hilfesystem
- Menüs und Kommandos
- Verwendung der Dialogfelder
- Die Optionen des Editors
- Copyright und Warenzeichen

Aufruf über die Option HILFE/TASTATUR

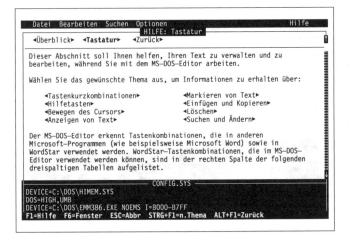

Im angebotenen Hilfebildschirm werden weitere Optionen angeboten, mit den eine detaillierte Hilfe zum Umgang mit der Tastatur und Bearbeitungsfunktionen angeboten wird.
Es handelt sich hierbei um Hinweise zu:
- Tastenbelegung
- Hilfetasten
- Cursorbewegung im Text und in den Menüs
- Textsteuerung
- Bearbeitungsfunktionen wie Markieren, Ändern, Löschen, Suchen u.a.

10.3

Bildschirmaufteilung

Menüzeile
Anzeige der zur Verfügung stehenden Menüoptionen

Markierungsbalken
Zeigt auf die aktuell ausgewählte Menüoption

Pull-Down-Menü
Wird nur angezeigt, wenn eines der Menüoptionen aus der Menüzeile ausgewählt wird.

Bildlaufleisten
Werden zur Bewegung im Text benötigt, wenn die Maus verwendet wird.

Tastenanzeige/Hilfszeile
In dieser Zeile wird eine Kurzbeschreibung der aktuell ausgewählten Menüoption angezeigt, bzw. Tastenfunktionen, die aktuell aktiv sind.

Position Cursor
Hier wird die aktuelle Zeilen-/Spaltenposition des Cursors angezeigt.

Dateiposition
Hier wird angezeigt, an welcher Stelle man sich in der Datei ungefähr befindet.

Ausführung: Menüauswahl über Tastatur

`Alt` **aktiviert das Zeilenmenü.**
Nach der Aktivierung steht der Markierungsbalken auf der ersten Menüoption **DATEI**.

`→` `←` **wird zur Auswahl einer anderen Menüoption verwendet.**
Wird `←` von der ersten Option betätigt, springt der Markierungsbalken auf die letzte Option im Menü.
Wird `→` von der letzten Option betätigt, springt der Markierungsbalken auf die erste Option im Menü.
Wahlweise kann auch der Buchstabe der Menüoption verwendet werden, der hell bzw. in einer anderen Farbe dargestellt wird.
D= Menüoption Datei
B= Menüoption Bearbeiten
usw.
Ist das PullDown-Menü bereits aktiviert, wird bei der Auswahl einer anderen Option sofort das jeweilige PullDown-Menü angezeigt.

`↵` **wählt die Option aus, auf der sich der Markierungsbalken befindet.**
Anschließend wird das PullDown-Menü angezeigt, das zur Menüoption gehört.

`↓` `↑` **wird zur Auswahl einer Option aus dem PullDown-Menü verwendet.**
Wird `↑` von der ersten Option betätigt, springt der Markierungsbalken auf die letzte Option im Menü.
Wird `↓` von der letzten Option betätigt, springt der Markierungsbalken auf die erste Option im Menü.
Wahlweise kann auch der Buchstabe der Menüoption verwendet werden, der hell bzw. in einer anderen Farbe dargestellt wird.

Tastenübersicht

Im Text bewegen

`←` `→` `↑` `↓`	Bewegt den Cursor in die angegebene Richtung.
`Strg` `←` `→`	Bewegt den Cursor wortweise nach links oder rechts.
`Strg` `Pos1`	Bewegt den Cursor zum Dateianfang.
`Strg` `Ende`	Bewegt den Cursor zum Dateiende.

Einfügen

`Einfg`	Schaltet zwischen Einfüge-/Überschreibmodus um.
`Pos1` `Strg` `N`	Fügt eine Leerzeile vor der aktuellen Zeile ein.
`Ende` `↵`	Fügt eine Leerzeilen nach der aktuellen Zeile ein.
`⇧` `Einfg`	Fügt den Text der Zwischenablage an der aktuellen Cursorposition ein.

Markieren

`⇧` `←` `→`	Markiert den Text von der Cursorposition nach links bzw. rechts.
`⇧` `Strg` `←` `→`	Markiert den Text wortweise nach links bzw. rechts.
`⇧` `↓` `↑`	Markiert den Text zeilenweise nach unter bzw. nach oben, ausgehend von der aktuellen Zeile.

Kopieren

`Strg` `Einfg`	Der markierte Text wird in die Zwischenablage kopiert.

Löschen

`Strg` `Y`	Die aktuelle Zeile wird gelöscht.
`Strg` `Q` `Y`	Der Text wird ab der Cursorposition bis zum Ende der Zeile gelöscht.
`⇧` `Entf`	Der markierte Text wird ausgeschnitten und in die Zwischenablage übertragen.
`Entf`	Der markierte Text wird gelöscht.

Suchen/Ersetzen

`Strg` `Q` `F` — Ruft das Dialogfeld auf, in dem der Suchtext eingegeben werden kann.

`F3` — Sucht ab der aktuellen Position in Richtung Ende der Datei nach dem Suchbegriff.

`Strg` `Q` `A` — Ruft das Dialogfeld auf, in dem der Suchtext und der Text der ersetzt werden soll, auf.

Hilfe aufrufen

`F1` — Ruft den Hilfebildschirm zu Menüs und Befehlen auf.

`⇧` `F1` — Ruft den Hilfebildschirm für Übersicht auf.

Mausbedienung

Falls eine Maus installiert ist, erscheint automatisch der Mauszeiger beim Starten des Editors.
Mit der Maus können alle Funktionen alternativ zur Tastenbedienung aufgerufen und ausgeführt werden. Die Anwendung der Maus ist durchgehend gleich. Deshalb wird hier das Konzept der Mausbedienung beschrieben. Bei den einzelnen Funktionen ist die Ausführung mit der Maus nicht mehr im Detail beschrieben.

Maustasten
Die meisten verwendeten Mäuse haben zwei oder drei Tasten. Für die Bedienung des Editors wird nur die linke benötigt.

Menüauswahl
Mit dem Mauszeiger auf die gewünschte Menüoption zeigen und die rechte Maustaste klicken. Je nach Menü wird die Aktion sofort ausgeführt, oder ein weiteres Dialogfeld geöffnet.

Dialogfeldauswahl
Mit dem Mauszeiger auf das gewünschte Aktionsfeld zeigen und die rechte Maustaste klicken.

Bildlaufleisten

Mit Hilfe von Bildlaufleisten kann Text mit der Maus nach unten und oben bzw. nach links und rechts gerollt werden.

Mausaktionen

Klicken	Auswahl durch kurzes Drücken der linken Maustaste.
Doppelklick	Auswahl und Aufruf durch kurz hintereinander zweimaliges Drücken der linken Maustaste.
Ziehen	Der linke Mauskopf bleibt gedrückt, solange die Maus bewegt wird.

10.4 Menüoptionen von EDIT

Menüoption Datei

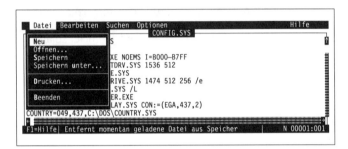

Menüoption DATEI NEU
Der aktuelle Inhalt des Edit-Fensters wird gelöscht und zur Bearbeitung einer neuen Datei freigemacht. Wurde die bestehende Datei verändert, muß diese vorher noch gespeichert werden. Hierfür wird ein Dialogfenster angezeigt.

Menüoption DATEI ÖFFNEN
Über dieses Menü kann eine neue Datei zur Bearbeitung geöffnet werden (siehe Ausführung Datei laden). Wurde die aktuelle Datei verändert, muß diese zunächst gespeichert werden. Hierfür wird ein Dialogfenster angezeigt.

Menüoption DATEI SPEICHERN
Bei Auswahl dieser Menüoption wird der aktuelle Inhalt der Datei gespeichert.

Menüoption DATEI SPEICHERN UNTER
Die aktuelle Datei kann unter einem neuen Namen gespeichert werden. Hierfür wird ein Dialogfenster angezeigt.
(siehe Ausführung Datei unter neuem Namen speichern)

Menüoption DRUCKEN
Über diese Menüoption kann wahlweise die gesamte Datei oder der markierte Text ausgedruckt werden.

Menüoption BEENDEN

Beendet den Editor. Eine veränderte Datei muß vor dem Verlassen gespeichert werden. Hierfür wird ein Dialogfensfer angezeigt.

Hinweise zur Bedienung

▪ Mit ⟶| kann zwischen den Fenstern in einem Dialogfenster gewechselt werden.
▪ ↓ ↑ wählt eine Datei oder im Feld Verz./Laufw. ein anderes Verzeichnis/Laufwerk aus.
▪ Über den Aktionsschalter **<ABBRECHEN>** kann ein Dialogfenster geschlossen und der Vorgang abgebrochen werden.
▪ In der untersten Bildschirmzeile werden Hinweise zu den aktuell gültigen Tastenbefehlen angezeigt. Diese variieren je nach Dialogfeld bzw. geöffnetem Fenster.

Ausführung: Neue Datei erstellen

Mit Alt D die Menüoption DATEI wählen
Anschließend mit N NEU wählen

EDIT stellt einen leeren Bildschirm zur Verfügung. Das Fenster erhält den Titel UNBENANNT.
War eine Datei in Bearbeitung, muß diese vorher gespeichert werden.
Zum Speichern siehe Ausführung »Datei unter neuem Namen speichern«

Ausführung: Datei laden

Mit Alt D die Menüoption DATEI wählen.
Anschließend mit F ÖFFNEN wählen

Das nachfolgende Dialogfenster wird angezeigt.
Im Feld Dateiname ist *.TXT vorgegeben. Im Feld Dateien werden alle Dateien des aktuellen Verzeichnisses angezeigt, die dem Dateityp entsprechen.
Soll ein anderer Dateityp geladen werden, muß TXT durch den neuen Typ ersetzt werden. Anschließend werden alle Dateien im Verzeichnis angezeigt, die dem Dateityp entsprechen.

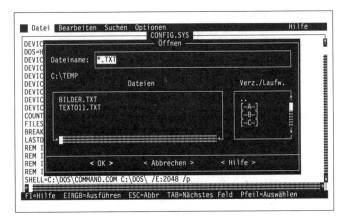

Mit →| in das Feld Dateien wechseln
Mit ↓ ↑ die gewünschte Datei anwählen.
Mit ↵ die gewählte Datei laden

10.4

Ausführung: Datei unter neuem Namen speichern

Mit `Alt` `D` **die Menüoption DATEI wählen.**
Anschließend mit `U` **SPEICHERN UNTER wählen**
  Das nachfolgende Dialogfenster wird angezeigt.

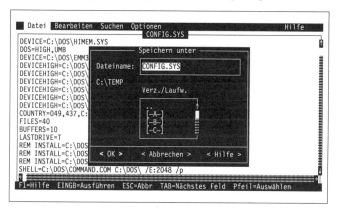

Im Feld Dateiname den neuen Dateinamen eingeben.
  Das aktuelle Verzeichnis wird unter Dateiname angezeigt.
  Soll die Datei in einem anderen Verzeichnis gespeichert
  werden, ist das Laufwerk/Verzeichnis entweder vor dem
  Dateinamen anzugeben oder über das Feld Verz./Laufw.
  auszuwählen.

10.4

Ausführung: Datei drucken

Mit `Alt` `D` **die Menüoption DATEI wählen.**
Anschließend mit `D` **DRUCKEN wählen**
  Das nachfolgende Dialogfenster wird angezeigt.

`⏎` **druckt den gesamten Dateiinhalt aus.**
  Wurde die Option Markierter Text gewählt, wird nur der
  markierte Teil der Datei ausgedruckt.

Menüoption Bearbeiten

Für sämtliche Menüoptionen stehen auch entsprechende
Tastenfunktionen zur Verfügung. Bei der Arbeit in einer Datei ist
es oft einfacher, diese zu verwenden.

Menüoption AUSSCHNEIDEN oder `⇧` `Entf`
  Der markierte Text wird in die Zwischenablage übertragen.

Menüoption KOPIEREN oder [Strg][Einfg]
Der markierte Text wird in die Zwischenablage kopiert.

Menüoption EINFÜGEN oder [↑][Einfg]
Der in der Zwischenablage befindliche Text wird an der aktuellen Cursorposition eingefügt.

Menüoption LÖSCHEN oder [Entf]
Der markierte Text wird gelöscht.

Ausführung: Text markieren mit Tastatur

Cursor mit [↓][↑][←][→] auf den Textanfang stellen, der markiert werden soll.
[↑][←][→][↓][↑] **zur Markierung**

Ausführung: Text markieren mit der Maus

Mit dem Mauszeiger auf den Textanfang zeigen, der markiert werden soll.
Rechte Maustaste drücken und über den Text ziehen, bis der gewünschte Teil markiert ist.
Rechte Maustaste loslassen.

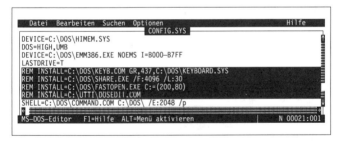

Ausführung: Text kopieren und einfügen

Text kopieren wie oben beschrieben
Menüoption BEARBEITEN KOPIEREN wählen
Der markierte Text wird in die Zwischenablage kopiert. Alternativ kann die Tastenkombination [Strg][Einfg] verwendet werden.

Cursor an die gewünschte Position im Text setzen
Menüoption BEARBEITEN EINFÜGEN wählen
Alternativ kann die Tastenkombination [⇑][Einfg] gewählt werden.

Ausführung: Text versetzen

Text kopieren wie oben beschrieben
Menüoption BEARBEITEN AUSSCHNEIDEN wählen
Der markierte Text wird in die Zwischenablage übertragen. Alternativ kann die Tastenkombination [⇑][Entf] verwendet werden.

Cursor an die gewünschte Position im Text setzen
Menüoption BEARBEITEN EINFÜGEN wählen
Alternativ kann die Tastenkombination [⇑][Einfg] gewählt werden.

Menüoption Suchen

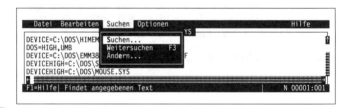

Menüoption SUCHEN
Öffnet ein Dialogfenster, in dem der Text eingegeben werden kann, nach dem gesucht werden soll.

Steht der Cursor auf einem Wort, wird dieses automatisch als Suchtext übernommen.

Menüoption WEITERSUCHEN oder `F3`
Startet einen weiteren Suchlauf bis zum nächsten Auftreten des Suchbegriffs.

Menüoption ÄNDERN
Öffnet ein Dialogfenster, in dem der Suchtext und der Text, der ersetzt werden soll, eingegeben werden kann.
Steht der Cursor auf einem Wort, wird dieses automatisch als Suchtext übernommen.

Ausführung: Text suchen

Menüoption SUCHEN SUCHEN... auswählen
Das nachfolgende Dialogfenster wird geöffnet.
Alternativ kann das Fenster mit `Strg` `Q` `F` geöffnet werden.

Im Feld Suchen nach: den Suchbegriff eingeben
Groß-/Kleinschreibung berücksichtigt beim Suchen die unterschiedliche Schreibweise.
Ganzes Wort sucht nur nach dem Suchtext, wenn dieser ein Wort darstellt. Nach dem Suchtext muß ein Leerzeichen oder ein Interpunktionszeichen stehen.

Ausführung: Text suchen und ersetzen

Menüoption SUCHEN ÄNDERN... auswählen
Das nachfolgende Dialogfenster wird geöffnet.
Alternativ kann das Fenster mit [Strg][Q][A] geöffnet werden.

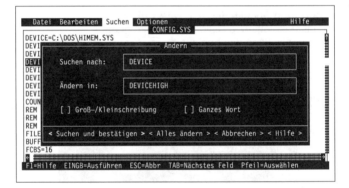

Im Feld Suchen nach: den Suchbegriff eingeben
Im Feld Ändern in: den Ersatztext eingeben
Änderungslauf starten
Mit [→|] können die Aktionsschalter ausgewählt werden.
Über den Aktionsschalter <Suchen und bestätigen> muß
jede gefundene Stelle für die Änderung bestätigt werden.
Über den Aktionsschalter <Alles ändern> werden alle
Stellen im Text automatisch mit dem Ersatztext
ausgetauscht.

Menüoption Optionen

Menüoption BILDSCHIRMANZEIGE
Öffnet ein Dialogfenster, in dem die Farben für Vorder- und Hintergrund eingestellt werden können.
Über ein Optionsfenster kann ausgewählt werden, ob Bildlaufleisten dargestellt werden sollen. Diese können ausgeschaltet werden, wenn keine Maus verwendet wird.

Menüoption PFAD FÜR HILFE

Befindet sich die Hilfedatei EDIT.HLP nicht im aktuellen Verzeichnis/ Zugriffspfad, kann hier angegeben werden, in welchem Laufwerk/Verzeichnis sich die Datei befindet.

10.4

10.5 Möglichkeiten EDLIN

▪ Edlin teilt den Text einer Datei in Zeilen ein, von denen jede bis zu 253 Zeichen lang sein kann.

▪ Die Zeilen werden während der Bearbeitung mit Edlin durchlaufend numeriert. Die Numerierung wird nicht in die gespeicherte Datei mit übernommen, sondern nur am Bildschirm angezeigt.

▪ Mit Hilfe dieser Nummern werden einzelne Zeilen zum Bearbeiten ausgewählt; deshalb sind Zeilennummern Bestandteil der meisten Edlin-Befehle.

▪ Sobald neue Zeilen in den Text eingefügt oder welche gelöscht werden, werden die nachfolgenden Zeilen automatisch neu numeriert.

▪ Es kann immer nur eine Zeile zum gleichen Zeitpunkt bearbeitet werden.

▪ Edlin enthält keine Funktionen zum Ausdrucken auf einem Drucker. Dazu können die DOS-Druckbefehle **TYPE** (siehe 6.7), **PRINT** (siehe 6.7), **COPY** (siehe 5.2) oder der Editor **EDIT** verwendet werden.

Hier folgt eine alphabetische Befehlsübersicht. Details zur Befehlsstruktur, Tips zur Befehlseingabe und zu Befehlsoptionen werden im Anschluß daran beschrieben.

10.5 Befehlsübersicht EDLIN

Befehlsübersicht und Gliederung

Hilfe

Befehl	Bedeutung	Funktion
?	Hilfe	Listet alle Befehle und deren Parameter auf.

Zeilen einfügen

Befehl	Bedeutung	Funktion
I	Insert	Einfügen von Textzeilen (siehe 10.5).

Zeilen bearbeiten

Befehl	Bedeutung	Funktion
zeile	Editieren	Bearbeiten der Zeile mit der angegebenen Nummer (siehe 10.4).
C	Copy	Kopieren von Zeilen (siehe 10.6).
D	Delete	Löschen von Zeilen (siehe 10.6).
M	Move	Umstellen eines Textabschnitts hinter eine bestimmte Zeile (siehe 10.6).

Anzeigefunktionen

Befehl	Bedeutung	Funktion
L	List	Anzeigen von Zeilen (siehe 10.7).
P	Page	Seitenweises Blättern durch eine Datei in Abschnitten von jeweils 23 Zeilen (siehe 10.7).

Suchen, Ersetzen

Befehl	Bedeutung	Funktion
R	Replace	Text ersetzen (siehe 10.8).
S	Search	Text suchen (siehe 10.8).

Dateibehandlung

Befehl	Bedeutung	Funktion
A	Append	Anfügen einer oder mehrerer Zeilen von Diskette oder Festplatte an den Text (siehe 10.9).

| T | Transfer | Kopieren von Inhalten einer anderen Datei in die momentan bearbeitete Datei (siehe 10.9). |
| W | Write | Schreiben von Textzeilen auf Diskette oder Festplatte (siehe 10.9). |

Beenden

Befehl	Bedeutung	Funktion
E	End	Beenden der Bearbeitung und Speichern der Änderungen (siehe 10.2).
Q	Quit	Beenden der Bearbeitung, ohne die Datei zu speichern (siehe 10.2).

Befehlsstruktur

▓ Jeder Edlin-Befehl wird durch ein einzelnes Zeichen angegeben.

▓ Die zu einem Befehl gehörenden Zeilennummern werden immer vor dem jeweiligen Befehl angegeben.

```
2,3,10C
12I
```

▓ Edlin-Befehle werden bei der Eingabeaufforderung durch Betätigen von ⏎ eingegeben.

Tips und Begriffe

Befehlseingabe

▓ Befehle können beliebig in Groß- oder Kleinbuchstaben eingegeben werden. Edlin versteht beides.

▓ Edlin ignoriert Leerstellen zwischen der Zeilennummer und dem Befehl. Bei den Beispielen in diesem Kapitel wurden Leerstellen ausgelassen.

▓ Mehrere Befehle können, ohne besondere Trennzeichen, einfach nacheinander in die Befehlszeile eingegeben werden.

```
1,1,10ML
```

verschiebt die Zeile 1 und zeigt anschließend die Zeilen an.

▓ Wird in einer solchen Folge nur eine Zeilennummer zum Bearbeiten einer Zeile angegeben, muß diese durch Semikolon (;) von anderen Nummern getrennt werden.

```
15;-5,+5L
```
bearbeitet Zeile 15 und zeigt anschließend fünf Zeilen davor und dahinter am Bildschirm an.

▪ Falls hinter einer zu suchenden Zeichenfolge noch weitere Befehle kommen, wird diese durch [Strg]+[Z] abgeschlossen.
```
S monatlicher Etat[Strg]+[Z]-5,+5L
```
sucht »monatlicher Etat« und zeigt anschließend fünf Zeilen vor und nach der Zeile mit dem gefundenen Suchbegriff an.

Momentane Schreibzeile

▪ Eine Zeile ist immer die *momentane Schreibzeile*. Diese ist die zuletzt bearbeitete Zeile. Sie wird durch einen Stern zwischen Zeilennummer und dem ersten Zeichen gekennzeichnet.

▪ Durch Eingabe von + oder – und einer Nummer wird angegeben, um wie viele Zeilen Edlin von der momentanen Schreibzeile vor (+) bzw. zurück (–) gehen soll.
```
-5,+5L
```
zeigt die fünf Zeilen vor der momentanen Schreibzeile, diese selbst und fünf Zeilen dahinter an.
```
,+5,100M
```
verschiebt die momentane Schreibzeile und die nächsten fünf Zeilen zur Zeile 100.

Steuerzeichen

▪ Steuerzeichen werden durch Niederhalten der Taste [Strg] und der nachfolgenden Taste betätigt.

▪ Im Einfügemodus können auch Steuerzeichen – zum Beispiel [Strg]+[C] – in den Text eingefügt werden. Dazu wird die Tastenkombination [Strg]+[V] betätigt und dahinter der gewünschte Großbuchstabe eingegeben.
```
[Strg]+[V]+[C] ergibt [Strg]+[C]
```
am Bildschirm erscheint ^C.

Die Befehlsoption zeile

▪ Bei der Option *zeile* wird die gewünschte Zeilennummer eingegeben. In den folgenden Befehlsbeschreibungen sind dies die Optionen *vonzeile*, *biszeile*, *nachzeile*, usw.

▪ Mehrere Zeilennummern werden voneinander durch Kommas oder Leerzeichen getrennt.

Eingabemöglichkeiten:

Nummer	Dies kann eine beliebige Zahl kleiner als 65529 sein. Wird eine Zeilennummer angegeben, die die Anzahl der Zeilen im Text übersteigt, dann wird sie auf die Zeile nach der letzten numerierten Zeile des Textes bezogen.
. (Punkt)	Bei Eingabe von Punkt (.) verwendet Edlin die Nummer der momentanen Schreibzeile. Die momentane Schreibzeile ist die zuletzt bearbeitete Zeile.
#	Das Nummernzeichen steht für die Zeile nach der letzten numerierten Zeile. Dieses Zeichen bewirkt das gleiche wie die Eingabe einer Zahl, die um eins größer ist als die Nummer der letzten Zeile.
⏎	Bewirkt ohne eine der genannten Optionen, daß Edlin einen für den Befehl geeigneten Standardwert verwendet. Diese können je nach Befehl verschieden sein.

Verweise

Edlin starten und beenden, Zeile editieren, Bearbeitungstasten, Zeilen einfügen, Zeilen kopieren, löschen, verschieben, Anzeigefunktionen, Suchen, Ersetzen, Dateibehandlung.

Hilfe aufrufen?

Mit dem ?-Befehl kann eine Übersicht über die gültigen Befehle aufgerufen werden.

?

Edlin starten und beenden

Mit dem folgenden Befehl wird Edlin in den Speicher geladen, und der Textinhalt der angegebenen Datei kann bearbeitet werden.

Edlin [*laufwerk:*][*pfad*][*dateiname*] [/**B**]

- *laufwerk:* Ist das Laufwerk.
- *pfad:* Ist der Pfad.
- *dateiname*: Ist die Datei, deren Inhalt bearbeitet werden soll.
- **/B**: Edlin beachtet keine Dateiendemarkierungen (Code 26) beim Einlesen der Datei.

Beschreibung

Falls die angegebene Datei vorhanden ist, wird sie in den Speicher geladen, bis dieser zu 75% gefüllt ist. Kann sie ganz in den Speicher geladen werden, erscheint
```
Ende der Eingabedatei!
*
```

Kann Edlin die angegebene Datei nicht finden, legt es eine mit diesem Namen in dem Verzeichnis an. In diesem Fall erscheint:
```
Neue Datei!
*
```

Die Edlin-Eingabeaufforderung ist ein Stern. Dahinter können Edlin-Befehle eingegeben werden.
```
*
_
```

Anmerkungen

Falls nicht alle Zeilen gleichzeitig in den Speicher geladen werden, können die restlichen Zeilen mit **W** und **A** erreicht werden.

Um Text in eine neue Datei einzutragen, kann nur der Befehl **I** verwendet werden.

Durch Angabe einer Zeilennummer, wird die Zeile mit dieser Nummer zur Bearbeitung angeboten.

Mit **L** oder **P** kann der geladene Text am Bildschirm angezeigt werden.

Die angegebenen Begrenzungen bei den Bildschirmzeilen gelten für Bildschirme mit 25 Zeilen. Werden mehr Zeilen konfiguriert (siehe MODE-Befehl) verändern sich die Werte entsprechend.

Programm beenden mit speichern E (Edit)

E bewirkt, daß die bearbeitete Datei auf der Diskette/Festplatte gespeichert, die ursprüngliche Eingabedatei mit der Namenserweiterung .BAK versehen und Edlin beendet wird. Falls keine Änderungen gespeichert werden sollen, muß **Q** verwendet werden (nächster Abschnitt).

E

Anmerkungen

▪ Falls beim Aufruf eine neue Datei angelegt wurde, wird keine .BAK-Datei (Sicherungskopie) erstellt.
▪ Dateiname und Laufwerk wurden bereits beim Starten von Edlin angegeben. Beim Beenden kann daran nichts mehr verändert werden.
▪ Die Datei kann danach mit **COPY** an eine gewünschte Stelle kopiert werden (siehe 5.2).
▪ Der im Hauptspeicher befindliche Teil geht verloren. Der Teil, der auf den Datenträger geschrieben wurde, erhält die Dateinamenserweiterung. $$$, wenn die Kapazität des Datenträgers für die bearbeitete Datei zu klein ist.
▪ Falls bereits eine schreibgeschützte Datei .BAK besteht, wird zwar die geänderte Datei gespeichert, die ursprüngliche Version jedoch nicht in die Sicherungskopie .BAK kopiert. Edlin bringt die Meldung:
```
Achtung! Sicherungskopie ist schreibgeschützt — es wird
keine Sicherungskopie erstellt!
```

Verweis

Dateien kopieren und zusammenfügen **5.2**.

Programm abbrechen (Quit) Q

Q beendet Edlin und speichert die bearbeitete Datei nicht. Damit kann die Bearbeitung ohne Änderungen in einer Datei abgebrochen werden. Um Änderungen zu speichern, muß **E** verwendet werden.

Q

Anmerkungen

▩ Vor dem endgültigen Beenden bringt Edlin die Abfrage
Bearbeitung abbrechen? (J/N)
J bricht die Bearbeitung endgültig ab und speichert dabei nichts.
N bricht die Bearbeitung nicht ab, es erscheint wieder die Edlin-Eingabeaufforderung *.
▩ **Q** bewirkt, daß keinerlei Änderungen an der Datei und an der Sicherungskopie .BAK durchgeführt werden.

Zeile editieren, Bearbeitungstasten

Die Eingabe einer vorhandenen Zeilennummer bewirkt, daß diese Zeile zum Editieren (Bearbeiten) angezeigt wird. Diese kann dann mit den Bearbeitungstasten verändert werden.

zeile

Beschreibung

▩ Am Bildschirm erscheint die Zeilennummer mit dem bisherigen Zeileninhalt und darunter nur die Zeilennummer.
5:*wir uns für Ihre Anfrage und möchten Ihnen folgendes
mitteilen.
5:*_
▩ Die Zeile kann neu geschrieben oder mit den Bearbeitungstasten verändert werden (siehe unten).
▩ Der bisherige Zeileninhalt bleibt solange bestehen, bis ⏎ betätigt wird. Dann steht der neue Inhalt in der Zeile.
▩ ⏎ ohne Eingabe eines Zeichens beläßt den vorherigen Inhalt unverändert.
▩ Falls ⏎ betätigt wird, wenn sich der Cursor in der Mitte der Zeile befindet, wird der restliche Zeileninhalt nicht in den neuen Inhalt übernommen.
▩ Wird bei der Edlin-Eingabeaufforderung nur ⏎ ohne Angabe einer Zeilennummer betätigt, wird die momentane Schreibzeile zum Bearbeiten angeboten.

Bearbeitungstasten

Bei der Arbeit mit Edlin können dieselben Bearbeitungstasten wie bei der DOS-Befehlseingabe und dem DOS-Zeilenspeicher verwendet werden.

Taste	Funktion
F1	Kopiert ein Zeichen aus dem Zeilenspeicher in die neue Zeile.
F2	Kopiert alle Zeichen aus dem Zeilenspeicher bis zum angegebenen Zeichen in die neue Zeile.
F3	Kopiert alle restlichen Zeichen aus dem Zeilenspeicher in die neue Zeile.
F4	Überspringt alle Zeichen bis zum angegebenen Zeichen, ohne sie zu kopieren.
F5	Ersetzt den bisherigen Inhalt des Zeilenspeichers durch den Inhalt der neuen Zeile.
Entf	Überspringt ein Zeichen, ohne es zu kopieren.
Esc	Löscht den Inhalt der momentanen Schreibzeile und läßt den bisherigen Inhalt unverändert. Der Cursor erscheint am Anfang der nächsten Schreibzeile. Hier kann der Inhalt nochmal eingegeben werden.
Strg+C Strg+Untbr	Löscht den Inhalt der momentanen Schreibzeile und behält den bisherigen Inhalt bei.
Einfg	Schaltet den Einfügemodus ein und aus (Umschaltfunktion).
←	Löscht das vorherige Zeichen von der Eingabezeile und setzt den Cursor im Zeilenspeicher um ein Zeichen zurück.

Zeilen einfügen (Insert) *I*

I fügt ab einer angegebenen Zeile neue Zeilen ein. **I** muß auch gewählt werden, um in einer neuen Datei Zeilen eingeben zu können.

[*abzeile*]**I**

▨ *abzeile*: Ist die Zeile, vor der neue Zeilen eingefügt werden sollen.

Beschreibung

▨ Edlin bleibt solange im Einfügemodus, bis dieser mit der Tastenkombination [Strg]+[C] oder [Strg]+[Untbr] abgebrochen wird.

▨ Das Einfügen beginnt mit der angegebenen Zeile; mit [↵] wird jeweils eine neue Zeile begonnen.

▨ Die weiteren Zeilennummern erscheinen automatisch.

Anmerkungen

▨ **I** muß immer gewählt werden, wenn neuer Text in eine Datei eingegeben werden soll.

▨ Erscheint nach dem Starten von Edlin die Meldung »Neue Datei«, kann nur mit **I** Text in diese Datei eingegeben werden. Edlin beginnt dann automatisch mit der Zeilennummer 1.

▨ Wird keine Zeilennummer angegeben, nimmt Edlin standardmäßig die Nummer der momentanen Schreibzeile.

▨ Wird bei *abzeile* eine Zeilennummer angegeben, die größer als die vorhandenen ist, oder das Zeichen **#**, werden die neuen Textzeilen an das Ende der Datei angefügt.

▨ Nach Beenden des Einfügemodus ist die unmittelbar folgende Zeile die momentane Schreibzeile.

▨ Wird ein Punkt ».« eingegeben, erfolgt die Einfügung unmittelbar vor der aktuellen Zeile.

Zeilen kopieren, löschen, verschieben

Mit den Befehlen **C**, **D** und **M** können Zeilen an andere Stellen kopiert, Zeilen gelöscht oder der Text umgestellt werden.

Zeilen kopieren (Copy)   C

C kopiert den angegebenen Zeilenbereich an eine bestimmte Zeilenziffer; zusätzlich kann noch die Anzahl der Kopien angegeben werden. Die ursprünglichen Zeilen bleiben unverändert.

[*vonzeile*],[*biszeile*],*nachzeile*[,*anzahl*]**C**

▨ *vonzeile:* Ist die erste Zeile des zu kopierenden Bereichs.

- *biszeile:* Ist die letzte Zeile des zu kopierenden Bereichs.
- *nachzeile:* Ist die Zeilennummer, zu der der Bereich kopiert werden soll (muß angegeben werden).
- *anzahl*: Gibt an, wie oft der Bereich kopiert werden soll. Wird nichts angegeben, kopiert Edlin einmal.

Anmerkungen

- Wird bei der ersten oder zweiten Option keine Angabe gemacht, setzt Edlin die Nummer der momentanen Schreibzeile ein.

    ,,20C

    kopiert die momentane Schreibzeile nach Zeile 20.
- Ein Bereich kann nicht in sich selbst, das heißt, in eine der Zeilen dieses Bereichs kopiert werden. Dies ergibt »Eingabefehler«.
- Nach dem Kopieren werden die Zeilen neu numeriert.
- Die erste der kopierten Zeilen wird zur aktuellen Zeile.
- Für *anzahl* sind die Zeichen »-« und »+« nicht zulässig.

Zeilen löschen (Delete)   D

D löscht eine oder mehrere aufeinanderfolgende Zeilen aus der Datei.

    [vonzeile][,biszeile]D

- *vonzeile*: Ist die erste Zeile des zu löschenden Bereichs. Wird hier nichts angegeben, nimmt Edlin die momentane Schreibzeile.
- *biszeile*: Ist die letzte Zeile des zu löschenden Bereichs. Wird hier nichts angegeben, löscht Edlin nur die Zeile *vonzeile*.

Anmerkungen

- Nach dem Löschen werden die Zeilen automatisch neu numeriert.
- Wird kein Parameter angegeben, löscht Edlin die momentane Schreibzeile.
- Die auf den gelöschten Bereich folgende Zeile wird zur aktuellen Zeile.

Zeilen verschieben (Move) M

M verschiebt einen Zeilenbereich an eine andere Stelle. Damit können Textabschnitte in einer Datei umgestellt werden.

   [*vonzeile*],[*biszeile*],*nachzeile***M**

- *vonzeile*: Ist die erste Zeile des zu verschiebenden Bereichs.
- *biszeile*: Ist die letzte Zeile des zu verschiebenden Bereichs.
- *nachzeile*: Ist die Zeilennummer, zu der der Bereich verschoben werden soll (muß angegeben werden).

Anmerkungen

- Nach dem Verschieben ist der angegebene Zeilenbereich nur noch an der neuen Stelle vorhanden.
- Ein Bereich kann nicht in sich selbst, das heißt, in eine der Zeilen dieses Bereichs verschoben werden. Dies ergibt »Eingabefehler«.
- Nach dem Verschieben werden die Zeilen neu numeriert.
- Die Zeichen »-« und »+« können verwendet werden.
- Die erste verschobene Zeile wird zur aktuellen Zeile.

Anzeigefunktionen

Edlin kennt die Anzeigefunktionen **L** zum Auflisten von Zeilen und **P** zum bildschirmweisen Anzeigen, allerdings keine Druckmöglichkeiten. Dazu sollten die DOS-Befehle zum Drucken verwendet werden.

Zeilen anzeigen (List) L

L zeigt eine Anzahl aufeinanderfolgender Zeilen am Bildschirm an. Die momentane Schreibzeile wird nicht verändert.

   [*vonzeile*][,*biszeile*]**L**

- *vonzeile:* Ist die erste Zeile des anzuzeigenden Bereichs.
- *biszeile*: Ist die letzte Zeile des anzuzeigenden Bereichs.

Anmerkungen

▪ Wird *biszeile* nicht angegeben, zeigt Edlin 24 Zeilen, beginnend mit der angegebenen Zeile.

   20L

zeigt 24 Zeilen ab Zeile 20 an.

▪ Wird *vonzeile* nicht angegeben, zeigt Edlin alle Zeilen von der aktuellen Zeile bis zur angegebenen Zeile an.

   ,50L

zeigt die 24 Zeilen vor der Zeile 50 an.

▪ Wird kein Parameter angegeben, zeigt Edlin 24 Zeilen, beginnend 11 Zeilen vor der momentanen Schreibzeile an.

▪ Falls der anzuzeigende Bereich mehr als 24 Zeilen umfaßt, stoppt die Anzeige automatisch, wenn der Bildschirm voll ist. Eine beliebige Taste setzt die Anzeige wieder fort.

▪ **L** verändert nicht die momentane Schreibzeile.

▪ Überschreitet die Anzahl der Textblöcke die Anzahl der Zeilen, die auf dem Bildschirm dargestellt werden können, wird eine Abfrage ausgegeben, bei der die Funktion abgebrochen werden kann.

Bildschirmweise anzeigen (Page)   P

P zeigt eine Anzahl aufeinanderfolgender Zeilen bildschirmweise mit jeweils 23 Zeilen an. Dabei wird die momentane Schreibzeile auf die letzte angezeigte Zeile gesetzt.

   [*vonzeile*][,*biszeile*]**P**

▪ *vonzeile:* Ist die erste Zeile des anzuzeigenden Bereichs.
▪ *biszeile*: Ist die letzte Zeile des anzuzeigenden Bereichs.

Anmerkungen

▪ **P** wirkt gleich wie **L**, außer daß **P** die momentane Schreibzeile auf die letzte angezeigte Zeile setzt. Falls kein Parameter angegeben wird, zeigt Edlin 23 Zeilen ab der momentanen Schreibzeile an.
Dadurch wirken aufeinanderfolgende **P**-Befehle jeweils für weitere Zeilenbereiche.

Beispiel: Zeile 1 ist die momentane Schreibzeile.
P
zeigt die Zeilen 1 bis 23 an, danach ist Zeile 23 die momentane Schreibzeile. Danach:
P
zeigt die Zeilen 23 bis 46 an, Zeile 46 ist die momentane Schreibzeile usw.

▪ Wird *biszeile* nicht angegeben, zeigt Edlin 23 Zeilen an, beginnend mit der angegebenen Zeile.
20P
zeigt 23 Zeilen ab Zeile 20 an.

▪ Wird *vonzeile* nicht angegeben, zeigt Edlin 23 Zeilen vor der angegebenen Zeile an.
,50P
zeigt die 23 Zeilen vor der Zeile 50 an.

▪ Falls der anzuzeigende Bereich mehr als 23 Zeilen umfaßt, zeigt Edlin alle Zeilen in einem Stück an. Die Anzeige wird automatisch gestoppt, wenn der Bildschirm voll ist. Eine beliebige Taste setzt die Anzeige wieder fort.

▪ Edlin enthält keine Druckmöglichkeiten für Drucker. Textdateien, die mit Edlin erstellt und bearbeitet wurden, können mit den entsprechenden DOS-Befehlen auf einem Drucker gedruckt werden (siehe 6.7).

Suchen, Ersetzen

Mit **S** können Texte gesucht werden. **R** ersetzt einen gesuchten Text automatisch durch einen anderen Text.

Suchen (Search)   S

S sucht in einem angegebenen Zeilenbereich nach einem Suchbegriff und zeigt die gefundene Zeile mit dem Suchbegriff.

[*vonzeile*][,*biszeile*][**?**]**S***suchtext*

▪ *vonzeile:* Ist die erste Zeile des zu durchsuchenden Bereichs.
▪ *biszeile*: Ist die letzte Zeile des zu durchsuchenden Bereichs.

▪ **?**: Bestimmt, daß Edlin solange weitersucht, bis die richtige Textstelle gefunden ist (siehe unten).

▪ *suchtext*: Gibt den Suchbegriff an. Der Begriff beginnt unmittelbar hinter **S**. Leerzeichen zwischen **S** und *suchtext* ergeben ein Leerzeichen als erstes Zeichen im Suchbegriff.

Beschreibung

S ohne ?
Edlin sucht den Suchbegriff im angegebenen Zeilenbereich. Die Suche wird nach Anzeige des ersten Vorkommens automatisch beendet.
Die Zeile wird zur momentanen Schreibzeile.

S danach
Sucht das nächste Vorkommen des vorherigen Suchbegriffs.

S mit ?
Edlin zeigt die erste Zeile an, die den Suchbegriff enthält und bringt die Meldung:
`O.K.?`
`J` oder `⏎`: die betreffende Zeile wird zur momentanen Schreibzeile, und die Suche wird beendet.
Eine beliebige andere Taste sucht das nächste Vorkommen und bringt wieder die Abfrage.

Anmerkungen

▪ Die Zeile, in der das letzte Vorkommen gefunden wurde, wird immer zur momentanen Schreibzelle.

▪ Wird der Suchbegriff im gesamten angegebenen Textabschnitt nicht gefunden, erscheint die Meldung:
`Nicht gefunden`

▪ Wird *vonzeile* nicht angegeben, beginnt die Suche bei der Zeile hinter der momentanen Schreibzeile.

▪ Wird *biszeile* nicht angegeben, geht die Suche bis zum Dateiende.

▪ Wird kein Suchbegriff angegeben, nimmt Edlin den zuletzt bei **S** oder **R** verwendeten Suchbegriff. Wurde vorher noch kein Suchbegriff verwendet, wird **S** abgebrochen.

Beim Suchen wird Groß- und Kleinschreibung beachtet:
1,20Squalle
findet nicht das Wort »Qualle«.

Suchen und Ersetzen (Replace) R

R sucht in einem angegebenen Zeilenbereich nach einem Suchbegriff und ersetzt ihn durch einen Ersatzbegriff. Dabei kann gewählt werden, ob der Suchbegriff automatisch ersetzt oder ob vor jedem Ersetzen abgefragt werden soll.

R[*vonzeile*][*,biszeile*][**?**]*suchtext* [Strg]+[Z] *ersatztext*

Parameter

- *vonzeile:* Ist die erste Zeile des zu durchsuchenden Bereichs.
- *biszeile*: Ist die letzte Zeile des zu durchsuchenden Bereichs.
- **?**: Bestimmt, daß Edlin vor jedem Ersetzen eine Benutzerabfrage bringt und nicht automatisch ersetzt.
- *suchtext*: Gibt den Suchbegriff an. Der Begriff beginnt unmittelbar hinter **R**. Leerzeichen zwischen **R** und *suchtext* ergeben ein Leerzeichen als erstes Zeichen im Suchbegriff.
- [Strg]+[Z]: Diese Tastenkombination trennt Such- und Ersatzbegriff voneinander. Auf dem Bildschirm erscheint ^Z.
- *ersatztext*: Gibt den Ersatzbegriff an.

Beschreibung

R ohne ?
Edlin sucht den Suchbegriff im angegebenen Zeilenbereich. Jeder gefundene Suchbegriff wird durch den Ersatzbegriff ersetzt und die betreffende Zeile angezeigt.

R mit ?
Edlin zeigt die erste Zeile an, die den Suchbegriff enthält und bringt die Meldung:
O.K.?
[J] oder [↵] ersetzt den gefundenen Suchbegriff durch den Ersatzbegriff.

Eine beliebige andere Taste sucht das nächste Vorkommen und bringt wieder die Abfrage.
[Strg]+[Untbr] bricht die Suche ab.

Anmerkungen

▪ Zeilen, die den Suchbegriff mehrmals enthalten, werden jedesmal angezeigt, wenn der Suchbegriff ersetzt wird.
▪ Wird *vonzeile* nicht angegeben, beginnt die Suche bei der Zeile hinter der momentanen Schreibzeile.
▪ Wird *biszeile* nicht angegeben, geht die Suche bis zum Dateiende.
▪ Wird *suchtext* mit [Strg]+[Z] abgeschlossen und kein *ersatztext* angegeben, löscht Edlin alle gefundenen Suchbegriffe.
1RKunden[Strg]+[Z]
löscht in der gesamten Datei das Wort »Kunden«.
▪ Beim Suchen wird Groß- und Kleinschreibung beachtet.

Dateibehandlung

Zur Dateibehandlung gehören bei Edlin die Befehle, mit denen umfangreiche Dateien bearbeitet werden können. Außerdem gibt es die Möglichkeit, mit **T** den Inhalt einer anderen Datei in die aktuelle Datei einzusetzen.

Ausführung: Umfangreiche Dateien bearbeiten

Umfangreiche Dateien passen unter Umständen nicht in einem Teil in den Arbeitsspeicher. Solche Dateien müssen in einzelnen Teilen bearbeitet werden.

Edlin *dateiname* lädt 3/4 des Arbeitsspeichers voll
Edlin lädt so viele Zeilen in den Arbeitsspeicher, bis dieser zu 3/4 voll ist.

Zeilen im Arbeitsspeicher bearbeiten
Die Zeilen im Arbeitsspeicher werden durchnumeriert und können bearbeitet werden.

W schreibt Text aus dem Arbeitsspeicher auf Diskette/Festplatte
   Bei Angabe von **W** ohne Zeilenanzahl schreibt Edlin so viele Zeilen weg, bis nur noch 25% des Arbeitsspeichers belegt sind.

A fügt weitere Zeilen aus der Datei hinzu
   Zu den im Arbeitsspeicher verbliebenen Zeilen werden so viele hinzugefügt, bis der Arbeitsspeicher wieder zu 75% belegt ist, oder bis die Datei zu Ende ist.
   Diese Zeilen werden neu durchnumeriert und können bearbeitet werden.

Weitere Befehle W und A bearbeiten den Rest der Datei
   Diese Befehlsfolge kann sooft angegeben werden, bis die gesamte Datei bearbeitet ist.

Zeilen schreiben (Write) W

W schreibt eine angegebene Anzahl Zeilen aus dem Arbeitsspeicher auf die Diskette/Festplatte. Dieser Befehl wird nur benötigt, wenn die bearbeitete Datei nicht in einem Stück in den Arbeitsspeicher paßt.

[n]**W**

- n: Gibt die Anzahl Zeilen an, die auf Diskette/ Festplatte geschrieben werden sollen.

Anmerkungen

- Wird n nicht angegeben, schreibt Edlin so viele Zeilen auf die Diskette/Festplatte bis noch 25% des Arbeitsspeichers belegt sind.
- Die verbliebenen Zeilen werden neu durchnumeriert.
- Danach können weitere Zeilen mit **A** angefügt werden.

10.5

Zeilen anfügen (Append)   A

A fügt eine angegebene Anzahl Zeilen von der Diskette/Festplatte an die Zeilen im Arbeitsspeicher an. Dieser Befehl wird nur benötigt, wenn die bearbeitete Datei nicht in einem Stück in den Arbeitsspeicher paßt.

   [*n*]**A**

- *n*: gibt die Anzahl Zeilen an, die von der Diskette/Festplatte angefügt werden sollen.

Anmerkungen

- Wird *n* nicht angegeben, liest Edlin so viele Zeilen in den Arbeitsspeicher, bis dieser zu 75% belegt ist.

Andere Datei übertragen (Transfer)   T

T überträgt den Inhalt einer Datei vor die angegebene Zeile in den gerade bearbeiteten Text im Arbeitsspeicher.

   [*vorzeile*]**T***dateiname*

- *vorzeile*: Ist die Zeile, vor die der Text eingelesen wird. Diese Zeile wird nach hinten verschoben.
- *dateiname*: Gibt die Datei an, deren Inhalt eingelesen werden soll.

Anmerkungen

- Wird *vorzeile* nicht angegeben, liest Edlin den Text vor der momentanen Schreibzeile ein.
- Vor *dateiname* kann ein Leerzeichen angegeben werden.
- Der Text wird nach dem Einlesen neu durchnumeriert.

10.5

ZEICHENSATZTABELLE

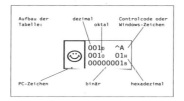

ZEICHENSATZTABELLE

Zeichen	Dez/Okt/Hex/Bin	Zeichen	Dez/Okt/Hex/Bin	Zeichen	Dez/Okt/Hex/Bin	Zeichen	Dez/Okt/Hex/Bin
	000d ^@ / 000o / 00h / 00000000b	▶	016d ^P / 020o / 10h / 00010000b		032d / 040o / 20h / 00100000b	0	048d 0 / 060o / 30h / 00110000b
☺	001d ^A / 001o / 01h / 00000001b	◀	017d ^Q / 021o / 11h / 00010001b	!	033d ! / 041o / 21h / 00100001b	1	049d 1 / 061o / 31h / 00110001b
☻	002d ^B / 002o / 02h / 00000010b	↕	018d ^R / 022o / 12h / 00010010b	"	034d " / 042o / 22h / 00100010b	2	050d 2 / 062o / 32h / 00110010b
♥	003d ^C / 003o / 03h / 00000011b	‼	019d ^S / 023o / 13h / 00010011b	#	035d # / 043o / 23h / 00100011b	3	051d 3 / 063o / 33h / 00110011b
♦	004d ^D / 004o / 04h / 00000100b	¶	020d ^T / 024o / 14h / 00010100b	$	036d $ / 044o / 24h / 00100100b	4	052d 4 / 064o / 34h / 00110100b
♣	005d ^E / 005o / 05h / 00000101b	§	021d ^U / 025o / 15h / 00010101b	%	037d % / 045o / 25h / 00100101b	5	053d 5 / 065o / 35h / 00110101b
♠	006d ^F / 006o / 06h / 00000110b	▬	022d ^V / 026o / 16h / 00010110b	&	038d & / 046o / 26h / 00100110b	6	054d 6 / 066o / 36h / 00110110b
•	007d ^G / 007o / 07h / 00000111b	↨	023d ^W / 027o / 17h / 00010111b	'	039d ' / 047o / 27h / 00100111b	7	055d 7 / 067o / 37h / 00110111b
◘	008d ^H / 010o / 08h / 00001000b	↑	024d ^X / 030o / 18h / 00011000b	(	040d (/ 050o / 28h / 00101000b	8	056d 8 / 070o / 38h / 00111000b
○	009d ^I / 011o / 09h / 00001001b	↓	025d ^Y / 031o / 19h / 00011001b	)	041d) / 051o / 29h / 00101001b	9	057d 9 / 071o / 39h / 00111001b
◎	010d ^J / 012o / 0Ah / 00001010b	→	026d ^Z / 032o / 1Ah / 00011010b	*	042d * / 052o / 2Ah / 00101010b	:	058d : / 072o / 3Ah / 00111010b
♂	011d ^K / 013o / 0Bh / 00001011b	←	027d ^[/ 033o / 1Bh / 00011011b	+	043d + / 053o / 2Bh / 00101011b	;	059d ; / 073o / 3Bh / 00111011b
♀	012d ^L / 014o / 0Ch / 00001100b	∟	028d ^\ / 034o / 1Ch / 00011100b	,	044d , / 054o / 2Ch / 00101100b	<	060d < / 074o / 3Ch / 00111100b
♪	013d ^M / 015o / 0Dh / 00001101b	↔	029d ^] / 035o / 1Dh / 00011101b	-	045d - / 055o / 2Dh / 00101101b	=	061d = / 075o / 3Dh / 00111101b
♫	014d ^N / 016o / 0Eh / 00001110b	▲	030d ^^ / 036o / 1Eh / 00011110b	.	046d . / 056o / 2Eh / 00101110b	>	062d > / 076o / 3Eh / 00111110b
☼	015d ^O / 017o / 0Fh / 00001111b	▼	031d ^_ / 037o / 1Fh / 00011111b	/	047d / / 057o / 2Fh / 00101111b	?	063d ? / 077o / 3Fh / 00111111b

ZEICHENSATZTABELLE

Zeichen	Dez/Okt/Hex/Bin	Zeichen	Dez/Okt/Hex/Bin	Zeichen	Dez/Okt/Hex/Bin	Zeichen	Dez/Okt/Hex/Bin
@	064D 100o 40H 01000000B @	P	080D 120o 50H 01010000B P	`	096D 140o 60H 01100000B	p	112D 160o 70H 01110000B p
A	065D 101o 41H 01000001B A	Q	081D 121o 51H 01010001B Q	a	097D 141o 61H 01100001B a	q	113D 161o 71H 01110001B q
B	066D 102o 42H 01000010B B	R	082D 122o 52H 01010010B R	b	098D 142o 62H 01100010B b	r	114D 162o 72H 01110010B r
C	067D 103o 43H 01000011B C	S	083D 123o 53H 01010011B S	c	099D 143o 63H 01100011B c	s	115D 163o 73H 01110011B s
D	068D 104o 44H 01000100B D	T	084D 124o 54H 01010100B T	d	100D 144o 64H 01100100B d	t	116D 164o 74H 01110100B t
E	069D 105o 45H 01000101B E	U	085D 125o 55H 01010101B U	e	101D 145o 65H 01100101B e	u	117D 165o 75H 01110101B u
F	070D 106o 46H 01000110B F	V	086D 126o 56H 01010110B V	f	102D 146o 66H 01100110B f	v	118D 166o 76H 01110110B v
G	071D 107o 47H 01000111B G	W	087D 127o 57H 01010111B W	g	103D 147o 67H 01100111B g	w	119D 167o 77H 01110111B w
H	072D 110o 48H 01001000B H	X	088D 130o 58H 01011000B X	h	104D 150o 68H 01101000B h	x	120D 170o 78H 01111000B x
I	073D 111o 49H 01001001B I	Y	089D 131o 59H 01011001B Y	i	105D 151o 69H 01101001B i	y	121D 171o 79H 01111001B y
J	074D 112o 4AH 01001010B J	Z	090D 132o 5AH 01011010B Z	j	106D 152o 6AH 01101010B j	z	122D 172o 7AH 01111010B z
K	075D 113o 4BH 01001011B K	[	091D 133o 5BH 01011011B [	k	107D 153o 6BH 01101011B k	{	123D 173o 7BH 01111011B {
L	076D 114o 4CH 01001100B L	\	092D 134o 5CH 01011100B \	l	108D 154o 6CH 01101100B l	|	124D 174o 7CH 01111100B |
M	077D 115o 4DH 01001101B M	]	093D 135o 5DH 01011101B]	m	109D 155o 6DH 01101101B m	}	125D 175o 7DH 01111101B }
N	078D 116o 4EH 01001110B N	^	094D 136o 5EH 01011110B ^	n	110D 156o 6EH 01101110B n	~	126D 176o 7EH 01111110B ~
O	079D 117o 4FH 01001111B O	_	095D 137o 5FH 01011111B _	o	111D 157o 6FH 01101111B o	⌂	127D 177o 7FH 01111111B ■

Char	Dec	Oct	Hex	Bin	Char	Dec	Oct	Hex	Bin	Char	Dec	Oct	Hex	Bin	Char	Dec	Oct	Hex	Bin
Ç	128	200	80	10000000	É	144	220	90	10010000	á	160	240	A0	10100000	░	176	260	B0	10110000
ü	129	201	81	10000001	æ	145	221	91	10010001	í	161	241	A1	10100001	▒	177	261	B1	10110001
é	130	202	82	10000010	Æ	146	222	92	10010010	ó	162	242	A2	10100010	▓	178	262	B2	10110010
â	131	203	83	10000011	ô	147	223	93	10010011	ú	163	243	A3	10100011	│	179	263	B3	10110011
ä	132	204	84	10000100	ö	148	224	94	10010100	ñ	164	244	A4	10100100	┤	180	264	B4	10110100
à	133	205	85	10000101	ò	149	225	95	10010101	Ñ	165	245	A5	10100101	╡	181	265	B5	10110101
å	134	206	86	10000110	û	150	226	96	10010110	a	166	246	A6	10100110	╢	182	266	B6	10110110
ç	135	207	87	10000111	ù	151	227	97	10010111	o	167	247	A7	10100111	╖	183	267	B7	10110111
ê	136	210	88	10001000	ÿ	152	230	98	10011000	¿	168	250	A8	10101000	╕	184	270	B8	10111000
ë	137	211	89	10001001	Ö	153	231	99	10011001	⌐	169	251	A9	10101001	╣	185	271	B9	10111001
è	138	212	8A	10001010	Ü	154	232	9A	10011010	¬	170	252	AA	10101010	║	186	272	BA	10111010
ï	139	213	8B	10001011	¢	155	233	9B	10011011	½	171	253	AB	10101011	╗	187	273	BB	10111011
î	140	214	8C	10001100	£	156	234	9C	10011100	¼	172	254	AC	10101100	╝	188	274	BC	10111100
ì	141	215	8D	10001101	¥	157	235	9D	10011101	¡	173	255	AD	10101101	╜	189	275	BD	10111101
Ä	142	216	8E	10001110	Pt	158	236	9E	10011110	«	174	256	AE	10101110	╛	190	276	BE	10111110
Å	143	217	8F	10001111	f	159	237	9F	10011111	»	175	257	AF	10101111	┐	191	277	BF	10111111

ZEICHENSATZTABELLE

Char	Dec/Oct/Hex/Bin	Char	Dec/Oct/Hex/Bin	Char	Dec/Oct/Hex/Bin	Char	Dec/Oct/Hex/Bin
└	192D 300O C0H 11000000B	╨	208D 320O D0H 11010000B	α	224D 340O E0H 11100000B	≡	240D 360O F0H 11110000B
┴	193D 301O C1H 11000001B	╤	209D 321O D1H 11010001B	β	225D 341O E1H 11100001B	±	241D 361O F1H 11110001B
┬	194D 302O C2H 11000010B	π	210D 322O D2H 11010010B	Γ	226D 342O E2H 11100010B	≥	242D 362O F2H 11110010B
├	195D 303O C3H 11000011B	╙	211D 323O D3H 11010011B	π	227D 343O E3H 11100011B	≤	243D 363O F3H 11110011B
─	196D 304O C4H 11000100B	╘	212D 324O D4H 11010100B	Σ	228D 344O E4H 11100100B	⌠	244D 364O F4H 11110100B
┼	197D 305O C5H 11000101B	F	213D 325O D5H 11010101B	σ	229D 345O E5H 11100101B	⌡	245D 365O F5H 11110101B
┝	198D 306O C6H 11000110B	╓	214D 326O D6H 11010110B	μ	230D 346O E6H 11100110B	÷	246D 366O F6H 11110110B
╟	199D 307O C7H 11000111B	╫	215D 327O D7H 11010111B	τ	231D 347O E7H 11100111B	≈	247D 367O F7H 11110111B
╚	200D 310O C8H 11001000B	╪	216D 330O D8H 11011000B	Φ	232D 350O E8H 11101000B	°	248D 370O F8H 11111000B
╔	201D 311O C9H 11001001B	┘	217D 331O D9H 11011001B	θ	233D 351O E9H 11101001B	•	249D 371O F9H 11111001B
╩	202D 312O CAH 11001010B	┌	218D 332O DAH 11011010B	Ω	234D 352O EAH 11101010B	·	250D 372O FAH 11111010B
╦	203D 313O CBH 11001011B	■	219D 333O DBH 11011011B	δ	235D 353O EBH 11101011B	√	251D 373O FBH 11111011B
╠	204D 314O CCH 11001100B	■	220D 334O DCH 11011100B	∞	236D 354O ECH 11101100B	n	252D 374O FCH 11111100B
═	205D 315O CDH 11001101B	■	221D 335O DDH 11011101B	φ	237D 355O EDH 11101101B	2	253D 375O FDH 11111101B
╬	206D 316O CEH 11001110B	■	222D 336O DEH 11011110B	∈	238D 356O EEH 11101110B	■	254D 376O FEH 11111110B
┴	207D 317O CFH 11001111B	■	223D 337O DFH 11011111B	∩	239D 357O EFH 11101111B		255D 377O FFH 11111111B

	196 ─	179 │		205 ═	186 ║
218 ┌	194 ┬	191 ┐	201 ╔	203 ╦	187 ╗
195 ├	197 ┼	180 ┤	204 ╠	206 ╬	185 ╣
192 └	193 ┴	217 ┘	200 ╚	202 ╩	188 ╝
	196 ─	186 ║		205 ═	179 │
214 ╓	210 ╥	183 ╖	213 ╒	209 ╤	184 ╕
199 ╟	215 ╫	182 ╢	198 ╞	216 ╪	181 ╡
211 ╙	208 ╨	189 ╜	212 ╘	207 ╧	190 ╛

Stichwortverzeichnis

* als Stellvertreterzeichen 174
.Ende Index. 0
? 417
– als Stellvertreterzeichen 174

A

Abkürzungstasten 97
– für Programm 96
Ablaufsteuerung 365
Adaptersegment 25
– (UMA) 25
Alte DOS-Version löschen 58
– Betriebssystemdateien 57
Andere Datei übertragen 431
Anmerkungen 370
ANSI-Bildschirmsteuerung 309
ANSI-Escapesequenzen 310
ANSI.SYS 309
Anwendungsprogramme 20, 46
– starten 46
Anzahl zu öffnender Dateien 302
Anzeigefunktionen 424
Anzeigemodus 97
– ändern 71
Anzeigemöglichkeiten im Dateisystem 77
Anzeigen 207, 238
Arbeitsspeicher 25
ASCII-Dateien kopieren 179
ASCII-Vergleiche 190
ASCII-Zeichensatz 239
Asynchrone Datenübertragung 256
ATTRIB 87
Aufforderungstext 98
Ausgabe 220
– einer Befehlszeile unterdrücken 369
Ausgabeweg ändern 223
AUTOEXEC.BAT 286

B

BACKUP 72
Basisspeicher 25
Bearbeitungstasten 32, 420
Bedingungen 374
Befehl 20, 96
– bedingt ausführen 374
– wiederholt ausführen 379
Befehlseingabe 415
Befehlsparameter 40
Befehlsprozessor angeben 304

– aufrufen 270
– verlassen 272
Befehlsverkettung 220, 226
Befehlsübersicht 35
– EDLIN 414
Benutzeroberfläche 62
Betriebsart für den Bildschirm 259
– für die Tastatur 260
– von Geräten 254
Bildlaufleisten 67, 69, 401
Bildschirm einstellen 340
– löschen 250
Bildschirmaufteilung 64
Bildschirmweise anzeigen 231, 425
Binäre Dateien 221
– Dateien kopieren 179
– Vergleiche 190
Blockgeräte installieren 319

C

Codes für nationalsprachliche Unterstützung 334
Codeseiten 260, 333
– ändern 343
– für Geräte einstellen 339
– laden und wechseln 342
– wechseln 341
Codeseitenumschaltung für den Bildschirm 317
– für Drucker 328
COLORPRINT 244
COLORSELECT 244
COMMAND 270
Computertastatur 30
CONFIG.SYS 286
COPY 49, 85
Cursor 23

D

DARKADJUST 245
Dateien 21, 172
– aktualisieren 214
– anzeigen 238
– bearbeiten 84
– bearbeiten, Übersicht 175
– drucken 235
– gemeinsam nutzen 266
– kopieren 49, 85, 177, 183
– löschen 50, 85, 193

– markieren 81
– öffnen beschleunigen 204
– sichern 209
– umbenennen 50, 85, 199
– und Programme verbinden 90
– vergleichen 187, 190
– verschieben 84
– wiederherstellen 74, 195, 212
– zusammenfügen 180
Datei-Attribute ändern 87, 201
Dateibehandlung 429
Dateifenster 65
Dateiinhalt anzeigen 51, 207, 222
– ausgeben 235
– drucken 51, 86, 207, 222
– zeigen 86
Dateiliste 75
Dateiname 21, 144, 172
Dateinamenserweiterung 21, 90, 173
Dateinamensformat 172
Dateisteuerblöcke einstellen 302
Dateiverwaltung 75
Daten retten 217
– sortieren 233
– suchen 228
Datenausgabe bildschirmweise 231
Datensicherung 106, 208
Datenspeicherung in Dateien 106
Datenträgerbezeichnung 22, 108
– anzeigen 118
– eingeben/ändern 117
Datenträgerinformationen sichern 119
Datenträgernummer 22
Datenumleitung 220, 223
Datum anzeigen/eingeben 262
Datumformat 337
DEL 50, 85
DELOLDOS 57
DEVICEHIGH 297
Dialogfeldauswahl 400
Dialogfenster 69
Dienstprogramme 72
DIR 49
DISKCOPY 48, 72
Diskette formatieren 48, 73, 106f
– kopieren 48, 72, 122
– prüfen 114
– vergleichen 124
Diskettenbehandlung 105
Diskettenlaufwerk 22
Diskettenpuffer einstellen 294
DISPLAY.SYS 317
DISPLAYMODE 245
DOS beenden 29

– in HMA laden 299
– starten 28
DOS-Eingabeaufforderung 23, 250
DOS-Gerätenamen 221
DOS-Partition 129, 130
DOS-Shell 61
– beenden 63
– starten 62, 63
– unterbrechen 63
DOS-Systemdateien 108
DOS-Version anzeigen 282
DRIVER.SYS 319
Drucken 207, 235
Drucker einstellen 340
Druckerausgabe umleiten 258
Druckertypbeschreibung 244
Druckfarbe 244
Druckwarteschlange initialisieren 235
– verändern 236

E
EDIT 388, 390
– beenden 390
– starten 390
EDLIN 388
– beenden 417
– starten 417
EGA.SYS 320
Eingabe 30, 220
Eingabeaufforderung 23
– ändern 250
– bei Gerätefehler 44
Eingabemöglichkeiten 417
Eingabeweg ändern 224
Einzelne DOS-Dateien installieren 58
EMM386.EXE 321
EMS Expanded Memory 26
EMS-Treiber 26
Environment 268
ERASE 85
Erweiterte DOS-Partition 132
– Tastaturunterstützung 353
Expanded Memory 25, 279
Extended Memory 25, 26
Externe Befehle 35

F
Farbschema ändern 70
Fehlermeldungen 24, 43
Fehlerprüfung 265
Festplatte 105
– formatieren 107, 111
– prüfen 105, 114
– sichern 72

- vorbereiten 129
- wiederherstellen 73

Festplattenlaufwerk 22
Filter 220, 226
FORMAT 48, 73
Formatierung aufheben 112
Fragezeichen als Stellvertreterzeichen 174

G

Geräte 23
Gerätecodeseiten 260
- abfragen 348
- auswählen 347
- behandeln mit MODE 344
- reaktivieren 348
- vorbereiten 345

Gerätefehlermeldungen 43
Gerätenamen 24, 221
Gerätestatus abfragen 261
Gerätetreiber 308
- installieren 296

Grafikbildschirm ausgeben 239
- drucken 241

Grafikmodus 65, 71, 239, 245
Grafikprofil 243
Grafikzeichen laden 239
GRAPHICS 246
GRAPHICS.PRO 243
Gruppe ändern 93
- hinzufügen 92
- löschen 94
- neu anordnen 94

Gruppeninformationen 93
- ändern 94

H

Hauptspeicher 25
Helligkeit 245
Hierarchische Verzeichnisse 143
Hilfe anfordern 59
- aufrufen 417

Hilfeinformation zeigen 64
Hilfetext 93
HIMEM.SYS 297, 326
HMA-Bereich 26
Höchstzahl von Laufwerken 303

I

Information über eine Datei anzeigen 84
Interne Befehle 35

K

Kennwort 93, 96
Kommentarzeilen einfügen 304

Konfigurationsbefehle für nationale Sprachen 336
Konfigurationsdatei CONFIG.SYS 291
Konventioneller Speicher 25
Kopieren von Dateien 178
- von der Tastatur in eine Datei 179

L

Landeseinstellungen 333
Landesspezifische Daten laden 342
- Werte einstellen 295

Laufwerk auswählen 79
- einen Pfad zuordnen 166
- einstellen 303
- und Verzeichnisnamen zuordnen 164

Laufwerksbezeichnung 22
Laufwerksbuchstaben zuweisen 164
Laufwerksfenster 75
Laufwerksparameter einstellen 300
Ländercode 334
Löschen 193
Löschverfolgungsdatei 119

M

Markierungsbalken 65
Maschinensprache 20
Mausaktionen 401
Mausbedienung 68, 400
Maustasten 69, 400
Mauszeiger 65, 67
Maximalanzahl von geöffneten Dateien 302
MD 88
Meldungen 43
Menüauswahl 67ff, 400
Menüleiste 65
Mikrodisketten 104
Minidisketten 104
MKDIR 88
MODE, Übersicht 254
Möglichkeiten der DOS-Shell 62
Momentane Schreibzeile 416
Momentanes Verzeichnis 144
- Verzeichnis anzeigen 152

Möglichkeiten EDIT 389
- EDLIN 413

N

Namensmuster 80
Nationale Sprachen 336
Netzwerkfähigkeit 42

O

Oberer Speicherbereich 279
Optionen für Dateibearbeitung 83

P

Paralleldrucker 258
- einstellen 255
Parameter 40
- zugänglich machen 382
Parameterbehandlung 382
Partition 129
Partitionsdaten 119
- anzeigen 139
Pfad 144
- Laufwerksbezeichnung zuordnen 168
Pfadnamen 144
Plattencache 331
- installieren 331
Primäre DOS-Partition 131
PRINT 51, 86
PRINTBOX 246
PRINTER 244
PRINTER.SYS 328
Programm 20
- abbrechen 419
- beenden mit speichern 419
- in UMA laden 280
- über CONFIG.SYS laden 303
Programm-/Gruppenauswahl 65
Programm-Menüs ändern 92
Programmaufruf ändern 98
- durch Dateiauswahl 91
- hinzufügen 95
Programmauswahl 69, 92
Programmdatei starten 82
Programminformation 95, 98
Programmtitel 95
Programmumschaltung 97, 99, 320
- einrichten 100
PROMPT 23
Protected Mode 24

R

RAM-Disk 329
RAMDRIVE.SYS 329
Rangordnung 36
RD 88
Real Mode 25
Reinstallation von DOS 58
RENAME 50, 85
RESTORE 73, 246
RMDIR 88

S

Schreibprüfung einstellen 265
Schreibschutz 105
Schreibweisen 41
Seitenorientierter Editor 388

SETUP 245
SETVER.EXE 331
Sicherungs-Protokolldatei 210
SMARTDRV.SYS 331
Sortieren 233
Sortierreihenfolge 80
Speicherangaben 97
Speicherbelegung anzeigen 274
Speicherkapazität 104
Speicherverwaltung für Expanded Memory und UMB's 321
Spezielle Laderoutine 281
Sprünge 374
Standardausgabe 220
Standardeingabe 220
Standardeingabegerät ändern 247
Standardeinstellungen 257
Standardlaufwerk 23
Stapel einstellen 306
Stapelbefehle 364
Stapeldatei als Unterroutine 371
- aufrufen 359, 371
Stapeldateinamen 358
Stapelparameter 361
Stapelverarbeitung 358
- anhalten 365
Startdatei AUTOEXEC.BAT 288
Status von angeschlossenen Geräten 261
Stellvertreterzeichen 173
- Stern 174
Steuersequenz 245
Steuerzeichen 416
Steuerzeichenfunktionen 34
Strg-C-Prüfung ein-/ausschalten 253, 293
Suchen 228, 426
- und Ersetzen 428
Suchpfad für Befehle einstellen 159
- für Datendateien festlegen 160
Systemdateien kopieren 127
Systemverwaltung 249

T

Tastatur 30
Tastaturbelegung laden 350
Tastaturcode 334
Tastaturfunktion einstellen 306
- der Programmumschaltung 102
- im Dateisystem 76
- in Menüs 68
Tasten mit besonderen Funktionen 30
Tastenanzeige 65
Tastenkomb. mit der [Strg]-Taste 31
Tastenübersicht, DOS-Shell 69
Text anzeigen 367, 370

Textdateien 221
Textmodus 65, 71
Titel 93
Trennzeichen 41
TYPE 51, 86

U

Übergeordnete Verzeichnisse 146
Übersicht alphabetisch 36
Übertragungsparameter 256
UMA 280
– High Memory Area 25
UMB 279, 281, 297f
– Upper Memory Blocks 25
Umbenennen 199
Umfangreiche Dateien bearbeiten 429
Umgebungsvariablen 268, 361
– in Stapeldateien 362
Umstieg auf MS-DOS 5.0 52
UNDELETE 74
Unterstützung Expanded Memory 279
Unterverzeichnis 21, 157
Upper Memory Area 279

V

VCPI 0
Versionstabelle anzeigen/ändern 282
– laden 331
Verzeichnisnamen 144
– zuordnen 164
Verzeichnis 22, 88, 142
– anlegen 154
– anzeigen 49, 148
– auswählen 69, 80
– entfernen 88, 155
– erstellen 88
– OLD_DOS.1 57

– umbenennen 89
– und Laufwerk 141
– wechseln 152
Verzeichnisbaum 75
Verzeichnisbearbeitung 147
Verzeichnisfenster 65
Verzeichnisstruktur 75
– anzeigen 157
Verzweigen in Stapeldateien 376

W

WEITEK-Koprozessor 279
Wiederherstellung 55
Wiederherstellungsdiskette 55
Wiederholungen 379
WINA20.286 307
Windows 3.0 307

X

XMS Extended Memory Specification 26
XMS-Verwaltung 326

Z

Zeichensatz 333
Zeichensatztabelle 333
Zeile anfügen 431
– anzeigen 424
– editieren 420
– kopieren 422
– löschen 423
– schreiben 430
– verschieben 424
Zeilenorientierter Editor 388
Zeilenspeicher 32
Zeit anzeigen/eingeben 263
Zeitformat 337
Zusätze 40

Die Schnellübersichten auf einen Blick

Stand: Juli 1991

Kompakt, übersichtlich, praxisgerecht: das sind die Merkmale der Reihe »Schnellübersicht«. Sie bietet Nachschlagewerke zu Standardprogrammen mit schnellen Antworten auf die täglichen Anwenderfragen. Ein Maximum an Information auf minimalem Raum garantiert Effizienz für den Programmnutzer. Jeder Standardband kostet 39 Mark, ein Doppelband 59 Mark.

Josef Steiner und Robert Valentin, die Herausgeber der Reihe, sind alte Hasen in der EDV-Schulung und sorgen für praxisgerechte Aufbereitung des Stoffes:

- Die Beschreibungen sind themenorientiert, das heißt, miteinander verwandte Inhalte sind auch in räumlicher Nähe zueinander zu finden.
- Die Informationen werden so vermittelt, wie sie bei der praktischen Arbeit anfallen.
- Eine ausklappbare Themenübersicht erleichtert das Auffinden der Lösungen zu einem Problem.
- Zahlreiche Querverweise erschließen den Zugriff auf weiterführende Informationen innerhalb des Buches.

Textverarbeitung und DTP (PC)

J. Steiner/R. Valentin
Word 4.0
1988, 242 Seiten
ISBN 3-89090-563-3
DM 39,–

J. Steiner/R. Valentin
Word 5.0
1989, 597 Seiten
ISBN 3-89090-343-6
DM 39,–

Robert Valentin
Word 5.5
1991, 424 Seiten
ISBN 3-87791-105-3
DM 39,–

Rudi Kost
Word für Windows 1.1
1991, ca. 350 Seiten
ISBN 3-87791-106-4
DM 39,–

Robert Valentin
WordPerfect 5.1
1990, 349 Seiten
ISBN 3-89090-316-9
DM 39,–

Robert Valentin
StarWriter 5.0
1990, 356 Seiten
ISBN 3-89090-971-X
DM 39,–

Markt & Technik-Bücher gibt's überall im Fachhandel und bei Ihrem Buchhändler.

Die Schnellübersichten auf einen Blick

Stand: Juli 1991

Textverarbeitung und DTP (PC)

Markus Breuer
PageMaker 3.0 für PC
1990, 382 Seiten
ISBN 3-89090-900-0
DM 39,–

Markus Breuer
PageMaker 4.0 für PC
In Vorbereitung,
ca. 350 Seiten
ISBN 3-87791-103-X
DM 39,–

Josef Steiner
Ventura Publisher 2.0 und 3.0 unter GEM
1991, 392 Seiten
ISBN 3-89090-969-8
DM 39,–

Josef Steiner
Ventura Publisher 3.0 für Windows
1991, ca. 350 Seiten
ISBN 3-87791-104-8
DM 39,–

S. Dotzauer/R. Frank
PostScript
1991, 344 Seiten
ISBN 3-89090-995-7
DM 39,–

Datenbankprogramme (PC)

Josef Steiner
dBase III Plus
1988, 404 Seiten
ISBN 3-89090-564-1
DM 39,–

H. Günther/A. Kehl/F. Otto/F. Sonner/S. Richwien
dBase IV 1.1 Menüsystem
1990, 360 Seiten
ISBN 3-87791-038-6
DM 39,–

Josef Steiner
dBase IV 1.1 Programmierung
1990, 440 Seiten
ISBN 3-87791-031-9
DM 39,–

M. Borges/F. Anders/T. Behrensdorf
Clipper bis Version »Sommer 87«
1989, 390 Seiten
ISBN 3-89090-741-5
DM 39,–

F. Anders/T. Behrensdorf/M. Borges
Clipper 5.0
1991, 384 Seiten
ISBN 3-87791-078-5
DM 39,–

Markt &Technik-Bücher gibt's überall im Fachhandel und bei Ihrem Buchhändler.

Die Schnellübersichten auf einen Blick

Stand: Juli 1991

Integrierte Software (PC)

Josef Steiner
Symphony 2.2
1991, 352 Seiten
ISBN 3-87791-101-3
DM 39,–

Werner Esser
Open Access III
1990, 393 Seiten
ISBN 3-89090-984-1
DM 39,–

Markus Ohlenroth
Open-Access-III-Programmierung
1991, 288 Seiten
ISBN 3-89090-983-3
DM 39,–

Robert Valentin
Framework III
1988, 448 Seiten
ISBN 3-89090-733-4
DM 39,–

Robert Valentin
Works 1.0
1988, 433 Seiten
ISBN 3-89090-688-5
DM 39,–

Robert Valentin
Works 2.0
1990, 352 Seiten
ISBN 3-89090-939-6
DM 39,–

Tabellenkalkulation (PC)

H. Erlenkötter/V. Reher
Excel 3.0
In Vorbereitung,
ca. 350 Seiten
ISBN 3-87791-140-4
DM 39,–

Robert Valentin
Lotus 1-2-3, Vers. 2.2
1990, 393 Seiten
ISBN 3-89090-918-3
DM 39,–

J. Steiner/R. Valentin
Lotus 1-2-3, Vers. 3.1
1991, 390 Seiten
ISBN 3-87791-102-1
DM 39,–

Robert Valentin
Multiplan 4.0
1989, 387 Seiten
ISBN 3-89090-301-0
DM 39,–

Ulrike Seeberger
Quattro Pro 1.0/2.0
1991, 368 Seiten
ISBN 3-89090-970-1
DM 39,–

Ulrike Seeberger
Quattro Pro 3.0
In Vorbereitung,
ca. 300 Seiten
ISBN 3-87791-197-8
DM 39,–

Markt &Technik-Bücher gibt's überall im Fachhandel und bei Ihrem Buchhändler.

Die Schnellübersichten auf einen Blick

Stand: Juli 1991

Utilities (PC)

Werner Esser
Norton Utilities 5.0 deutsch
1991, 304 Seiten
ISBN 3-87791-079-3
DM 39,–

Werner Esser
PC-Tools 6.0 deutsch
1991, 352 Seiten
ISBN 3-87791-068-8
DM 39,–

Werner Esser
PC-Tools 6.0 englisch
1990, 352 Seiten
ISBN 3-89090-912-4
DM 39,–

Programmiersprachen (PC)

Rainer Haselier
Quick C 2.0
1989, 571 Seiten
ISBN 3-89090-211-1
DM 39,–

Rainer Haselier
Quick C 2.5
In Vorbereitung,
ca. 250 Seiten
ISBN 3-87791-128-5
DM 39,–

Rainer Haselier
Turbo C 2.0
1989, 548 Seiten
ISBN 3-89090-215-4
DM 59,–
(Doppelband)

Jürgen Hückstädt
GW-Basic und BasicA
1989, 286 Seiten
ISBN 3-89090-722-9
DM 39,–

Jürgen Hückstädt
Quick-Basic 4.0/ 4.5
1989, 424 Seiten
ISBN 3-89090-721-0
DM 39,–

Josef Steiner
Turbo-Pascal 5.5
1990, 466 Seiten
ISBN 3-89090-881-0
DM 39,–

J. Steiner/R. Valentin
Turbo Pascal 6.0 deutsch
1991, 432 Seiten
ISBN 3-87791-117-X
DM 39,–

Frank Riemenschneider
Turbo Assembler
1990, 512 Seiten
ISBN 3-89090-302-9
DM 39,–

Markt &Technik-Bücher gibt's überall im Fachhandel und bei Ihrem Buchhändler.

Ausklappbares Inhaltsverzeichnis